KB275625

더도해 2.0

더 독해 2.0

초판 1쇄 2017년 04월 28일

저 자 _ 전경식

발행인 _ 문 덕

인 쇄 _ (주)금강인쇄

발 행 처 _ 도서출판 지수

주 소 _ 서울시 용산구 효창원로 62길 16, 별관 2층

전 화 _ 02-717-6010(대표), 6011

팩스 : 02-717-6012

http://www.moonduk.com

18, Hyochangwon-ro 62-gil,
Yongsan-gu, Seoul , Korea 04317

Phone 82-2-717-6010,6011 Fax 82-2-717-6012

가격 20,000 원

더 독해 2.0

머리말

더 독해 2.0을 드리며......

'깨물어서 안 아픈 손가락은 하나도 없지만, 그럼에도 길고 짧은 손가락은 있다'

예전 좋아했던 작가의 작품 후기에서 읽었던 구절인데, 이번 더독해2.0이 나에게 그런 책이 아닐까라는 생각이 든다. 나의 첫 저서인 'VANK ENGLISH' (비유와 상징)를 시작으로 '독한독해'시리즈를 거쳐 '더독해' 시리즈의 두 번째 책이 이번 '더독해2.0'이다. 매번 모든 책들이 저자에게는 특별하지만, 특히 이번 더독해2.0은 나의 집필 활동에 작지 않은 전환점이 될 수 있는 이정표가 될 수 있다고 믿기 때문이다.

더독해1.0이 개별 문장들에 대한 '정확한 해석'을 목표로 했다면, 더독해2.0은 복수의 문장들로 구성된 **'한 편의 글의 빠르고 정확한 이해(속독법)'**를 목표로 집필했다.

더독해1.0으로 대표되는 구문 교재들은 특징과 정도의 차이가 있겠지만, 기존에도 지속적으로 출판되던 내용들이라 할 수 있다. 하지만, 이번 더독해2.0의 속독법 관련 내용은 조금은 생소하고 그래서 참신할 수도 있지만, 저자에게는 이런 내용을 어떻게 효과적으로 전달, 집필하는지가 상당히 어려운 작업이었다.

어떤 이들은 자신들이 하고 싶은 이야기를 직설적으로, 본론부터 바로 전달하기도 하지만, 어떤 이들은 돌려서 간접적으로 표현하기도 한다. 마찬가지로 한 편의 글 또한 글쓴이의 의도가 바로 등장하는 경우도 있지만, 에둘러 표현하는 경우도 존재한다. 이런 다양한 구성의 글들을 독해할 때, 모든 글에 적용할 수 있는 압축적인 독해 전략을 정립해서 독자들에게 전달하는 것이 쉽지만은 않았다. 원고를 최종 정리하고 머리말을 쓰는 이 시점에도 교재 곳곳에 아쉬움이 묻어나는 것을 보면서 새삼스레 나의 능력 부족을 절감하게 된다.

그럼에도 불구하고, 이번 더독해 2.0은 나름 뿌듯하게 자랑하고픈 몇 가지 사항들이 있다.

1. 나무가 아닌 숲을 볼 수 있는 독해의 시야를 전달하려고 최선의 노력을 다했다.

더독해1.0에서 학습한 정독법은 궁극적으로 더독해2.0에서 강조하는 '속독법'으로 가기 위한 과정일 수 있다. 아무리 하나의 문장을 정확하게 이해한다 해도, 다른 문장들과 맺는 '문맥'을 이해하지 못하면 글쓴이가 전달하고자 하는 주제에 도달하지 못할 수 있기 때문이다. 속독법을 활용할 수 있다는 것은 주제 또는 핵심적인 정보들과 이것에 대한 보충설명에 해당하는 재진술을 구분할 수 있다는 의미이다. 이런 다양한 재진술 구조에 대한 이해를 통해 나무가 아닌 전체적인 숲의 모습을 볼 수 있을 것이다.

2. 문제 유형별 가장 실전적인 'Solving Skill'을 전달하려고 노력했다.

적지 않은 경우에, 수험생 입장에서는 실전 적용이 쉽지 않지만, 가르치거나 집필하는 사람의 입장에서 편리하게 전달할 수 있는 측면에 초점을 두고 제시된 문제풀이 전략들이 있다.
대표적으로 본문의 내용이나 정답을 알고 있다는 전제하에 역순으로 keyword를 찾거나, 정답을 유추하는 방식이 그러하다. 하지만 이런 방식들은 초심자의 입장에서는 매력적일 수 있지만, 실제 합격권에 해당하는 중상급 수준의 문제들을 접하게 되면 실전 적용이 현격하게 떨어지게 된다. 단편적인 solving skill로 해결이 어려운 가장 대표적인 문제 유형이 내용일치에 해당하는 문제유형으로, 이런 문제들에 모두 적용될 수 있는 해법은 다음 아닌 '정독법을 토대로 적절하게 속독법'을 활용하는 것이다.

하지만, Topic 계열 문제와 순서배열로 대표되는 추론 문제영역에서는 아주 실전적인 문제풀이 전략이 존재한다. 따라서 더독해 2.0의 chapter 3에서는 아주 실전적인 풀이 전략에 집중해서 Topic 계열과 추론 영역을 집중적으로 다루려고 노력했다.

3. 더독해 시리즈들이 매우 유기적으로 연결될 수 있도록 집필했다.

Chapter 2의 문장속독법에서 더독해1.0을 토대로 한 'Chunking 전략'을 핵심적으로 정리해서 소개했기에 더독해1.0과의 연계성을 높이려고 노력했다. 이것은 추후에 이어지는 가장 실전적인 문제풀이 전략을 다룬 '더독해 3.0'에서도 'Reference Index'를 활용해, 해당 지문에 필요한 학습사항을 더독해1.0과 더독해2.0을 쉽게 참고할 수 있도록 의도하고 있다. 또한 더독해2.0의 '모의고사 Warming-Up'을 통해서 앞서 학습한 내용을 적용해 보고, 더독해3.0으로 연결될 수 있는 징검다리로 활용하고자 노력했다.

"내가 생각하는 생활의 격이란 별 것 아니다. 때 맞춰 뜨거운 물에 목욕할 수 있고 갓구운 빵을 커피와 함께 먹는 것이며 아침에 가끔씩 모짜르트를 듣고 매일 아침 배달된 신문을 읽는 것이다. 버스를 타도 좋으나 어쩌다 한 번씩은 차를 혼자 모는 것이다. 구겨진 옷이 아니라 깨끗이 다린 옷을 입고 돈은 반듯하게 펴서 지갑에 가지런히 넣는 것이다. 아무것도 하기 싫은 날은 음식을 시켜 먹을 수 있어야 하며 가끔씩은 집 안이 환해지도록 꽃을 사는 것이다.

나는 정말 별 것 아닌 그리워한다."

– 별 것 아닌 것을 그리워 함 중에서 – 손영란

결국 우리가 원하는 생활이란 이런 사소하고 일상적인 즐거움 아닐까...

이번 더독해2.0 또한 이런 일상의 즐거움을 향한 여러분들의 작은 즐거움, 디딤돌이 되기를 간절히 바래본다.

전경식 드림

I wish I am

by Rudy Jeon

Prologue

I wish I am

Whenever I start something, I always see it to the end. Although, at times I fall into the spell of laziness, thinking that life doesn't always go the way you want it to, I understand and forgive myself. However, I will see things to the end, telling myself never to give up.

I strongly want to keep the conviction in my heart that it is never ever too late for realizing my dream, when I am an old man looking back at the past smilingly.

On snowy days, I want to climb the mountain that has wonderful night scenery and atop I could oversee the lights of city below.

On hot summer days, I want to take a plane with a thin shirt and take off to a place where I could put on a heavy coat.
While flying the small plane to the North Pole, I want to stay up all night long with crazy anticipation of the aurora.

Although I surely can put the blame to others, I strongly hope to possess the wisdom to distinguish between the person and the blame. So I want to be the kind of person who has nobody to hate.

I believe that human beings could not be perfect, so I want to be who I am rather than who I am expected to be.
I want to be a narrow-minded person, while having generosity.

When I see the weak and the unfortunate, tears falling from my heart, I sincerely want to help the person in need in practical ways.

I really want to enjoy the solitude of loneliness while sincerely always longing for someone. Although it could be good to meet someone through a blind date, I really want to find someone whom I fell in love with at first sight by blind fate.
I wish she would be a kind of person who is humorous, warm hearted and able to drink together.

Finally, I want to be a kind of person who always thinks broadly and is never in a rush, bearing in mind the fact that the end of my days will come.
While loving myself who faithfully believe that there would be another day, I want to be a kind of person who realizes deeply that today will never come again.

나는 무엇인가를 시작했을 때 포기하지 않고, 끝까지 가보고 싶다. 잠깐의 나태함에 파묻혀도 좋으며,
인생이란 원래 다 생각처럼 되는 건 아니야 라는 스스로의 합리성에 몸을 담그는 나 자신을 이해해 주고
도 싶다. 하지만 그런 자신과 끊임없이 대화하고 타협하며 끝까지는 가보고 싶다.

60이 되어도 열아홉에 꾸었던 꿈을 되돌아보고, 추억에 잠겨도 좋지만, 언제나 늦은 건 없어 라는 신념
또한 간직하고 싶다.

눈 오는 날에는 야경이 아름다운 산 정상에 올라 도시를 내려다보고 싶다.
뜨거운 여름날에는 얇은 옷차림으로 비행기에 올라, 두툼한 털 코트를 입을 수 있는 곳에 가보고도 싶다.
경비행기를 몰고 극지방을 횡단하고, 설레는 눈망울로 밤을 새워 오로라에 미쳐 보고도 싶다.

누군가의 잘못을 탓할 수도 있지만, 잘못과 사람은 구분할 수 있는 지혜로움을 가지고 싶으며, 그래서
누군가를 미워하지 않는 사람이 되고 싶다.

사람은 완전치 못한 존재라는 것을 알기에, 완전한 사람이 되기보단, 나다운 사람이 되고 싶다.
다소 편협한 생각을 갖고 싶기도 하고, 한 편으론 끝없이 자애로운 사람이 되고 싶다.

약하고 힘없는 사람들을 대할 때, 진심 어린 눈물을 흘려도 좋지만, 현실적으로 도움이 되는 일을 해 주고
싶다.

언제나 사람을 그리워하는 사람이 되고 싶지만, 혼자 있음의 외로움도 즐길 수 있는 사람이 되고 싶다.
누군가의 소개로 만나도 좋지만, 운명적으로 첫 눈에 반하는 그런 사람을 만나고 싶다.
많이 쾌활하고, 술 한 잔쯤은 할 수 있어야 하며, 정이 많은 착한 사람이었으면 싶다.

무엇보다 나에게도, 이 세상의 삶이 끝나는 날이 있다는 것을 기억하며, 삶을 더 큰 견지에서 바라다보고,
조급해 하지 않는 사람이 되고 싶다.
또 다른 내일이 있다는 믿음을 갖는 나 자신도 사랑하지만, 오늘이란 시간은 영원히 다시 오지 않는다는
절실함 또한 느끼는 사람이 되고 싶다.

Contents

Contents

Chapter 01

문단 속독법

한 편의 글은 언제나 목적을 지니고 있다. 그것이 특정한 사실에 대한 전달이든, 사건에 대한 감상이든, 어떤 사안에 대한 주장이든 목적과 의미를 지니고 있다. 이런 글의 핵심적인 주장이나 정보를 보다 빠르고 정확하게 파악하면 실전에서 주제 관련한 문제들뿐만 아니라 내용일치, 나아가 다양한 유형의 추론 문제들까지 해결할 수 있는 능력이 생긴다.

chapter 1에서 우리가 학습하게 되는 내용들은 바로 이런 글쓴이의 목적, 의도 등을 빠르게 파악하기 위한 방법들이다.

1. 일반&구체 개념을 통해서 문장들을 구분하고 독해하는 요령을 학습할 것이다. 하나의 문장에 어떤 개념어들이 등장하느냐에 따라서 그 문장이 포괄하거나 의미하는 범위는 달라질 수 있다. 일반&구체 개념을 학습하면, 좀 더 주제문에 가까운 문장들을 보는 시야가 형성된다.

2. 직진&전환 구조를 통해 연속된 문장들 사이의 관계에 대해서 학습할 것이다. 하나의 문장이 전후 문장들과 어떤 관계를 갖는지를 파악하면 어디서 빨리 읽고, 어디서 멈추고 좀 더 자세히 읽어야 하는지를 파악할 수 있게 된다. 속독과 정독의 지점들이 바로 직진&전환 구조의 파악에 달려있다.

3. Keyword 파악은 하나의 문장이나 문단의 핵심적인 정보가 함축적으로 담겨 있는 표현을 의미한다. 일반&구체 개념, 직진&전환 구조와 더불어 keyword 파악 능력이 배양되면, 전반적인 속독능력이 획기적으로 상승할 뿐만 아니라, 무엇보다 혼동 문항 소거법 능력이 비약적으로 향상된다.

4. Chapter 1의 집필 목적은 일반&구체 개념과 직진&전환 등의 논리구조들이다. 따라서 동일한 문장들을 반복해서 개념적으로 활용하기도, 논리적으로 활용하기도 했다. 결국 단어의 개념이든 문장 전후의 관계이든 분리해서 존재하는 것이 아니라 복수의 문장들 사이에서 동시에 존재하는 내용들이기에 의도적으로 동일한 문장들을 활용해서 다양하게 접근, 학습할 수 있도록 했다.

Unit 01

강중약 읽기

많은 수험생들은 모든 지문의 내용을 같은 집중력과 속도로 읽으려 한다. 이런 독해 방식은 언제나 '시간이 부족하다.', '다 읽어도 머리에 남는 줄거리 내용이 없다.'.. 등등의 한계를 지니고 있다. 하지만, 어떤 문장을 아주 꼼꼼하게, 어떤 문장을 대충 눈으로 훑거나 또는 생략할지를 구분하는 기준이 있다면, 우리는 시간을 아주 효율적으로 투자할 수 있을 것이다.

Unit 01. 더독해 2.0 뽀인트!

01 강중약 진술들을 구분해 보자. ★★★★
02 재진술을 이해하자. ★★★★

문장 속독법에서 학습할 내용이지만, 문장이 장문으로 등장한 경우에는 장문을 단문으로 축약해서 핵심적인 어구들을 파악해서 읽어야 한다. 마찬가지로 지문에 등장하는 모든 정보나 내용들은 동일한 중요성을 차지하지 않는다. 핵심적인 정보, 저자의 주장, 감상... 즉, 주제 또는 main idea에 해당하는 내용들을 '강'하게, 이것에 연결되는 내용들을 '중', 또는 '약'으로 독해 할 수 있어야 한다.

'강' 문장 - 일반적 진술, 'But'으로 시작하는 문장, '답'되는 핵심 keyword가 등장하는 문장.
'중' 문장 - 추상적 진술을 재진술하는 문장으로 지문의 이해도를 높여 주는 문장.
'약' 문장 - 구체적 진술, 예시들, 앞 문장과 반복되는 재진술 문장.

일반적으로 서론이나 'But'으로 시작하는 영문들은 '강'에 해당하는 문장들이다. 물론 이 또한 절대적인 기준은 아니다. 서론이 가벼운 예시로 시작하거나, but이 등장했어도, 부수적인 정보를 첨가하는 경우도 있기 때문이다. 하지만 대체적으로 본문의 첫 줄이나 but등의 전환구조가 등장하면 유의해서 독해하는 것이 대부분의 경우에 적절하다.

재진술, 예시 등에 해당하는 문장들은 문제의 유형에 따라서, 영문에서의 전후 문장과의 문맥을 통해서 중요성이 정해지게 된다. 따라서 일반적&구체적 진술에 대한 구분과 재진술 문장에 대한 이해 등을 통해서 '강중약'으로 영문의 문장들을 구분해서 독해해야 한다.

01 General & Specific statement (일반적&구체적 진술)

● 일반적 진술(General statement)

- 일반 개념에 해당하는 **추상적 표현, 글의 전반적인 중심 내용을 압축적으로 표현하는 문장**.

  (1) 저자의 주장이나 의견이 함축적으로 등장하는 문장
  (2) 주로 글의 처음이나 마지막에 등장하는 문장
  (3) 일반개념에 해당하는 어휘들이 등장하는 문장

● 구체적 진술(Specific statement)

- 일반적 진술을 **부연, 보충, 예시하는 문장**들도 구체 개념에 해당하는 구체적인 '인물, 숫자, 사건, 국가, 단체....'등의 정보를 전달하는 문장.

  (1) 구체적인 예시들이 등장하는 문장
  (2) 주장이나 의견에 대한 논거를 제시하는 문장
  (3) 주로 글의 본문에 등장하는 재진술 문장

* 일반개념 (general concept) vs 구체개념 (specific concept)

일반개념은 상위 개념에 해당하는 표현으로 포괄적인 용어이다. 구체개념은 일반개념을 구체적으로 설명, 예시를 하는 용어이다. 일반과 구체는 절대적인 기준에 의해서 구분되는 것이 아니라, 상대적인 개념이며, 지문과 문맥에 따라서 상대적으로 결정된다.

일반개념 (General concept)	구체개념(Specific concept)
음식	분식, 한식, 양식
분식	김밥, 튀김, 떡볶이, 쫄면
숲	나무, 흙, 바위, 동물
동물	포유류, 파충류, 어류, 조류
과학	물리학, 화학, 생물, 지구과학
생물학	곤충학, 유전학, 생태학, 분자생물학
산업	중공업, 경공업, 농업, 서비스 산업
농업	원예, 축산, 임업, 잠업

(1) In the twentieth century, there have been many advances in technology. Television, cars, and computers have changed our lives profoundly. Scientists have sent people out into space and even to the moon.

G - In the twentieth century, there have been **many advances** in technology.
(20세기, 첨단과학에 있어서 많은 발전이 일어났다)

- 'many advances'를 추상적, 압축적 표현으로 이해해야 하는데, 구체적인 발전의 예시들 없이 '많은 발전'이라고 표현했기 때문이다. 이처럼 함축적으로 문장의 내용을 담고 있는 표현이 keyword 가 된다. (chapter 1. unit 4 참고)

S - Television, cars, and computers have changed our lives profoundly. Scientists have sent people out into space and even to the moon.
(TV, 자동차들, 컴퓨터들은 우리의 일상을 크게 변화시키고 있다. 과학자들은 사람들을 우주로, 심지어 달로 보내기도 한다)

- 'many advances'를 설명하기 위해, TV, 자동차, 컴퓨터, 과학자들의 구체적인 예시들을 진술하고 있다.

(2) We have all grown up, knowing that people are different. A couple may spend their vacation traveling in Europe; their friends are content with two weeks in a cottage by the sea.

G - We have all grown up, knowing that people are different.
(우리 모두는 성장하면서 사람들은 다르다는 것을 알게 된다.)

S - A couple may spend their vacation traveling in Europe; their friends are content with two weeks in a cottage by the sea.
(한 커플은 유럽에서 휴가를 보낼 수도 있다. 반면에 그들의 친구들은 바다가 작은 별장에서 2주동안의 휴가를 보내는 것에 만족할 수도 있다.)

(3) The objective of some taxes on foreign imports is to protect an industry that produces goods vital to a nation's defense. The domestic oil, natural gas, or steel industry, for example, may require protection because of its importance to national defense.

G - The objective of some taxes on foreign imports is to protect an industry that produces goods vital to a nation's defense.
(수입품에 대한 어떤 세금들의 목적은 산업을 보호하는 것이다, 국가 방위에 필수적인 제품들을 생산하는)

S - The domestic oil, natural gas, or steel industry, for example, may require protection because of its importance to national defense.
(예를 들어, 국내 원유, 천연 가스, 철강 산업은 국가 방위에 대한 중요성 때문에 보호를 필요로 한다)

(4)　It is important to ease yourself into whatever you're doing. In sports and other physical activities, your muscles should get warmed up before you start working them to prevent injury.

> G - It is important to **ease yourself** into whatever you're doing.
> (무엇을 하든 몸을 이완시키는 것이 중요하다)

> S - In sports and other physical activities, your muscles should get warmed up before you start working them to prevent injury.
> (스포츠나 다른 신체 활동에 있어서, 근육은 이완되어야만 한다, 부상을 예방하기 위해서 근육을 사용하기 전에)

(5)　People have to eat, but culture teaches us what and when. In many cultures people have their main meal at noon, but Americans prefer a large dinner. English people eat fish for breakfast, but Americans prefer hot cakes and cold cereals.

> G - People have to eat, but **culture teaches us what and when**.
> (사람은 먹어야만 하지만, 문화는 우리가 무엇을, 언제 해야 하는지를 알려준다)

> S - In many cultures people have their main meal at noon, but Americans prefer a large dinner. English people eat fish for breakfast, but Americans prefer hot cakes and cold cereals.
> (많은 문화에서 사람들은 점심때 주된 식사를 하지만, 미국인들은 풍족한 저녁을 선호한다. 영국인들은 아침에 생선을 먹지만, 미국인들은 아침에 케이크와 차가운 시리얼을 먹는다)

(6)　One way to relax our nerves and make us feel happy is to have hobbies. A good hobby such as swimming, playing tennis or taking a walk is not only good for our health, but is also a good way to make friends.

> G - One way to relax our nerves and make us feel happy is to **have hobbies**.
> (우리의 신경을 안정시키고 행복하게 하는 한 가지 방법은 취미를 갖는 것이다)

> S - A good hobby such as swimming, playing tennis or taking a walk is not only good for our health, but is also a good way to make friends.
> (수영, 테니스, 산책 같은 좋은 취미는 건강에 유익할 뿐 아니라, 친구를 사귀는데 좋은 방법이다)

02 재진술 " = " (다시 설명한다, Re+statement=Restatement)

일반&구체적 진술에 비해서 상대적으로 수험생들에게 생소한 내용이 '재진술' 파트이다. 앞서 제시한 구체적 진술(예시) 또한 큰 범주에서 보자면 모두 '재진술'에 해당한다. 재진술은 앞 내용을 다시 한 번 설명하는 것으로, '즉, 다시 말해서', '예를 들어', '이것은 ~   의미한다'... 등의 의미이다. 영어의 특징 중 하나가, 어떤 추상적, 압축적, 모호한, 전문적인 개념이 등장하면, 반드시 이 내용을 풀어서 설명해 주는 것이다.

재진술을 이해하면 각 개별 문장들이 전후 문장들과 어떤 관련성을 맺고 있는지를 아주 효과적으로 파악할 수 있게 해 준다. 앞 내용을 보충 설명하는 내용들이라면 '중,약'으로 읽고 빠르게, 대조(역접)적인 내용들이 등장한다면 '강'으로 꼼꼼하게 읽게 되기에, 자연스럽게 독해 속도에 '리듬'이 생긴다.

*** 문장부호 등을 활용해 한 문장 안에서 재진술이 등장하는 경우**

Man is known as a social animal ; we cannot live all alone.

(인간은 사회적 동물이라 알려져 있다. 즉 다시 말해서 우리는 혼자서 살 수 없다)

- 'we can ~' 이하가 앞 내용을 재진술한다.

The purpose of this special jargon is not to mystify non-psychologists; rather, it allows psychologists to accurately describe the phenomena they are discussing and to communicate with each other effectively.

(이런 전문적인 특수 용어의 목적은 비심리학자들을 혼란스럽게 하기 위한 것이 아니다, 오히려 그것(전문용어)은 심리학자들이 현상을 정확하게 기술하도록 하고, 그들이 토론하고 있는, 그리고 상호간에 효율적으로 의사소통을 하게 하는 것이다)

- ';rather, it allows ~' 이하가 앞 내용을 재진술한다.

*** 재진술 예시 (☞ 다시 말해서, ~ 이다)**

(1)　It is now also realized that there is a close connection between the body and the mind. Therefore, if the body is active, the mind too is active.

It is now also realized that there is a **close connection** between the body and the mind.
☞ Therefore, if the body is **active**, the mind too is **active**.
(신체와 마음 사이에는 밀접한 연관성이 있다는 것이 입증되었다. 즉, 신체가 활발하다면, 마음 역시도 적극적이다)

신체와 마음에 밀접한 연관성 있다.
☞ 이것이 무슨 의미인가?
　 신체가 활발하다면 마음도 활발해 진다는 의미이다.

(2)　Friendship among teenagers can be a great source of emotional strength not only at the time but also later in life. Through such early experiments in intimacy, teenagers develop self-awareness, self-confidence, and self-esteem.

Friendship among teenagers can be a great source of **emotional strength** not only at the time but also later in life.
☞ Through such early experiments in intimacy, teenagers **develop self-awareness, self-confidence, and self-esteem.**
(십대들 사이의 우정은 당시 뿐 아니라 나중에도 정서적 발달의 중요한 근간이 될 수 있다. 즉, 친밀감을 통한 어린

시절 경험을 통해서, 십대들은 자아인식, 자신감 그리고 자긍심을 발전시킨다)

십대 때의 우정이 중요한 정서적 발달의 근간이 된다.
☞ 이것이 무슨 의미인가?
　 자아인식, 자신감, 자긍심 형성에 영향을 끼친다.

(3)　Doctors are excited about a new way they have found to help broken bones heal. This new technique uses sound waves. Sound waves seem to make broken bones heal faster.

Doctors are excited about a **new way** they have found to help **broken bones heal.**
☞ This new technique uses **sound waves**. Sound waves seem to make broken bones heal faster.
(의사들은 부러진 뼈를 치료하는데 도움이 될 수 있는 자신들이 발견한 방법에 기뻐하고 있다. 즉, 이 새로운 방

법은 음파를 활용한다. 음파는 더 빨리 부러진 뼈들이 치료되도록 만들어 주는 것 같다)

(4) One of the greatest tragedies of war, apart from the loss of human life, is the loss of people's creations, their artworks. Many of the world's priceless artworks have been damaged or destroyed by warfare.

One of the greatest tragedies of war, apart from the loss of human life, is **the loss of people's creations, their artworks.**
☞ Many of the world's priceless artworks have been damaged or destroyed by warfare.
(전쟁의 가장 비극적인 부분 중 하나는, 인명 피해는 제외하더라도, 인류의 창작물, 즉 예술작품들의 손상이다. 즉, 세상의 매우 귀중한 많은 예술 작품들이 전쟁으로 손상되거나 파괴되었다)

(5) One example of war's destructive effects on art can be found in the history of Leonardo da Vinci's masterpiece 'The Last Supper.' This wall painting, done in the 1490s, still exists in a monastery in Milan, Italy.

One example of war's destructive effects on art can be found in the history of **Leonardo da Vinci's masterpiece 'The Last Supper.'**
☞ **This wall painting,** done in the 1490s, still exists in a monastery in Milan, Italy.
(예술에 대한 전쟁의 파괴에 대한 하나의 예는 레오나르도 다빈치의 '최후의 만찬'의 역사에서 엿볼 수 있다. 즉,

(6) However, the number of social contacts we have is not the only reason for loneliness. It is more important how many social contacts we think we should have.

However, **the number** of social contacts we have is **not the only reason for loneliness.**
☞ It is **more important how many social contacts we think we should have**.
(그러나, 우리가 맺는 사회적 교류의 숫자가 외로움의 유일한 이유는 아니다. 즉, 얼마나 많은 사회적 교류를 맺어야만 한다고 우리가 생각(기대)하는지가 더욱 중요하다)

(7) Females, according to some scientists, use both sides of the brain when they speak or read, while males use only the left side of the brain. As a result, women tend to show better ability in using languages.

Females, according to some scientists, **use both sides of the brain** when they speak or read, while males use only the left side of the brain.
☞ As a result, women tend to **show better ability in using languages.**
(과학들에 따르면, 여성들은 말하거나 읽을 때 좌우 뇌를 모두 사용하지만, 남성들은 좌뇌만 사용할 뿐이다. 결과적으로, 여성들은 언어 사용에 있어서 나은 능력을 보여준다)

MEMO

03 Practice

Q. '강'에 해당하는 문장들을 선별하고, 전체적인 내용 구조를 파악해 보자.

(1) If you're a young woman, there are ways to make it easier for a man to approach you. For one thing, don't huddle with your friends. Sit or stand alone. This makes you seem more available. And try to be responsive, no matter how nervous you are. When a man smiles at you, smile back. In general, do exactly the opposite of what you would do if you were trying to brush him off. When he speaks to you, don't give clipped, one-word answers.

해석

당신이 만약 젊은 여인이라면. 좀 더 쉽게 남성들이 당신에게 접근하도록 하는 방법들이 있다. 그 하나로, 당신의 친구들과 몰려다니지 말라는 것이다. 홀로 앉아 있거나 서 있어라. 그러면 당신은 더욱 접근이 용이해 보이게 된다. 그리고는 당신이 아무리 예민한 성격일지라도 응대를 잘 할 수 있도록 노력하라. 남성이 당신에게 미소를 짓는다면 당신 역시 미소를 답하라. 일반적으로. 당신이 만약 그를 퇴짜 놓으려면. 했을 만한 일의 정반대 것을 즉각 행하라. 그가 당신에게 말을 건넬 때 짧은 한마디로 끊어 가며 맞받아치지를 말라.

(2) The crowd is the largest and least personal of adolescent groups. Members of the crowd meet because they have a common interest in an activity, not because they are mutually interested in each other. Another adolescent group, cliques, are smaller and involve greater intimacy among members. The most intimate and often the most fulfilling relationships are those of individual friendships. In general, peer group relationships in adolescence fall into one of the above three categories.

해석

동아리는 청소년 집단 중에서도 가장 크면서 가장 비 개인적인 집단이다. 동아리 구성원들은 서로에게 관심이 있어서라기보다 어떤 활동에 대해 공통의 관심사가 있기 때문에 모인다. 또 하나의 청소년 집단인 패거리는 더욱 작은 동시에 성원들 간에 친밀감은 더욱 크다. 가장 밀접하고 또 흔히 가장 만족스러운 관계는 개인적 우정 관계이다. 일반적으로 청소년의 동류 집단 관계들은 위 세 범주 중 하나로 분류된다.

(1) If you're a young woman, **there are ways to make it easier for a man to approach you.** For one thing, don't huddle with your friends. **Sit or stand alone.** This makes you seem more available. And try **to be responsive**, no matter how nervous you are. When a man smiles at you, **smile back.** In general, do exactly the opposite of what you would do if you were trying to brush him off. When he speaks to you, don't give clipped, one-word answers.

Rudy's 해설

첫 문장을 강하게 읽어야 한다. 일반적 진술로 '남성이 쉽게 접근하게 하는 방법'이라는 주제를 던지고 있다. 이후의 문장들은 모두 첫 진술에 대한 예시들이다. 'for one thing'은 열거의 전형적인 연결어로, 다양한 예시들이 열거할 때 등장한다.

(2) **The crowd is the largest and least personal of adolescent groups.** Members of the crowd meet because they have a common interest in an activity, not because they are mutually interested in each other. **Another adolescent group, cliques,** are smaller and involve greater intimacy among members. The most intimate and often the most fulfilling relationships are those of **individual friendships**. In general, **peer group relationships in adolescence fall into one of the above three categories.**

Rudy's 해설

the crowd, cliques, individual friendships 등의 예시들을 통해서 십대들의 관계들을 보여주는 구조이다. 이처럼 서론에서 예시가 등장하면, 그 이후에 다른 예시들이 열거식으로 함께 등장하고, 결론에서 주제문이 등장하는 미괄식 구성이 되는 경우가 빈번하다.

(3) In the philosophy of John Dewey, a sharp distinction is made between intelligence and reasoning. According to Dewey, intelligence is the only absolute way to achieve a balance between realism and idealism, between practicality and wisdom of life. Intelligence involves interacting with other things and knowing them, while reasoning is merely the act of an observer, …a mind that beholds or grasps objects outside the world of things …

With reasoning, a level of mental certainty can be achieved, but it is through intelligence that control is taken of events that shape one's life.

해석

John Dewey의 철학에서 분명한 차이가 지성과 추론 사이에 이루어진다. Dewey에 따르면 지성은 현실주의와 이상주의 사이의, 그리고 실용성과 삶의 지혜 사이의 균형을 이룩할 수 있는 유일하고도 절대적인 방법이다. 지성은 다른 것들과 상호 작용하고 또 그것들을 아는 것을 포함하는 반면에 추론은 단지 관찰자로서의 행위, 즉 "…사물의 세계의 외부 대상물을 보거나 파악하는 마음…"일 뿐이다.
추론을 가지고 일정 수준의 정신적 자명성이 이루어질 수 있으나, 인간의 삶을 형성하는 사건들을 통제하는 것은 지성을 통해서이다.

(4) A study observed 24 healthy men who typically slept between 7 and 7½ hours a night and did not complain of daytime drowsiness. For six days, the subjects went to bed early and slept approximately nine hours. During the period the men were given tests of attention and vigilance designed to mimic skills used in driving or in monitoring equipment. All of the subjects recorded measurable improvement.

해석

한 연구가 일반적으로 하루 밤에 7시간 내지 7시간 반을 자고 대낮에 졸음을 불평하지 않는 건강한 24명의 남자들을 관찰했다. 6일 동안 실험대상자들은 일찍 잠자리에 들어 대략 9시간을 잤다. 그 기간 동안 남자들은, 장비들을 운전하거나 감시하는 데에 쓰이는 기술들을 모방하기 위해 의도된 주의력과 조심성에 관한 검사를 받았다. 모든 피실험자들은 측정할 수 있는 정도의 향상을 기록했다.

(3) In the philosophy of John Dewey, **a sharp distinction is made between intelligence and reasoning**. According to Dewey, **intelligence is** the only absolute way to achieve a balance between realism and idealism, between practicality and wisdom of life. Intelligence involves interacting with other things and knowing them, **while reasoning is** merely the act of an observer, ⋯a mind that beholds or grasps objects outside the world of things ⋯
With reasoning, a level of mental certainty can be achieved, **but it is through intelligence that control is taken of events that shape one's life.**

Rudy's 해설

첫 문장에서 지성과 추론을 구분 한다는 일반적 진술이 있기에 강하게 읽자. 바로 이어서 지성과 추론에 대한 내용이 while을 중심으로 대조의 구조로 제시되어 있다. 또한 마지막 문장에서 it ~ that 강조용법으로 '지성'을 강조하기에 이 또한 중요한 문장에 해당한다.

(4) A study observed 24 healthy men who typically slept **between 7 and 7½ hours** a night and did **not complain of daytime drowsiness**. For six days, the subjects went to bed early and slept approximately **nine hours**. During the period the men were given tests of attention and vigilance designed to mimic skills used in driving or in monitoring equipment. **All of the subjects recorded measurable improvement.**

Rudy's 해설

숫자가 등장하는 경우에는 숫자와 해당 숫자가 의미하는 내용을 중심으로 축약해서 독해하자. 구체적인 수치가 등장하는 것은 예시에 해당하고, 언제나 예시가 제시되면 그것에 대한 일반적 진술이 뒤 따르게 된다. 충분한 수면을 취하면 눈에 띄는 능률향상이 일어난다는 것이 제시문의 주제이다.

(5) China is launching a national online marriage database to fight bigamy, a move that has raised concerns among millions of Chinese about protection of privacy. The Chinese government's announcement that it plans to make the database available next year comes amid reports that hackers gained access to the personal information of 6 million users of the China Software Developer Network. The hacking triggered widespread panic in China, and some Chinese citizens raised questions about the safety of the anticipated marriage database. The Ministry of Civil Affairs dismissed concerns, saying more than 20 provinces have already digitized local marriage registrations. The ministry says a centralized database will make it harder for people to commit bigamy.

해석

중국은 중혼과 싸우기 위해 전국적인 온라인 데이터베이스 사업을 시작하고 있는데, 이 조치는 수백만 명의 중국인들에게 사생활 보호에 대한 걱정을 불러일으키고 있다. 중국 정부의 내년까지 데이터베이스를 구축하겠다는 계획 발표는, 중국 소프트웨어 개발업자 네트워크(China Software Developer Network)의 6백만 이용자들에 대한 개인적인 정보에 해커들이 접근했다는 지난 주 발표들이 있었던 도중에 나왔다. 이 해킹은 중국에서 광범위한 패닉을 불러 일으켰고, 몇몇 중국 시민들은 예정된 결혼 데이터베이스의 안전에 대한 문제를 제기하였다. 민정담당부서는 이러한 우려를 불신하며, 20개 이상의 성(省)들이 이미 지역의 결혼 등록을 디지털화 했다고 말했다. 민정담당부서는 중앙화된 데이터베이스가 사람들로 하여금 중혼을 저지르는 일을 더욱 어렵게 만들 것이라고 말했다.

(5) **China is launching a national online marriage database to fight bigamy, a move that has raised concerns among millions of Chinese about protection of privacy.** The Chinese government's announcement that it plans to make the database available next year comes amid reports that hackers gained access to the personal information of 6 million users of the China Software Developer Network. **The hacking triggered widespread panic** in China, and some Chinese citizens raised questions about the safety of the anticipated marriage database. The Ministry of Civil Affairs dismissed concerns, saying more than 20 provinces have already digitized local marriage registrations. The ministry says a centralized database will make it harder for people to commit bigamy.

Rudy's 해설

도입부에 결혼정보를 데이터하고 있는 와중에, 많은 사람들의 우려가 커지고 있다는 내용이 언급되었다. 이어서 해커에 대한 내용들과 중국 정부가 결혼정보를 데이터화 하고 있다는 구체적인 예시들이 등장하는 구조로, 첫줄에 핵심적인 내용들이 담겨있다.

Unit 02

직진 플러스 (Advancing)

한 편의 글은 여러 개의 문장들로 구성되어 있다. 여러 개의 문장들은 전후 문장들과 다양한 관계를 지니고 있다. 이런 문장들 사이의 다양한 관계를 파악하면, 문맥을 파악할 수 있고, 속독의 능력 뿐 아니라 글의 전반적인 내용을 파악하는데 매우 효과적이다.

Unit 04. 더독해 2.0 뽀인트!

01 직진의미를 명확하게 이해하자. ★★★★★
02 다양한 역할의 연결어를 정리하자. ★★★

◆ 대표적인 문장들의 전후 관계는 다음과 같다.

① A + B : A 주장, 정보, B 예시, 재진술 - 직진
→ '플러스' 구조로 앞 문장에 대한 재진술, 예시 또는 추가적인 새로운 정보들이 연결

② A - B : A와 B가 상반되거나 다른 사실이나 주장 - 전환
→ '마이너스' 구조로 앞 내용에 대한 반대되는 주장, 정보들이 연결

①의 구조를 직진, ②의 구조를 전환으로 치환해서 생각해 볼 수 있으며, 많은 문장들의 전후 관계는 직진 또는 전환으로 생각해 볼 수 있다.

즉, 앞 문장에 대한 추가적인 정보나 예시들, 이것을 기반으로 한 새로운 주장이나 사실들을 진술하는 '플러스 문장'들과, 앞의 정보나 주장과는 상반되는 '마이너스 문장'들로 모든 문장들을 분류해서 이해할 수 있다.

일반&구체적 진술과 함께 직진과 전환으로 문장들을 이해하게 되면 '강중약'을 매우 수월하게 적용해서 효과적인 속독과 함께 글의 정확한 의미를 이해하는데 아주 효과적이다.

01 직진 (Advancing)

'직진'이란 앞 내용을 뒤집거나 바꾸지 않고 계속해서 전진한다는 의미로 예시, 재진술, 인과 등이 여기에 속한다. 직진에 해당하는 내용이라는 것만을 이해해도, 전후 문맥을 파악하면서 빠르게 속독할 수 있는 독해력이 급증된다.

◆ 전후 문장들의 관계가 직진에 해당하는 것은 다음과 같다.

(1) 주제문이 등장하고 이것에 대한 논거가 등장하는 경우 (예시)

(2) 일반적 진술이 등장하고 구체적 진술이 등장하는 경우 (예시)

(3) 앞 문장에 대한 재진술, 보충 설명이 등장하는 경우 (재진술)

(4) 앞 내용을 논리적 근거로 해서 그것에 대한 결과가 등장하는 경우 (인과관계)

(5) 유사한 내용들이 병렬적으로 등장하는 경우 (열거 & 예시)

In the twentieth century, there have been **many advances** in technology. **Television, cars, and computers** have changed our lives profoundly. Scientists have sent people out into space and even to the moon. - 주제 + 예시

The **purpose of this special jargon** is not to mystify non-psychologists; rather, it allows psychologists to **accurately describe the phenomena** they are discussing and to communicate with each other effectively. - 주제 + 재진술

Friendship among teenagers can be a great source of emotional strength **not only** at the time **but also** later in life. Through such early experiments in intimacy, teenagers develop self-awareness, self-confidence, and self-esteem.
- not only ~   but also를 중심으로 열거

Creative writing can serve as a safety valve for dormant tensions. **This implies ①that** a period of time has evolved in which the child gave an idea some deep thought and ② **that** the message on paper is revealing of this deep inner thought.

(창작은 잠재된 긴장을 안전하게 방출하는 밸브 역할을 할 수 있다. 이것은 일정 시간이 흘러가면서 아이가 어떤 생각에 깊이 있게 생각을 하고, 종이 위에 메시지가 이런 깊은 생각을 보여준다는 것을 의미한다.)

- 주제 + 재진술

전형적인 주제문에 이어 논거에 해당하는 재진술이 등장하는 구조로 두 개의 that절(① + ②)들이 주제문에 대한 내용을 보충설명하는 구조이다.

Unemployment does not have the same dire consequences today as **it did in the 1930s** ①**when** most of the unemployed were primary bread-winners, ②**when** income and earnings were usually much closer to the margin of subsistence, and ③**when** there were no countervailing social programs for those failing in the labor market.

(오늘날의 실직은 1930년대 때만큼 심각한 영향력을 미치지 않는데, 당시는 대부분의 실직자들이 가정의 주된 생계 책임자들이었고, 수입과 소득은 일반적으로 최저 생활을 위한 한계 수준에 가까웠으며, 노동 시장에서 실패한 이들을 위한 보상 차원의 사회적 프로그램이 없던 시절이었다.)

- 진술 + 보충설명

현재는 1930년대만큼 심각하지는 않다고 이야기하고, 1930년대가 어떠했는지를 3개의 when절(① + ② + ③)들이 보충 설명하는 구조이다.

02 직진에 대표적인 연결어

(1) 대표적인 재진술 연결어들

and	그리고	also	또한
that is to say	다시 말하자면	namely	즉, 다시 말해서
in other word	다시 말해서	similarly, likewise	마찬가지로
in addition	게다가	besides	게다가
furthermore	게다가	moreover	게다가
not only A but also B	A뿐 아니라 B	for example	예를 들어
for instance	예를 들어	such as	예를 들어
명사+ 동격절	명사 설명	관계대명사절	선행사 설명
관계부사절	선행사 설명	콤마, 콜론, 세미콜론	보충 설명

(2) 대표적인 재진술 연결어들

and	그래서	because (of)	왜냐하면
for	왜냐하면	since	왜냐하면
why	그래서	as a result	결과적으로
due to	왜냐하면	owing to	왜냐하면
thus	그래서	therefore	그래서
hence	그래서	accordingly	따라서
consequently	결과적으로	as a consequence	결과적으로
too ~ to	~해서 못하다	so(such) ~ that	~해서 ~ 하다
so ~ as to	~해서 ~ 하다		

03 Practice

제시된 영문에서 개별 문장들의 역할을 분석해 보자.

(1) The first semester of my junior year at Princeton University is a disaster, and my grades show it. D's and F's predominate, and a note from the dean puts me on academic probation. Flunk one more course, and I'm out.

해석

프린스턴 대학에서 3학년 첫 학기는 비참했다. 내 학점을 보면 그렇다. D와 F가 아주 많아 학장으로부터 온 편지에는 나를 학점 유예 기간에 처한다는 것이다. 한 과목만 더 낙제하면 나는 퇴학당한다.

(2) Some people, it was said, were born naturally good and some were born bad. Also inborn, it was believed, were such traits as trustfulness, honesty, conscientiousness, and industry, as well as such traits as bad temper, laziness, and untidiness.

해석

어떤 사람들은 천성적으로 선하게 또 어떤 사람들은 악하게 태어난다고 사람들은 말했다. 또한 나쁜 성질, 게으름, 그리고 불결함 등과 같은 특성들뿐만 아니라 성실성, 정직성, 그리고 근면함과 같은 특징들도 타고나는 것으로 사람들은 믿었다.

(3) Most of us would rather be found fault with, if at all, to our faces, and are especially sensitive to what is said of us when we are not there to defend ourselves.

해석

우리 대부분은 일단 비난을 받을 바에야 우리 면전에서 비난당하고 싶어 하며 우리가 자신을 방어하기 위하여 그곳에 없을 때에 우리가 수군거림을 당하는 것에 대해서 특별히 민감하다.

(1) The first semester of my junior year at Princeton University is a **disaster**, and my grades show it. - 도입부로 **topic**

D's and F's predominate, and a note from the dean puts me on **academic probation**. Flunk one more course, and **I'm out**. - **disaster 예시**

Rudy's 해설

첫 학기가 재앙이었다는 내용에 이어서 왜 재앙이었는지에 대한 이유(예시)가 제시되어 있다.

(2) Some people, it was said, were **born naturally** good and some were born bad.
- 도입부로 인간은 선천적이라는 **topic** 제시

Also inborn, it was believed, were **such traits as trustfulness, honesty, conscientiousness, and industry**, as well as **such traits as bad temper, laziness, and untidiness.**
- 선천적인 것들에 대한 예시

Rudy's 해설

인간의 특성은 선천적이라는 내용이 제시되고, 그것에 대한 예시들이 열거되어 있다.

(3) Most of us would rather **be found fault** with, if at all, **to our faces**, - 원인

and are especially **sensitive** to what is said of us when **we are not there** to defend ourselves. - 결과

Rudy's 해설

비난을 받을 바에는 차라리 면전에서 비난을 받는 것이 낫기에(원인), 자신이 없는 곳에서 비난 받는 것에 대해서 더 민감(결과)하다는 구조이다.

(4) Seeds of Peace carries out a task that governments are neither equipped for nor very interested in: transforming the hopes for peace into a new reality on the ground among populations that have been taught for decades to distrust and hate one another.

해석

평화의 씨앗은 정부들이 준비되어 있지도 않고 별다른 관심도 없는 임무를 수행한다. (즉 그 임무는) 평화를 향한 희망들을 사람들을 토대를 새로운 현실로 전환하는 것인데, 수십 년간 서로 불신하고 미워하라고 학습 받아온 사람들에게.

(5) She hadn't done anything whatever about her face. She didn't realize what every man knows: namely, that the expression a woman wears on her face is far more important than the clothes she wears on her back.

해석

그녀는 얼굴에 그 어떤 표정도 짓지 않았다. 그녀는 모든 사람이 다 알고 있는 것을 알지 못했는데, 즉 여성이 자신의 얼굴에 짓는 표정이 자신의 몸에 걸치는 의상보다 더욱 중요하다는 것을.

(6) Of all the characteristics of ordinary human nature envy is the most unfortunate; not only does the envious person wish to inflict misfortune and do so whenever he can with impunity, but he is also himself rendered unhappy by envy.

해석

평범한 인간의 본성 가운데서, 시기심이 가장 불행한 것이다. 시기심이 많은 사람은 (누군가에게) 해악을 끼치길 원하며 그렇게 행동한다. 처벌 받지 않는다면, 그러나 본인 자신도 시기심에 의해 불행해 진다.

(4) **Seeds of Peace carries out a task** that governments are neither equipped for nor very interested in - **평화의 씨앗이 하는 일에 대한 일반적 진술**

: **transforming the hopes for peace into a new reality** on the ground among populations that have been taught for decades to distrust and hate one another.
- **a task에 대한 재진술**

Rudy's 해설

정부가 하지 않는 일을 평화의 씨앗이 한다는 진술에 이어서, 그 일이 무엇인지에 대한 설명(재진술)이 제시되어 있다.

(5) She hadn't done anything whatever about her face. **She didn't realize what every man knows:**
 - **일반적 진술**

namely, that the **expression** a woman wears on **her face** is far more **important** than the clothes she wears on her back.. - **일반에 대한 재진술**

Rudy's 해설

모든 사람들이 아는 것을 알지 못했다는 내용에 이어서, 그것이 의미하는 것이 무엇인지에 대한 설명(재진술)이 제시되어 있다.

(6) Of all the characteristics of ordinary human nature **envy** is the most unfortunate;
- **일반적 진술**

not only does the envious person wish to inflict misfortune and do so whenever he can with impunity, but he is also himself **rendered unhappy** by envy.
- **재진술(논거)**

(7) Good health and the ability to overcome or control illness and disease don't just depend on medicines or strength of mind, as some people say, but also on wise eating habits. Avoiding eating things like meat, animal fats and sugar and keeping off alcohol are a passport to good health and a long life.

해석

건강과 질병을 이기고 극복하는 능력은 몇몇 사람들이 말하는 것처럼 약이나 건강한 정신 상태에만 달려 있는 것이 아니라 현명한 식사 습관에도 달려 있다. 고기나, 동물 지방, 설탕을 먹는 것을 피하고, 술을 멀리하는 것이 건강과 장수를 보장하는 수단이다.

(8) Wealth is not merely bank note or even gold and silver and precious stones. Ultimately it is things: the food in the stores, the minerals from the ground, the ships on the ocean, etc. It is also having clever artists, musicians, writers, technicians and so on. Thus, It is right to look for a country's wealth in the richness of its soil and in the skills of its people.

해석

어떤 사람들은 천성적으로 선하게 또 어떤 사람들은 악하게 태어난다고 사람들은 말했다. 또한 나쁜 성질, 게으름, 그리고 불결함 등과 같은 특성들뿐만 아니라 성실성, 정직성, 그리고 근면함과 같은 특징들도 타고나는 것으로 사람들은 믿었다.

(7) Good health and the ability to overcome or control illness and disease **don't just** depend on medicines or strength of mind, as some people say, **but also** on **wise eating habits**.
- '**not only A but also B**' 구조를 통해 A와 B를 제시하고 있는데, B에 강조점이 있다.

Avoiding eating things like meat, animal fats and sugar and **keeping off alcohol** are a passport to good health and a long life. - **B에 대한 예시**

Rudy's 해설

건강의 두 가지 요소를 제시하고, 그 중 후자를 부각해서 설명하는 구조이다.

(8) **Wealth** is not merely bank note or even gold and silver and precious stones.
- **부에 대한 도입부 (예시)**

Ultimately it is **things**: the food in the stores, the minerals from the ground, the ships on the ocean, etc. - **예시**

It is also having **clever artists, musicians, writers, technicians** and so on. - **예시**

Thus, It is right to look for a country's wealth in the richness of **its soil and in the skills of its people**. - **부에 대한 예시들을 종합한 결론**

Rudy's 해설

부에 대한 다양한 예시들을 제시하고, 그것들을 종합해서 결론을 제시하고 있다.

Unit. 02

(9)   The temptation of the educator is to explain and describe, to organize a body of knowledge for the student, leaving the student with nothing to do. Many teachers lecture to the students about what is in the books and reduce the content to a series of points that can be remembered. As a consequence, education becomes too much like another kind of real life, the kind in which nobody reads the book; everyone reads the reviews, and everyone talks as if he knew the book.

해석

교육자가 빠지기 쉬운 함정은 학생들이 할 것을 남겨두지 않는 채 학생들에게 지식을 설명하고 기술하고 조직하는 것이다. 많은 교사들은 책에 있는 것을 학생들에게 강의하고 그 내용을 기억할 수 있도록 요점만 간단하게 정리해 준다. 결과적으로 교육은 다른 실생활의 유형, 즉 아무도 책을 읽지 않고 그 책의 논평만 읽고서도 모든 사람이 마치 자기가 그 책을 내용을 다 아는 것처럼 말하는 그런 유형과 너무도 같아져 버리고 만다.

(10)   Some eminent biologists do not agree with the doctrine that war is biologically inevitable. They have spent many years studying the social behavior of lower animals and human beings and are convinced that the seven cardinal sins of pride, covetousness, lust, anger, gluttony, envy, and sloth may have deep-seated biological roots but that human wickedness is also an expression of what people have learned. They argue that the newer biology presents evidence of a biological basis of human virtue, such as faith and love, and that people can, through learning, cultivate virtuous tendencies.

해석

일부 저명한 생물학자들은 전쟁이 생물학적으로 불가피한 것이라는 원칙에 동의하지 않는다. 그들은 하등동물들과 인간의 사회적 행동을 수년간 연구한 후 다음과 같은 사실을 확신하게 되었다. 즉, 7대 원죄인 교만, 탐욕, 욕정, 분노, 대식, 시기, 나태 등은 깊은 생물학적 뿌리가 있을지 모르나, 인간의 사악함은 또한 인간이 배운 것의 표현이라는 것이다. 그들의 주장에 따르면, 새로운 생물학은 인간이 신뢰와 사랑 같은 미덕들의 생물학적 증거를 제시하고, 인간은 배움을 통하여 미덕을 기를 수 있다고 한다.

(9) The **temptation** of the educator is to explain and describe, to organize a body of knowledge for the student, leaving the student with nothing to do. **- 도입부로 교사들이 빠지기 쉬운 유혹**

Many teachers lecture to the students about what is in the books and reduce the content to a series of points that can be remembered. **- 재진술**

As a consequence, education becomes too much like another kind of real life, the kind in which **nobody reads the book**; everyone reads the reviews, and everyone talks as if he knew the book. **- 도입부와 재진술에 대한 결론**

Rudy's 해설

첫줄에서 교사들이 빠지기 쉬운 유혹을 제시하고, 유혹에 대한 구체적인 내용을 설명하는 재진술 문장들이 등장하는 구조이다.

(10) Some eminent biologists do **not agree** with the doctrine that **war is biologically inevitable.** **- 생물학자들의 주장**

They have spent many years studying the social behavior of lower animals and human beings and are convinced that the seven cardinal sins of pride, covetousness, lust, anger, gluttony, envy, and sloth may have deep-seated biological roots but that human wickedness is also an expression of what people have learned. **- 주장에 대한 논거**

They argue that the newer biology presents evidence of a biological basis of human virtue, such as faith and love, and that people can, through learning, **cultivate virtuous tendencies.** **- 생물학자들의 주장에 대한 재진술**

Rudy's 해설

첫줄에 생물학자들의 주장이 제시되고, 주장에 대한 논거가 구체적 예시로서 이어지고 있다.

전환 마이너스 (Conversion)

Unit 04. **더독해 2.0 뽀인트!**

01 전환의미를 명확하게 이해하자. ★★★★★
02 다양한 연결어를 정리하자. ★★★

01 전환(Conversion)

직진이 앞 내용과 일맥상통하는 예시, 재진술 문형들이었다면, '전환'이란 앞 내용을 뒤집거나 이견을 제시하는 역접, 양보의 내용들을 의미한다. 직진은 많은 경우에 명확한 연결어 없이 등장하기에 문맥을 통해 전후 문장의 관계를 살펴야 하지만, 전환의 경우에는 특정 연결어를 앞세워 등장하는 경우가 빈번하기에 상대적으로 쉽게 파악할 수 있는 이점이 있다.

전환에 해당하는 내용들은 다음과 같다.

(1) But, however로 시작하는 앞 내용을 뒤집는 문장 (역접)
(2) while, in contrast로 시작하는 앞 내용과 대조되는 문장 (대조)
(3) Although로 시작하는 인과와는 반대가 되는 문장 (양보)

◆ 대표적인 전환 역할의 연결어들을 정리해 두자.

but	그러나	while	~ 반해서
whereas	~ 반해서	in contrast	대조적으로
yet	그러나	however	그러나
though, although	~불구하고	in spite of, despite	~불구하고
nevertheless	~불구하고	nonetheless	~불구하고
rather	오히려, 반대로	instead	대신에
; (세미콜론)	~ 반해서		

02 대표적인 전환 구조

(1) 역접

역접은 앞 내용을 부정하거나 반박, 또는 긍정에서 부정으로, 부정에서 긍정으로 논지의 흐름이 전환되는 경우에 주로 등장한다. but, however 등이 문두에 등장하지 않고, 문장 중간에 등장하는 경우에는 전체적인 글의 흐름을 전환하는 역할이 아니라, 한 문장 안에서 상반되는 표현들을 연결하는 역할을 수행한다. 하지만 대체적으로 문두에 독립적으로 등장했을 경우에는, 주로 전체적인 흐름을 전환하는 역할을 한다. 따라서 한 편의 글에서 역접이 등장하는 경우에는 앞에 등장한 주장이나 사실에 대한 반론을 제시하는 경우가 많고, 이것은 주로 주제로 연결되는 경우가 많다.

She's **single and gorgeous, but emotionally short-sighted and self-centered**.

(그녀는 미혼이며 매력적이지만 감정적으로 근시안적이고, 자기중심적이다.)

- **but**이 문장 중간에 등장하는 경우에는 앞 내용과는 상반되는 진술을 연결.

Courtesy can be likened to air cushioning in car seats; there may **not be much substance in it, but** it greatly **eases the rough terrain** of social exchange.

(호의는 자동차 시트의 공기 방석과도 같다. 그 속에 들어 있는 것은 별로 없으나 그것은 사회생활을 하는데 있어 딱딱해지기 쉬운 부분을 크게 완화시켜 준다.)

- **호의 안에는 별 내용물이 있는 것은 아니지만, 역할은 크다는 상반되는 진술을 연결.**

The layer of ozone, a highly reactive form of oxygen, in the stratosphere absorbs much of the ultraviolet radiation from the sun, protecting humans and other organisms from an overdose of these solar rays. **But the layer is fragile, susceptible to a number of chemicals that convert ozone back into ordinary oxygen.** According to the UN report, the widespread use of fluorocarbons as propellants for aerosol spray deodorants and other products may have already depleted the ozone layer by 1%, and could cut it by as much as 10% by the year 2050 unless the use of fluorocarbons is reduced.

(매우 반응력이 강한 산소의 한 형태인 성층권의 오존층은 태양으로부터 오는 대부분의 자외선을 흡수하여 인간과 유기체를 자외선에 지나치게 노출되지 않게 보호한다. 그러나 오존층은 파괴되기 쉬우며, 오존을 다시 일반적인 산소로 전환시키는 수많은 화학물질에 영향 받기 쉽다. 유엔 보고에 따르면 에어로솔 스프레이 탈취제와 그 외의 다른 제품들의 촉진제로 탄화플루오르가 널리 사용되고 있다는 것이 이미 1%의 오존층을 파괴하였을 것이고 탄화플루오르의 사용이 줄지 않는 한 2050년까지 10%의 오존층이 파괴될 것이라고 한다.)

- **오존층은 매우 중요한 역할을 한다고 제시되어 있다. 하지만 이렇게 중요한 오존층이 'But'을 기점으로 위험한 처지에 놓여 있다는 내용으로 흐름이 바뀌는 구조가 등장한다. 즉, 중요한 역할을 서론에서 설명했지만, 계속해서 중요한 역할에 대한 내용이 아니라, 오존층이 위기에 처해 있다는 내용으로 논의의 흐름이 전환되고 있다. 이어서 등장한 UN에 대한 내용은 앞 진술에 대한 전형적인 예시문이다.**

(2) 대조

둘 사이의 차이점을 부각하는 것이 대조이다. 대조 구조의 특성은 A와 B의 차이점을 부각시킨 후, 주로 다음과 같은 내용의 진술들이 제시되는 경우가 많다.

① A 또는 B, 둘 중 하나에 포커스를 맞추어 하나를 강조하는 경우
② A와 B, 둘 사이의 차이점을 계속해서 부각시키는 경우

Females, according to some scientists, use both sides of the brain when they speak or read, **while males** use only the left side of the brain.

(과학자들에 따르면, 여성들은 말하거나 읽을 때 양쪽 두뇌를 모두 활용하는 한다, 반면에 남성들은 좌측 뇌만을 사용한다)

- while을 중심으로 여성과 남성의 차이점이 제시되어 있다. 이어서 여성과 남성의 차이점이 계속해서 이어질지, 남성 또는 여성 둘 중 하나에 초점을 맞추는 내용이 이어지는지에 대해서 초점을 맞추어 독해해야 한다.

Perhaps in an evolutionary throwback to a time when **women nested while their hunter-gatherer men braved the outdoors, women's skin** is less prepared to brace the elements, being thinner than men's and less oily. Since thinner, drier skin is more prone to damage from the sun or the smoke of cigarettes, women so exposed are more apt to wrinkle.

(아마도 여자가 보금자리에 머물고 반면에 남자가 밖에 나가 수렵과 채집 생활을 하던 과거로 진화의 시계를 되돌리면, 여자의 피부는 남자보다 더 얇고 기름기도 적어서 비바람을 견디기에 준비가 덜 되어 있다. 더 얇고 건조한 피부는 태양과 담배연기로부터 손상되기 쉬우므로, 그것들에 노출된 여성들은 주름살이 생기기가 더욱 쉽다.)

- 여성들과 남성들의 주된 생활공간의 차이점을 제시하고, 이것을 토대로 남성들과는 다른 여성들의 피부 특성을 설명하고 있다.

(3) 양보

'A에도 불구하고(이긴 하지만), B하다'는 의미의 양보는 서로 대조되는 두 개의 주장이나 사실을 제시하는 점에서 대조와 유사하지만, 대조가 둘 사이의 차이점을 부각시키는 성격이 강하다면, 양보는 A와는 상반되거나, 뜻밖의 결과를 B에서 제시하는 구조이다.

영희는 성격이 외향적인데 반해서 혜숙이는 매우 섬세하다' – 대조
'영희는 성격이 외향적이긴 하지만, 사람들과 쉽게 어울리지 못한다' – 양보

양보의 구조 이후에는 A와 B의 상반되는 내용이 균형 있게 등장하기도 하지만, B에 초점을 두고 논지가 전개되는 구조가 보다 빈번하다.

Although the last days of the Roman Empire may at first appear very different from those of the United States today, **there are ominous likenesses.** Ancient Rome possessed tremendous military strength, not only of the magnitude of our air power, but enough to maintain its control over almost all of the known world.

(로마 제국의 말년은 언뜻 보기에는 오늘날 미국의 상황과 매우 다르게 보이지만, 불길한 유사성이 있다. 고대 로마는 굉장한 군사력을 소유하고 있었다, 우리 공군력 규모와 유사할 뿐 아니라, 당시 알려진 거의 전 세계에 대한 통제력을 충분히 유지할 정도의)

– different 보다는 likenesses를 중심으로 로마와 미국에 대한 내용이 전개되고 있다. 차이점도 있지만, 불길한 유사점이 있다는 것을 토대로 로마처럼 미국도 불길한 결과에 직면할 것이라는 내용을 유추할 수 있다.

03　Practice

전환은 '연결어'를 중심으로 구분해서 이해하면 편리하다. 연결어와 전환되는 keyword를 중심으로 글을 분석해 보자.

(1)　A brave and honest man will speak out without fear of the consequences, while a timid man will keep silent at the time of danger, or may even tell falsehood for fear of some harm coming to him.

해석

용감하고도 정직한 사람은 결과를 두려워하지 않고서 겁 없이 말하기 마련인 반면에, 겁 많은 사람은 위험한 순간에 입을 다물거나 혹은 심지어 그에게 닥칠 해를 두려워하여 거짓말을 하려 들기 마련이다.

(2)　As every child knows, lop the tail off a lizard and, astonishingly, it grows back. Unfortunately, the ability to regenerate missing or damaged organs and body parts is largely lost in human beings.

해석

모든 어린이들이 알고 있듯이 도마뱀의 꼬리를 잘라 내면 놀랍게도 다시 자란다. 불행하게도 인간은 없어지거나 손상된 기관과 신체 부분을 재생할 능력을 대부분 상실하였다.

(3)　It's plain common sense-the more happiness you feel, the less unhappiness you experience. It's plain common sense, but it's not true. Recent research reveals that happiness and unhappiness are not really flip sides of the same emotion. They are two distinct feelings that, coexisting, rise and fall independently.

해석

행복을 느끼면 느낄수록 불행을 덜 겪게 된다는 것은 명백한 상식이다. 그러나 이는 명백한 상식이긴 하지만 사실이 아니다. 최근의 연구에 따르면 행복과 불행은 사실 똑같은 감정의 이면이 아니라는 사실이 밝혀졌다. 행복과 불행은 공존하기는 하되, 서로 독자적으로 생겨났다 사라지는 별개의 두 감정이다.

(1) **A brave and honest man** will speak out without fear of the consequences, **while a timid man** will keep silent at the time of danger, or may even tell falsehood for fear of some harm coming to him.

Rudy's 해설
brave and honest man - while - a timid man
- **while**을 중심으로 대조의 구조

(2) As every child knows, lop the tail off a lizard and, astonishingly, **it grows back. Unfortunately, the ability** to regenerate missing or damaged organs and body parts is largely **lost** in human beings.

Rudy's 해설
grows back - unfortunately - the ability is lost
- **unfortunately**를 중심으로 도마뱀과 인간의 차이를 제시하고 있다.

(3) It's **plain common sense-the more happiness you feel, the less unhappiness you experience.** It's plain common sense, **but it's not true**. Recent research reveals that happiness and unhappiness are not really flip sides of the same emotion. They are two **distinct** feelings that, coexisting, rise and fall **independently**.

Rudy's 해설
plain common sense - but - not true
- **but**을 중심으로 행복과 불행은 별개의 감정이라는 상반된 진술을 이끌고 있다.

(4) Because of the extensiveness of its territory, the size of its population, and the strength and age of culture, China has in the past always gradually conquered its conquerors. Despite their greater military strength, those who have occupied China after defeating it in battle has been assimilated by it.

해석

중국은 광대한 영토, 많은 인구, 강하고 유구한 문화로 인하여 과거에 항상 그 정복자들(이민족들)을 서서히 정복해왔다. 전쟁에서 중국을 패배시킨 후 중국을 점령한 이민족들은 그들의 더 강한 군사력에도 불구하고 (결국) 중국에 동화되고 말았다.

(5) We know that too much animal fat is bad for our health. For example, Americans eat a lot of meat and only a small amount of grains, fruit, and vegetables. Because of their diet, they have high rates of cancer and heart disease. In Japan, in contrast, most people eat large amounts of grains and very little meat. The Japanese have very low rates of cancer and heart disease.

해석

우리는 지나치게 많은 동물성 지방은 우리 건강에 나쁘다고 알고 있다. 예를 들어 미국인들은 많은 고기를 먹지만 곡식, 과일, 야채는 거의 먹지 않는다. 그들의 식사법 때문에 미국인들은 암과 심장 질환 발생이 높다. 반면에 일본에서 사람들은 많은 양의 곡식과 아주 적은 양의 고기를 먹는다. 일본인들은 암과 심장 질환 발생률이 매우 낮다.

(6) Though its available resources are dwindling, the population of the world is increasing. In addition to the biological processes that result in population saturation, this unbalance is aggravated by the effect of medical science in decreasing the death rate and by an unaltered birthrate. The decline of resource potential has been further accentuated by modern warfare, which, we suspect, puts a smaller drain on population than on resources.

해석

이용 가능한 자원들이 줄어들고 있음에도 불구하고, 세계의 인구는 증가하고 있다. 인구의 포화상태를 야기하는 생물학적 과정 이외에도, 사망률을 줄이는 의학의 영향과 변함없는 출생률로 이러한 불균형은 심해졌다. 자원의 감소는 현대의 전쟁에 의해 더욱 심해졌으며, 그 현대 전쟁은 자원을 소모시키는 것보다는 인구를 더 적게 소모시키는 것이 아닌지 의심된다.

(4) Because of the extensiveness of its territory, the size of its population, and the strength and age of culture, China has in the past always gradually **conquered its conquerors. Despite their greater military strength, those** who have occupied China after defeating it in battle has been **assimilated** by it.

Rudy's 해설

greater military strength - despite - assimilated
- **despite**를 중심으로 중국의 정복자들은 거대한 힘에도 불구하고 동화되었다는 양보의 내용이 등장하고 있다.

(5) We know that too much animal fat is bad for our health. For example, **Americans eat a lot of meat** and only a small amount of grains, fruit, and vegetables. Because of their diet, they have high rates of cancer and heart disease. **In Japan, in contrast**, most people eat **large amounts of grains** and very little meat. The Japanese have very low rates of cancer and heart disease.

Rudy's 해설

Americans eat meat - in contrast - in Japan, grains
- **in contrast**를 중심으로 미국과 일반의 다른 식생활을 제시하고 있다.

(6) **Though** its available **resources are dwindling**, the **population** of the world is **increasing**. **In addition to** the biological processes that result in population saturation, **this unbalance is aggravated** by the effect of medical science in decreasing the death rate and by an unaltered birthrate. The decline of resource potential has been further accentuated by modern warfare, which, we suspect, puts a smaller drain on population than on resources.

Rudy's 해설

resources dwindling - though - population increasing + in addition to ~
- **though**를 중심으로 자원이 감소하지만, 인구는 증가한다는 상반된 내용이 등장했고,
in addition to의 재진술 구조를 통해서 이런 불균형이 심화되고 있다는 내용이 제시되어 있다.

(7) Apples that are green and unripe are not picked from the tree but by a violent plucking, but if they are ripe and mellow, they fall voluntarily down from the tree. So likewise, the young depart out of their life by violent force and painful struggling, but the old die by a certain ripeness and maturity.

해석

덜 익은 파란 사과는 억지로 따지 않는 한 나무에서 떨어지지 않는다. 그러나 잘 익어 달콤한 사과는 나무에서 저절로 떨어진다. 마찬가지로, 젊은이들은 세상을 떠날 때(죽을 때) 굉장히 힘이 들고 고통스럽지만 노인들은 어떤 원숙하고 성숙함으로 죽음을 맞이한다.

(8) Of all the targets of government wrath in American industry, none have been scorched more severely or more often than the U.S. tobacco companies. But despite being hit with everything from health-warning labels to smoking bans in buildings to Vice President Al Gore's tale last year of his sister's fatal lung cancer, cigarette makers have survived and prospered. The industry's profits have been healthy for a decade, and in spite of countless lawsuits, no tobacco company has ever paid out a single penny to compensate anyone for damaged health.

해석

미국업계에서 정부의 비난 대상 가운데 미국의 담배 회사보다 더 심하게 혹은 더 자주 비난받은 것은 없었다. 그러나 건강을 해친다는 경고문에서부터 공공건물 내에서 금연. 그리고 자신의 누이가 치명적인 폐암에 걸렸다는 앨 고어 부통령의 작년에 있었던 이야기에 이르기까지 모든 것으로 타격을 받았음에도 담배 제조업자들은 살아남았고 번성했다. 담배업계의 이윤은 지난 십년 동안 상당했다. 수 없는 소송에도 불구하고 어느 담배회사도 건강을 해친 것에 대해 어느 누구에게 보상하기 위해 돈을 단 한 푼도 지불하지 않았다.

(7) Apples that are green and unripe are **not picked** from the tree but by a violent plucking, **but** if they are ripe and mellow, they **fall voluntarily** down from the tree. **So likewise**, the young depart out of their life by violent force and painful struggling, **but** the old die by a certain ripeness and maturity.

Rudy's 해설

green apples not picked - but - fall voluntarily.
young depart painful - but - the old die by ripeness
- 제시문은 두 개의 문장으로 구성되어 있는데, 각각의 문장 안에는 대조의 구조가 들어가 있다. 잘 익은 사과와 안 익은 사과, 노인과 젊은이의 상반된 내용이 그것이다. 하지만 두 문장 사이의 관계는 비유의 관계이다. 즉, 사과를 통해서 인간의 삶에 대한 자세를 전달하는 것이 요점이다.

(8) Of all the targets of government wrath in American industry, **none have been scorched** more severely or more often than **the U.S. tobacco** companies. **But** despite being hit with everything from health-warning labels to smoking bans in buildings to Vice President Al Gore's tale last year of his sister's fatal lung cancer, cigarette makers have **survived and prospered**. The industry's profits have been healthy for a decade, and in spite of countless lawsuits, no tobacco company has ever paid out a single penny to compensate anyone for damaged health.

Rudy's 해설

tobacco companies scorched - but - survived and prospered
- **but**을 중심으로 담배회사들이 심한 비판을 받지만, 반대로 번영하고 있다는 내용을 제시하고 있다.

(9) Different poets concentrate on different ways. In my own mind I make a sharp distinction between two types of concentration: one is immediate and complete, the other is plodding and only completed by stages. Some poets write immediately works which, when they are written, scarcely need revision. Others write their poems by stages, feeling their way from bad draft to good draft, until finally, after many revisions, they have produced a result which may seem to have very little connection with their early sketches.

해석

시인들은 각각 서로 다른 방식에 집중한다. 내 생각으로는 나는 두 가지 형태의 집중을 뚜렷이 구분한다. 그 하나는 즉각적이면서 완전한 것이고, 다른 하나는 꾸준히 나아가며, 단지 단계적으로 완성되는 것이다. 어떤 시인들은 작품을 단번에 쓰며, 작품이 써지고 나면 수정이 거의 필요치 않다. 또 다른 시인들은 그들의 시를 단계적으로 써가며, 형편없는 원고에서 좋은 원고로 신중하게 나아간다. 그래서 마침내, 많은 수정 끝에 그들은 그들의 초기 습작과는 거의 관련 없어 보이는 결과물을 만들어내게 된다.

(10) Of course, we British too, if faced with the choice, prefer self-government, and it is this preference which, at bottom, we have in common with the Americans. But it is the extent to which the Americans push their preference   which chiefly accounts for the different attitude in the two countries.

해석

물론 우리 영국인들도, 선택에 직면한다면, 자치 정부를 선호할 것이고, 다름 아닌 이러한 선호도가 근본적으로 우리가 미국인들의 공통점이다. 하지만 미국인들이 자신들의 선호도를 고집하는 정도가 양국 사이의 차이점을 설명해 준다.

(9) **Different poets concentrate on different ways.** In my own mind I make a **sharp distinction between two types** of concentration: **one is immediate and complete**, the other is plodding and only completed by stages. Some poets write immediately works which, when they are written, scarcely need revision. **Others write their poems by stages**, feeling their way from bad draft to good draft, until finally, after many revisions, they have produced a result which may seem to have very little connection with their early sketches.

Rudy's 해설

different poets different ways - sharp distinction : one ~. others
- 시인들은 다른 방식으로 집중한다는 내용을 제시하고 명확한 차이점을 두 가지 유형으로 분류해서 제시하고 있다. A-B의 차이점들이 열거되는 전형적인 대조의 구조이다. 또한 위 영문에서는 눈에 띄는 연결어가 존재하지 않지만, different, distinction을 통해 대조의 구성임을 알 수 있다.

(10) Of course, **we British too**, if faced with the choice, **prefer self-government**, and it is this preference which, at bottom, **we have in common with the Americans. But** it is **the extent** to which the Americans push their preference which chiefly accounts for the **different attitude** in the two countries.

Rudy's 해설

- 영국인들과 미국인들의 공통점을 제시한 후, but을 중심으로 양자 사이의 차이점을 제시하는 대조의 구성이다.

Keyword

Unit 04. 더독해 2.0 뽀인트!

01 키워드는 생물이다. ★★★★★
02 문맥과 비교를 통해 키워드를 파악하자. ★★★
03 전환 연결어는 언제나 키워드로 파악하자. ★★★

01   Keyword는 생물이다.

Keyword란 하나의 문장, 하나의 지문에서 핵심적인 내용이 들어가 있는 특정 단어, 구, 절을 의미한다. Keyword는 언제나 특정 문맥 속에서 결정되는 것이기 때문에, 살아있는 생물처럼 매우 유동적이다.

(1) 한국은 최근에 많은 **과학적 진보**를 이루었고, 어제 발표된 새로운 **유전자 치료법** 또한 학계뿐 아니라 일반 대중에게도 커다란 기대를 모으고 있다.

  - 이런 도입부의 내용이 있다면 '과학적 진보'와 '유전자 치료법' 정도를 키워드로 볼 수 있다. 이 단 계에서는 과학적 진보와 유전자 치료법 중 어느 것에 더 큰 비중을 두어야 할지, 동일한 키워드로 봐 야할지 알 수 없다.

(2A) 한국은 최근에 많은 과학적 진보를 이루었고, 어제 발표된 새로운 **유전자 치료법** 또한 학계뿐 아니라 일반 대중에게도 커다란 기대를 모으고 있다. 새로운 유전자 치료법은 기존의 제한적인 시술을 극복 하고 자궁에서 태아의 착상 과정과 생식세포 분열과정에 직접적으로 개입함으로 근본적인 유전자 결 함을 극복할 수 있을 것으로 기대된다.

  - 만약 도입부 이후에 위와 같은 내용이 진행된다면, 과학적 진보 보다는 유전자 치료법에 전체적 인 중심이 있다는 것을 알 수 있다.

(2B) 한국은 최근에 많은 과학적 진보를 이루었고, 어제 발표된 새로운 유전자 치료법 또한 학계뿐 아니라 일반 대중에게도 커다란 기대를 모으고 있다. 하지만 학계와 일반 대중들의 기대와는 다르게 종교계 일반에서는 **윤리적인 문제**를 제시하고 있다.

  - 만약 이런 내용이 등장한다면 이 때는 새로운 유전자 치료법을 둘러 싼 윤리적인 문제가 키워드 가 될 가능성이 높다.

(2C) 한국은 최근에 많은 **과학적 진보**를 이루었고, 어제 발표된 새로운 유전자 치료법 또한 학계뿐 아니라 일반 대중에게도 커다란 기대를 모으고 있다. 또한 이번에 새롭게 **경제공동체인 G7의 정식 회원국**으로 한국이 진출함에 따라서 향후 국제 경제 무대에서의 일본에서 편중되었던 동아시아의 맹주 역할을 한국이 일정 부분 담당할 것으로 예상된다.

> **- 만약 이런 내용이 연결된다면 과학과 경제 분야에서 한국의 발전이 중심 내용이 될 것이고, 키워드 또한 과학적 진보와 경제공동체 회원국 진출 정도가 될 것이다.**

이처럼 키워드라는 것은 특정 품사나 표현에 고정된 것이 아니라, 전후 문맥을 항상 고려해서 선정해야 한다. 일반적으로 키워드 선정시에 참고해 볼 수 있는 사항들을 다음과 같다.

① 첫 문장이나 서론에 등장하는 일반적 진술에 들어가 있는 추상명사, 포괄적인 표현.
② But으로 대표되는 전환 뒤에 등장하는 앞 내용과 상반되는 주장이나 사실.
③ 주장이 강하게 들어가 있는 'should, must, have to' 조동사들이 포함되어 있는 표현.
④ It ~ that 강조용법 안에 들어가 있는 표현.
⑤ 도치를 통해 강조되는 표현.

02 문장 Keyword

우리가 학습한 G&S 구별, 직진&전환의 구조 등은 결국 전반적인 글의 흐름을 파악해서 속독을 위한 전략들이다. 이런 전략의 정점이 바로 '문장 Keyword' 파악이다. keyword를 파악하는 독해법에 익숙해지면, 글의 논지를 핵심적으로 보여주는 단어, 구, 절 중심으로 독해가 가능하기에 속도가 비약적으로 상승할 뿐 아니라, 글의 전반적인 뼈대와 핵심적인 내용들을 효과적으로 파악할 수 있다.

(1) 전후 문맥 파악

특정한 연결어 없이 전후 문맥을 파악해서 가장 종합적이고 핵심적인 표현을 keyword로 선별하는 것으로 가장 보편적인 경우이다.

① In the twentieth century, there have been **many advances in technology**. Television, cars, and computers have changed our lives profoundly. Scientists have sent people out into space and even to the moon.

[분석 독해]

많은 과학적 진보라는 표현에 이어서 이것들에 대한 예시들이 제시되어 있다.
Keyword - **many advances in technology**

② We have all grown up, knowing that **people are different**. A couple may spend their vacation traveling in Europe; their friends are content with two weeks in a cottage by the sea.

[분석 독해]

사람들은 다르다는 주장에 이어서 이것에 대한 예시들이 제시되어 있다.

Keyword - **people are different**

③ **The objective of some taxes** on foreign imports is to protect an industry that produces goods vital to a nation's defense. The domestic oil, natural gas, or steel industry, for example, may require protection because of its importance to national defense.

[분석 독해]

세금의 목적이 무엇인지에 대한 것과 그것에 대한 예시들이 제시되어 있다.

Keyword - **The objective of some taxes**

④ People have to eat, but **culture teaches us what and when**. In many cultures people have their main meal at noon, but Americans prefer a large dinner. English people eat fish for breakfast, but Americans prefer hot cakes and cold cereals.

[분석 독해]

문화가 무엇을 먹고 언제 먹을지에 영향을 끼친다는 것과 이것에 대한 예시들이 제시되어 있다.

Keyword - **culture teaches us what and when**

⑤ Doctors are excited about **a new way** they have found to help broken bones heal. This new technique uses sound waves. **Sound waves** seem to make broken bones heal faster.

[분석 독해]

과학자들이 새로운 방법을 찾았는데, 이것이 음파를 이용한다는 것이다.

Keyword - **a new way, sound waves**

⑥ If you're a young woman, there are **ways to make it easier for a man to approach you.** For one thing, don't huddle with your friends. Sit or stand alone. This makes you seem more available. And try to be responsive, no matter how nervous you are. When a man smiles at you, smile back. In general, do exactly the opposite of what you would do if you were trying to brush him off. When he speaks to you, don't give clipped, one-word answers.

[분석 독해]

남성들이 접근하기 쉽도록 하는 방법들 있다는 것과 이것에 대한 예시들이 제시되어 있다.

Keyword - **ways to make it easier for a man to approach you**

(2) 연결어 파악

전환 등의 특정한 연결어가 등장하기에, 연결어를 중심으로 keyword를 확보할 수 있는 구조이다.

① **It's plain common sense-the more happiness you feel, the less unhappiness** you experience. It's plain common sense, **but it's not true**. Recent research reveals that happiness and unhappiness are not really flip sides of the same emotion. They are two distinct feelings that, coexisting, rise and fall independently.

[분석 독해]

행복과 불행에 대한 일반론을 제시하고 but 이후에서 반론을 제기하고 있다.
Keyword - **plain common sense, but it's not true, independently**

② Whatever government we establish, whatever way of life we follow, all our faith is built on error **unless we respect the rights of the person**.

[분석 독해]

인권위에 기반을 두지 않으면 결국 아무 의미가 없다는 내용으로 인권을 강조하고 있다.
Keyword - **unless we respect the rights of the person**

③ **Myth** as it exists in a savage community, that is, in its living primitive form, is **not merely a story told but a reality lived**. It is not of the nature of fiction, such as we read today in a novel, **but it is a living reality**, believed to have once happened in primeval times, and continuing ever since to influence the world and human destinies.

[분석 독해]

not merely ~ but을 통해서 신화는 이야기가 아니라 현실이라는 진술에 이어서, not ~ but을 통해서 but 이하를 강조하는 구성이다.
Keyword - **but it is a living reality**

03 보기문항 keyword

Topic이나 글의 전반적인 내용을 묻는 문제 유형에서 빈번하게 발생하는 어려움은 두 개의 보기 문항 중에 하나를 선택해야 하는 일이다. 복수의 보기 문항 중에서 2개까지는 골랐는데, 그 두 개 중 하나를 선택해야 하는 시점에서 실제적인 지침이 될 수 있는 것이 보기문항에서 대표적인 keyword를 선별하는 것이다. 2개 중 하나를 선별해야하는 시점에서 일반적으로 수험생들은 다시 본문을 읽고, 보기 문항을 보고, 또 다시 본문을 읽고 보기 문항을 보고.... 이런 과정을 반복한 뒤에 확신 없이 답을 선택하는 경우가 대부분이다. 하지만 보기문항에서 keyword를 선별하는 훈련이 되면, 본문을 읽을 때 특정 표현이나 내용에 집중할 수 있기에 좀 더 수월하게 정답에 접근할 수 있다.

(1) 모든 문항에 중복되는 표현들이 있는 경우

상대적으로 수월한 경우로 보기문항들에서 중복되는 표현이 있는 경우로, 중복되는 표현들을 소거하고 보기문항들의 차별성을 보여주는 표현을 keyword로 선택하면 된다.

① **Handling** Everyday ~~Worries~~ (다루는 방법?)
② **Negative Effect** of ~~Worries~~ (부정적인 영향?)
③ **How I Conquered** My ~~Fears~~ (정복하는 방법?)
④ ~~Worries~~ : Its **Cause and Cure** (원인과 치료법?)

> ➡ Worries가 중복되기에 반복되는 표현을 빼고 남은 표현들을 중심으로 본문의 내용을 파악해 보면 수월하게 주제를 찾을 수 있다.
>
> ① The **Reasons** Why ~~Women~~ Have Jobs (일을 하는 이유?)
> ② ~~Women~~'s **Power** in the Nuclear Family (능력, 영향력?)
> ③ ~~Women~~'s Economic **Dependence** on Men (경제적 의존?)
> ④ Working ~~Women~~'s **Difficulties** in Marriage Life (결혼생활에서의 어려움?)

(2) 복수의 보기문항에 중복되는 표현들이 등장하는 경우

가장 많은 경우에 해당하는 유형들로 2개~3개의 보기문항들에 중복되는 표현들이 등장하는 유형이다.

아래 보기 문항들은 두 개의 표현들이 중복되는데,

첫째 Asia을 중심으로 파악하면

① Importance of the ~~Asiaen Market~~ (중요성?)
② How to Master English Quickly (영어를 빠르게 배우는 방법?)
③ Rapid Growth of ~~Asian Economy~~ (빠른 성장?)
④ Popularity of English in ~~Asia~~ (영어의 인기?)
⑤ English Teaching in the ~~Asian Market~~ (영어를 가르치는 것?)

Or English 중심으로 파악하면

① Importance of the Asiaen Market (아시아 시장의 중요성?)
② How to Master ~~English~~ Quickly (배우는 방법?)
③ Rapid Growth of Asian Economy (아시아 시장의 빠른 성장?)
④ Popularity of ~~English~~ in Asia (아시아에서 인기?)
⑤ ~~English~~ Teaching in the Asian Market (아시아에서 가르치는 것?)

➡ 이 때, 아시아 또는 English 중 둘 중 하나를 소거해서 생각할지, 아님 둘 다 모두 소거해서 생각할지는
지문의 내용에 따라서 선택적으로 적용하면 된다.

....

아래 보기 문항에서는 3개의 보기문항에 conflict가 중복되는데, (3)번에서 aggressive acts (공격적인
행동)을 conflict와 유의어로 보는 것이 요점이 될 수 있다. 지문에 따라서는 전혀 다른 의미가 될 수 있지
만, 일반적으로 conflict가 발생하는 경우에 aggressive act가 일어날 가능성이 많기 때문에 유의어로
보고 다른 표현들을 중심으로 보기문항들을 비교해 보는 것이 실전적이다.

① Why Individual ~~Conflicts~~ Happen (왜 개인에게 발생?)
② Patterns of Reacting to ~~Conflict~~ (반응의 패턴?)
③ Results of ~~Aggressive Acts~~ (결과들?)
④ Changing Other's Behavior (타인의 행동을 변화시키기?)
⑤ Preventing a Military ~~Conflict~~ (군사적인 것을 예방)

....

아래 보기문항들에서는 서로 다른 두 개의 문항들에서 반복되는 표현들이 등장한다.
이런 경우에는 본문을 토대로 2개 정도의 보기 문항을 선별한 후에 2개를 비교해 보는 것이 실전적이다.

① Hard Work of Town Officials (도시 공무원들의 노고)
② How to Find Number Patterns (수치패턴들을 찾는 방법)
③ Importance of Community's Services (지역사회 서비스의 중요성)
④ Using Number Patterns in Town Planning (도시계획에서 수치패턴들을 활용하는 것)
⑤ Reasons for Population Increase and Decrease (인구 증가와 감소의 이유들)

➡ 만약 예상 정답으로 ①&③으로 두 개를 선택했다면 양자 사이에서는 반복되는 표현들이 없다. 이런 경
우에는 본문의 내용을 토대로 ① Hard Work of Town Officials (도시 공무원들의 노고) ③ Importance
of Community's Services (지역사회 서비스의 중요성) 양자의 보기 문항을 비교해서 어떤 특정 표현
이나 내용이 더 빈번하게 등장하는지를 고려해서 정답을 유추해야 한다.

하지만 만약 ②&④를 예상 정답으로 선택했다면 ② How to Find ~~Number Patterns~~ (찾는 방법?) ④ Using
~~Number Patterns~~ in Town Planning (활용하는 것?) 반복되는 표현을 소거해서 나머지 내용을 토대로
정답을 유추할 수 있다.

(3) 개별적인 문항들이 있는 경우

반복되는 표현들이 없는 경우에는 상대적으로 특정 keyword를 선별하기가 애매하다. 특정 표현으로 볼 것인지, 보기 문항을 전체적으로 조망할지에 대한 선택에 직면하는데... 결론적으로 이런 경우에는 지문의 내용을 토대로 keyword를 선택할 수밖에 없다. 하지만 이런 경우에도 보기문항들만의 비교를 통해서 대략적인 keyword를 선별할 수 있다.

아래의 보기문항들에서는 중복되는 표현은 없지만, 모두 '명사+ 장소의 부사구'들이 나열되어 있다. 이런 경우에는 장소를 제외한 나머지 특정 어구들을 keyword로 파악하면 효율적인 경우가 많다.

① **Religious Freedom** in North America (종교의 자유?)
② The **Founding Idea** of Dutch West India Company (건국이념?)
③ The **Quakers** in the New World (퀘이커 교도?)
④ The **Puritan Orthodoxy** in the New Colony (청교도 윤리?)

아래의 보기문항들은 대체로 '명사 + 전치사구'의 구조들이다. 이런 경우 또한 해당 명사들을 keyword로 선택해도 큰 무리는 없다.

① The **relationship** between environmental change and women's lives (관계?)
② The **development plan** of the rural areas in India (발전 계획?)
③ The **reason** to support the women of the underdeveloped countries (이유?)
④ The global issue of **deforestation** in the underdeveloped countries (산림 파괴?)

아래의 보기 문항들에서는 반복되는 표현들이 보이지 않는다. 하지만, 우리는 '건강', '질병'이라는 포괄적 개념을 유추해 볼 수 있다. 이처럼 보기문항들을 통해서 본문의 내용을 미루어 짐작해 볼 수 있는 것 또한 보기문항들을 활용하는데 있어서 매우 유익한 실전스킬이다.

① Benefits of Jogging (조깅의 이점들)
② Sources of High Fats (고지방의 원천)
③ Importance of Checkup (건강검진의 중요성)
④ Causes of Heart Attack (심장마비의 원인들)
⑤ Body Temperature and Sweat (체온과 땀)

MEMO

04 Practice

(1) 보기 문항들에서 Keyword를 파악하자.

① How to Protect the Wild Life
② The Life of the Passenger Pigeon
③ Hunting in Nineteenth-Century America
④ How Passenger Pigeon Became Extinct
⑤ What Passenger Pigeon Do to Raise Their Young

(2) 보기 문항들에서 Keyword를 파악하자.

① Climate Changes in Recent Years
② Why Americans Move to the South
③ What caused Stress of Modern People
④ The Increase of Living Cost in America
⑤ How Crowded the American Streets Are

(3) 보기 문항들에서 Keyword를 파악하자.

① Sharing of Our Problems
② The Importance of Job
③ Types of Family Business
④ How to Cope with Crisis
⑤ Better Late Thank Never

(4) 보기 문항들에서 Keyword를 파악하자.

① How Can We Make Snow?
② Two Sides of Artificial Snow
③ The Importance of 'Safety First'
④ The Increasing Number of Skiers
⑤ What Makes You a Good Skier

(1)
① How to **Protect** the Wild Life (야생 동물 보호 방안)
② The **Life** of the Passenger Pigeon (나그네 비둘기의 생활)
③ **Hunting** in Nineteenth-Century America (19세기 미국에서의 사냥)
④ How Passenger Pigeon Became **Extinct** (어떻게 나그네 비둘기가 멸종되었는지)
⑤ What Passenger Pigeon Do to **Raise Their Young**
   (나그에 비둘기가 새끼 비둘기를 키우기 위해 하는 것)

(2)
① **Climate Changes** in Recent Years (최근의 기후 변화)
② Why Americans **Move to the South** (미국인들이 남부로 이동하는 이유)
③ What caused **Stress** of Modern People (현대인들에게 스트레스를 일으키는 것)
④ The Increase of **Living Cost** in America (미국에서 생활비의 상승)
⑤ How **Crowded** the American Streets Are (미국의 거리가 얼마나 붐비는지)

(3)
① Sharing of Our **Problems** (문제들을 공유하는 것)
② The Importance of **Job** (일의 중요성)
③ Types of **Family Business** (가족 사업의 유형들)
④ How to Cope with **Crisis** (위기에 대처하는 법)
⑤ **Better Late Thank Never** (늦더라도 하지 않는 것 보다 하는 것이 낫다)

(4)
① How Can We **Make Snow**? (눈을 만드는 방법)
② **Two Sides** of Artificial Snow (인공 눈의 2가지 특성들)
③ The Importance of **'Safety First'** (안전우선의 중요성)
④ The Increasing **Number** of Skiers (스키어들의 증가하는 수)
⑤ **What Makes** You a Good Skier (훌륭한 스키어로 만들어 주는 것)

(5) 보기 문항들에서 **Keyword**를 파악하자.

① Harmful Effects of Computer
② Increasing Needs for Computer
③ Computer: A Useful Tool of Art
④ Various History of Computer Graphics
⑤ A Brief History of Computer Graphics

(6) 보기 문항들에서 **Keyword**를 파악하자.

① Effects of the Sun's Heat
② Causes of Weather Changes
③ Mysteries of the Solar System
④ Results of the Earth's Movement
⑤ Difficulties of Weather Forecasting

(7) 보기 문항들에서 **Keyword**를 파악하자.

① Advantage of Small Family
② Importance of Family Bond
③ Nuclear and Extended Family
④ Element of Family Organization
⑤ Various Conditions of Happiness

(8) 보기 문항들에서 **Keyword**를 파악하자.

① The Agony of Victory for a Young Athlete
② How Athletes Face Fierce Competition
③ Great Gymnasts Need Something More than Talent
④ The Necessity of Specializing in One Sport: Gymnastics

(5)
① **Harmful** Effects of Computer (컴퓨터의 해로운 측면)
② Increasing **Needs** for Computer (컴퓨터에 대한 증대되는 요구들)
③ Computer: A Useful **Tool of Art** (컴퓨터, 예술의 인공 도구)
④ **Various** History of Computer Graphics (컴퓨터 그래픽의 다양한 역사)
⑤ **A Brief** History of Computer Graphics (컴퓨터 그래픽의 간략한 역사)

(6)
① Effects of the **Sun's Heat** (태양열의 영향들)
② Causes of Weather **Changes** (기후 변화의 원인들)
③ Mysteries of the **Solar System** (태양계의 신비들)
④ Results of the **Earth's Movement** (지각 이동의 결과들)
⑤ Difficulties of Weather **Forecasting** (기상관측의 어려움들)

(7)
① **Advantage** of Small Family (소가족의 이점)
② **Importance** of Family Bond (가족유대감의 중요성)
③ **Nuclear and Extended Family** (핵가족과 대가족)
④ Element of Family **Organization** (가족 구성의 요소)
⑤ Various Conditions of **Happiness** (행복의 다양한 조건들)

(8)
① The **Agony** of Victory for a Young Athlete (어린 운동선수의 영광의 고난)
② How Athletes Face Fierce **Competition** (운동선수들이 치열한 경쟁에 대처하는 법)
③ Great Gymnasts Need **Something** More than Talent
   (위대한 체조선수는 재능 이상의 특별한 것이 필요)
④ The Necessity of Specializing in One Sport: **Gymnastics**
   (하나의 스포츠를 전문화할 필요성, 체조)

(9) 제시문의 **Keyword**를 파악하자.

> Tax rates usually need to be raised. One would like at the same time to improve the distribution of income in the country, or at any rate not to worsen it. However, people's incomes provide the primary incentive to greater effort and output. If this incentive is too much reduced through taxation, the whole effort to raise output may falter.

해석

세율이란 통상적으로 인상될 필요가 있다. 동시에 사람들은 한 국가에서 소득분배가 개선되기를 원하거나 어쨌든 악화되기를 원하진 않는다. 그러나 사람들의 소득은 더 많은 노력과 산출에 대한 제 일차적인 자극을 주는 것이다. 만약에 이러한 자극이 세금부과로 인해 너무나 줄어들게 된다면 생산을 높이려는 전체적인 노력이 아마도 흔들리게 될지도 모르는 것이다.

(10) 제시문의 **Keyword**를 파악하자.

> The instinctive foundation of the intellectual life is curiosity, which is found among animals in its elementary form. Intelligence demands an alert curiosity, but it must be of a certain kind. The sort that leads village neighbors to try to peer through curtains after dark has no very high value. The widespread interest in gossip is inspired, not by love of knowledge, but by malice: no one gossips about other people's secret virtues, but only about their secret vices.

해석

지능을 가진 동물의 본능적인 삶의 원동력은 호기심이다. 그러한 호기심은 하등동물들 사이에서도 찾아볼 수 있다. 지능은 민감한 호기심을 요구하지만 일정한 종류의 것이어야만 한다. 어두워진 후에 마을사람들로 하여금 (남의 집을) 엿보도록 만드는 그러한 종류의 호기심은 무가치한 것이다. 가십(험담)에 대한 폭넓은 관심은 지식에 대한 사랑이 아닌 악의에 의해 생겨난다. 어느 누구도 타인의 은밀한 미덕에 대해 수군거리지 않는다. 오로지 타인의 은밀한 악덕에 대해서만 수군거린다.

(9) **Tax rates usually need to be raised.** One would like at the same time to improve the distribution of income in the country, or at any rate not to worsen it. **However**, people's incomes provide **the primary incentive** to greater effort and output. If this incentive is **too much reduced** through taxation, the whole effort to raise output may **falter**.

Rudy's 해설

일반적으로 세금 인상은 필요하지만, 과도한 세금 인상은 근로의욕을 감소시킨다는 것으로, 과도한 세금 인상을 경계하는 글이다.

keyword - **too much reduced, falter**

(10) The instinctive foundation of the intellectual life is **curiosity**, which is found among animals in its elementary form. Intelligence demands an alert curiosity, **but it must be of a certain kind**. The sort that leads village neighbors to try to peer through curtains after dark has no very high value. The widespread interest in gossip is inspired, **not by love of knowledge, but by malice**: no one gossips about other people's secret virtues, but only about their **secret vices**.

Rudy's 해설

삶의 원동력으로 호기심은 중요하지만, 그것은 특정한 것이어야 한다는 것이 핵심이다. 'a certain kind'가 추상적인 표현이기에, 이어지는 문장에서 예시를 통해 재진술 하고 있다.

(11) 제시문의 **Keyword**를 파악하자.

The possession of a high degree of intelligence is less important than the judicious application of the intelligence that one does possess. The more brilliant an individual is, the more catastrophic is the ruin resulting from the mishandling of these abilities. Those who plod slowly down the right road are likely to go further ultimately than are those who run rapidly in the wrong direction.

해석

높은 지능을 가지는 것은 자신의 지능을 사려 깊게 적용하는 것만큼 중요하지는 않다. 지능이 높을수록 이러한 지능을 잘못 사용한 결과는 더욱더 참담하다. 바른 길로 끈기 있게 나아가는 사람이 잘못된 방향으로 빠르게 달리는 사람보다 결국 더 멀리 갈 수 있을 것이다.

(12) 제시문의 **Keyword**를 파악하자.

As history has shown, brilliant research by the scientific community is often manipulated by private financiers whose intent for the end product is far removed from the researchers' original intentions. One case in point is nuclear power and the hydrogen bomb. We shouldn't fear technological advancements, but we should be wary of who implements and regulates them.

해석

역사에서 볼 수 있듯이 과학계가 행한 훌륭한 연구는 드러나지 않은 자본주에 의해 자주 조작되고 있는데 이들의 최종 제품(결과물)에 대한 목적은 연구자의 원래 의도와는 거리가 있다. 원자력과 수소폭탄이 그 예이다. 우리는 과학기술의 진보를 두려워해서는 안 되지만 누가 그 과학기술의 진보를 수행하고, 통제하는가를 경계해야 한다.

(11) The possession of a **high degree of intelligence is less important than the judicious application of the intelligence** that one does possess. The more brilliant an individual is, the more catastrophic is the ruin resulting from the mishandling of these abilities. Those who plod slowly down the right road are likely to go further ultimately than are those who run rapidly in the wrong direction.

Rudy's 해설

높은 지능 보다는 현명하게 활용하는 것이 중요하다는 것으로, 첫 문장이 핵심이고, 이어지는 문장들은 재진술 역할을 하고 있다.

keyword - **high degree of intelligence is less important than the judicious application of the intelligence**

(12) As history has shown, brilliant research by the scientific community is often **manipulated by private financiers** whose intent for the end product is far removed from the researchers' original intentions. One case in point is nuclear power and the hydrogen bomb. We shouldn't fear technological advancements, but we **should be wary of who implements and regulates them.**

Rudy's 해설

과학적 연구가 자본주의에 의해 왜곡될 수 있기에, 그것에 대해 주의를 해야 한다는 것이다. 마지막 문장이 주제문으로 not ~ but 으로 연결되어 있는 구조에 유의하자.

(13) 제시문의 **Keyword**를 파악하자.

The average Korean has traditionally looked upon government as a nuisance. Government is thought to exist largely for the government or those connected with it. Whereas there is great emotional loyalty to Korea, there seems to be little sense of loyalty to support the administration in power.

해석

보통 한국인은 전통적으로 정부를 귀찮은 존재로 여겨왔다. 정부는 대개 정부 자체를 위해서, 아니면 관련된 사람들을 위해 존재한다고 여기기 때문이다. 한국 (국가 자체)에 대한 마음으로부터의 우러나오는 충성심은 많은 반면, 집권 행정부를 지지하는 충성심은 적은 것 같다.

(14) 제시문의 **Keyword**를 파악하자.

The alarming rate of ozone destruction presents a man-made environment holocaust. Within a short time span industrialized societies have rapidly progressed with a reckless disregard for the damage they have caused to the vulnerable ecosystem. Just as history will remember the folly of our generation for spending massive amounts out of limited resources to stockpile weapons of destruction instead of solving problems such as poverty, hunger, and homelessness, so will this generation be remembered for leaving a huge hole at each end of the globe as its legacy to future generations. What angers me is the nonchalant attitude among the leading industrialized governments instead of taking draconian measures to halt ozone destruction. Do we have to wait for the holes to be so large that the leaders can see them from their homes?

해석

놀라울 정도의 오존층 파괴는 인간이 저지르는 환경의 대파괴이다. 짧은 기간에 산업 사회들은 상처 입기 쉬운 생태계에 그들이 입히는 피해를 무모하리만큼 전혀 고려치 않고 급성장 해왔다. 가난, 기아, 무주택 같은 문제들을 해결하는 대신에 파괴적인 무기들을 비축하기 위해 한정된 자원에서 엄청난 부분을 소비한 것으로 우리 세대의 어리석음이 역사적으로 기억될 것이고, 마찬가지로 지구의 양쪽 끝에 뚫린 거대한 구멍을 후손들에게 유물로 남겨준 것으로 우리 세대는 기억될 것이다. 나를 화나게 만드는 것은 선도적인 산업국가 정부들이 오존층 파괴를 막기 위해 엄중한 조처를 취하지 않고 수수방관하는 태도로 일관한다는 것이다. 그 오존 구멍이 아주 커져서 산업국가의 지도자들이 집에서 볼 수 있을 만큼 될 때까지 우리는 기다려야만 할 것인가?

(13) The average Korean has traditionally **looked upon government as a nuisance**. Government is thought to exist largely for the government or those connected with it. Whereas there is great emotional loyalty to Korea, there seems to be **little sense of loyalty** to support the administration in power.

> **Rudy's 해설**
>
> 삶의 원동력으로 호기심은 중요하지만, 그것은 특정한 것이어야 한다는 것이 핵심이다. 'a certain kind'가 추상적인 표현이기에, 이어지는 문장에서 예시로서 재진술 하고 있다.

(14) **The alarming rate of ozone destruction presents a man-made environment holocaust.** Within a short time span industrialized societies have rapidly progressed with a **reckless disregard for the damage** they have caused to the vulnerable ecosystem. Just as history will remember the folly of our generation for spending massive amounts out of limited resources to stockpile weapons of destruction instead of solving problems such as poverty, hunger, and homelessness, so will this generation be remembered for **leaving a huge hole** at each end of the globe as its legacy to future generations. What angers me is the nonchalant attitude among the leading industrialized governments instead of taking draconian measures to halt ozone destruction. Do we have to wait for the holes to be so large that the leaders can see them from their homes?

> **Rudy's 해설**
>
> 첫 줄에서 오존층 파괴에 대해 강하게 비판하고, 이후의 문장들은 모두 주제문에 대한 재진술, 부연 설명의 내용들이다. 본문에 전환의 연결어, 구조가 보이지 않기 때문에 전형적인 두괄식 구성의 영문이다.

Unit 05

글의 구조와 Topic

모든 글은 객관적인 정보를 전달하거나 저자의 주장을 논리적으로 주장 또는 개인적인 감상을 전달하려는 의도를 가지고 있다. 따라서 한 편의 글에서 저자가 의도하는 것을 명확하게 이해하는 것은 글의 핵심내용을 파악할 수 있기에 글에 대한 이해도가 높아진다.

Unit 05. 더독해 2.0 뽀인트!

01 Topic은 대부분 서론에 위치한다. ★★★★★
02 예시 열거는 추론 구조이다. ★★★

Main idea

'글쓴이는 무슨 말을 하고 싶은 것일까?'

'요지'라는 의미의 main idea는 글의 내용을 결론적으로 '한 문장으로 나타내면 무엇을 의미하는지'에 대한 것이다. 주제문이 문단 안에 특정 문장으로 존재한다면, 요지는 각 문장을 종합하여 한 문장으로 통합된 형태로 제시된다. 주제문이 추상적, 일반적 진술로 등장하는 것이 일반적이라면, 요지는 좀 더 구체적인 진술로 제시된다.

ex) A higher income family should not pay more tax than a lower income family.

Topic

'글의 핵심 내용이 담긴 문장은 어느 것인가?'

문단 안에서 글쓴이의 내용을 가장 함축적으로 보여주는 특정 표현이나 문장을 의미한다. 요지가 글의 핵심내용을 요약한 성격이 강하다면, 주제는 주제문에 해당하는 문장에서 핵심적인 keyword를 발췌한 성격이 강하다. 영어는 90% 이상이 두괄식 구성이기에, 주제(문)는 거의 대부분 서론 부분에 집중되어 있다. 하나 유념할 사항은 '모든 글은 주제가 존재하지만 주제문이 존재하지 않을 수도 있다'는 것이다. 특정 주제문이 존재하지 않는 경우는 예시와 열거의 구조의 글들이 대표적인데, 이런 경우에는 해당 예시들을 종합해서 주제를 추론해야 한다.

ex) The presumption of religious morality

Title

'글의 핵심 내용이 담긴 표현은 무엇인가?'

제목은 글의 내용을 압축적으로 담고 있는 특정 표현을 의미한다. 문장으로 표현되는 경우보다는 '특정 명사(구)'의 형태로 등장하는 경우가 많다.

ex) the importance of concentration

Purpose

'무엇에 관한 글인가?'

요지나 주제문이 글의 전반적인 내용을 포괄할 수 있는 내용이라면, 목적은 주로 글의 유형에 따른 집필 의도를 의미한다. 설명문은 정보 전달을, 논설문은 주장 전달을 목적으로 한다. 요지가 여러 내용을 종합해서 하나의 문장으로, 주제는 글 속에 특정이 된다면, 목적은 '하나의 동사, 명사로 이루어진 함축적인 단어, 구'들로 제시된다.

ex) to report, to advertise

요지, 주제, 제목, 목적은 동전의 앞뒤와 같다. 그것을 표현하는 형식이 다를 뿐, 결국엔 '글의 핵심적인 내용'을 묻는 파트들이다.

01　Topic Sentence

⑴ **주제문+보충문** 'Topic sentence + supporting sentence'

일반적인 영문은 'Topic sentence + supporting sentence' 의 구조로 이루어져 있다.
영어에서는 '핵심적인 주장, 정보'를 전달하고, 이에 대해서 구체적으로 설명하는 보충 문장이 등장하는 것이 매우 일반적이다. 따라서 서론에 주제문이 등장하는 경우가 대부분이다.

◆ **주제문이 갖는 일반적인 성격은 다음과 같다.**
① 주로 서론 부분에 위치한다.
② 일반적이고 포괄적 진술이다.
③ 보충 설명하는 재진술 문장들이 이어진다.

ex) Everyone deals with conflict in a more or less individual way.

이 문장을 읽은 후, '개인적 방식으로 갈등을 해결한다는 것이 무슨 말이지?' 라는 질문을 던지며 독해를 해야 한다. 폭력에 의지?, 설득? 아니면 그냥 무시하거나 회피하나?... 이렇게 **적극적으로 질문을 던지며 글을 읽을 때, 주제문이 쉽게 눈에 보이고, 주제문과 보충문의 구조가 눈에 들어오기 시작**한다.

⑵ **주제 범위** 'not too small, not too wide'

주제를 담은 주제문은 영문의 내용을 너무 좁게, 너무 넓게 담아서도 안 된다. 일반적으로 매우 지엽적인 내용을 주제로 생각하는 경우는 많지 않지만, 너무 포괄적인 것을 주제로 찾는 오류에는 빠지기 쉽다.

ex) Everyone deals with conflict in a more or less individual way.

이 문장을 읽고, 주제로서 '갈등' 또는 '개인적 방식'으로만 생각을 하면 갈등과 개인적 방식에 대한 어떤 연관성도 담고 있지 않기 때문에 너무 포괄적이고 애매한 주제가 될 수 있다.

Conflict means serious disagreement about something important. It is an unavoidable part in every person's life. **Everyone deals with conflict in a more or less individual way. One way** of dealing with conflict is to give in immediately to another's wishes in order to avoid an argument. Aggression is **another way** to deal with conflict. Those who favor aggressive behavior try to force other people to accept their own opinions. Conflict can also be dealt with through persuasion, or attempting to change another's behavior.

(갈등은 중요한 일에 대한 심각한 의견 불일치를 의미한다. 그것은 모든 사람의 삶에서 피할 수 없는 일부가 된다. 모든 사람들은 다소 개인적인 방식으로 갈등을 처리한다. 갈등을 처리하는 한 가지 방식은 언쟁을 피하기 위해 즉각적으로 다른 사람이 바라는 것을 들어주는 것이다. 공격적 자세는 갈등을 처리하는 또 하나의 방법이다. 공격적인 행동을 선호하는 사람들은 다른 사람들에게 자신의 의견을 받아들이도록 강요하려 한다. 갈등은 또한 설득, 즉 다른 사람의 행동을 변화시키려는 노력으로 처리될 수 있다.)

➡ ① conflict에 대한 정의로 영문이 시작하고 있다.
② **Everyone deals with conflict in a more or less individual way. - topic**
③ One way ~ + another way ~ + also ~ - 3개의 보충 문장들이 등장하면 주제문에 대해서 설명하고 있다.

02 주제문의 위치

(1) 두괄식

주제문이 서론에 등장하는 구조로 대부분의 영문에 해당한다.

①　**Many people prefer to travel with organized tours for many reasons.** They are often cheaper than traveling alone; they can provide their members with a lot of discounts on airfares and hotel accommodations. And experienced people have planned the our and all arrangements are taken care of in advance. There is no problem with making connections or finding a hotel. Professional tour escorts look after the needs of every member of the group. And local guides are provided to show them the sights and explain the customs of the different countries.

(많은 사람들이 많은 이유로 조직된 여행을 하기를 더 좋아한다. 그것이 보통 혼자서 여행하는 것보다 더 저렴하기 때문이다. (예를 들면) 회사들이 회원들에게 비행기 요금과 호텔 숙박비용에 대해 많은 할인을 해 줄 수 있다. 그리고 경험이 많은 사람들이 여행을 계획하고 모든 준비가 미리 이루어진다. (교통편을) 갈아타거나 호텔을 찾는 데도 문제가 없다. 전문적인 여행 안내원이 그룹의 모든 회원들의 필요 사항을 돌보아 준다. 그리고 그들에게 다른 나라의 명승지를 보여 주고 관습을 설명해 줄 그 지역의 안내원들이 제공된다.)

➡ Topic - **Many people prefer to travel with organized tours for many reasons.**
Supporting - cheaper ~ + a lot of discounts ~ + no problem ~

② Many of us who haven't got any really big problems will spend countless hours worrying about little things. **So plan for those minor dilemmas and stop worrying about them.** If you're leaving for an appointment, start earlier - why worry about being late? If you're driving to a strange area, get a map or good instructions - why worry about getting lost? If you're not sure your teeth are in good condition, get them checked - why worry about getting a toothache? Preparing for the unexpected can be quite useful for getting rid of minor everyday worries.

(정말로 큰 문제점은 겪어 보지 않는 우리들 중 많은 사람들이 작은 일들에 대해 걱정을 하느라 수없이 많은 시간을 보낸다. 따라서 작은 곤경에 대비해 계획을 세우고 그것들에 대해 그만 걱정하라. 약속을 지키기 위해 떠난다면 좀 더 일찍 출발하라. 왜 늦는 것에 대해 걱정하는가? 운전을 하면서 낯선 지역으로 간다면 지도를 사거나 적절한 지시를 받아라. 왜 길을 잃는 것을 걱정하는가? 치아가 좋은 상태인지 잘 모른다면 치아 검사를 받아라. 왜 치통이 생길까 봐 걱정하는지? 예기치 않은 일에 대비하는 것은 사소한 일상의 걱정거리들을 없애는 데 아주 유용할 수 있다.)

➡ Topic - **So plan for those minor dilemmas and stop worrying about them.**

Supporting - If ~ + If ~ + If ~

③ **A person's emotional state** - whether he is angry, happy, sad, or excited - **has a lot to do with his perceptions.** A strong emotion, such as fear, can make a person perceive danger on all sides. People have been known to shoot bushes, trees, and fence posts when they anticipated danger. Such common expressions as 'blind rage', 'Love is blind,' and 'paralyzing fear' describe the influence which emotion may have on a person's perception of a situation and his reaction to it.

(화가 났든지 행복하든지 슬프든지 또는 흥분했든지 간에 한 사람의 감정적 상태는 그의 인식과 많은 관계가 있다. 두려움과 같은 강한 감정은 어떤 사람이 주변에서 위험을 인식하게 만들 수 있다. 사람들은 위험을 예상할 때 숲, 나무, 그리고 담장 기둥을 쏘는 것으로 알려졌다. "앞뒤를 분간 못하는 분노", "사랑을 하면 눈이 먼다", "손발을 마비시키는 두려움"과 같은 흔한 표현은 감정이 어떤 사람이 어떤 상황을 인식하는데 미치는 영향과 그것에 대한 반응을 묘사하는 것이다.)

➡ Topic - **A person's emotional state has a lot to do with his perceptions.**

Supporting - a strong emotion ~

Unit. 05

(2) 역접 구성

서론에 등장한 내용을 'however', 'in contrast', 'But' 등으로 뒤집는 구조로, 직진구조에 이어서 '전환'구조가 등장한다. 직진에 이어서 '전환'이 등장하는 것은, 주제문을 부각시키기 위한 목적이다.

① When someone asks you if dams do good to us, you will say, "Yes." You will add that they prevent flooding. **Unfortunately, however, we are not fully aware of the consequences of what we are doing.** Dams destroy ecosystems; dams prevent the movement of fish. Dams hold back silt which enriches the soil. Dams may be attacked by terrorists-an attack for a major dam could leave millions of people homeless. Dams also cause earthquakes: If relatively heavy water gets into the rock around the dam, all this weight actually leads to earthquakes.

(누군가가 당신에게 댐이 우리에게 이익이 되는지 물으면 당신은 "그래요"라고 말할 것이다. 당신은 그것들이 홍수를 예방해준다고 덧붙일 것이다. 하지만 불행히도 우리는 우리가 하고 있는 것의 결과를 충분히 깨닫고 있지 못하고 있다. 댐은 생태계를 파괴시킨다. 댐이 물고기의 이동을 막기 때문이다. 댐은 토양을 기름지게 하는 침적토를 가두고 있다. 댐은 테러범들에 의해 공격을 받을 수 있는데, 주요 댐에 대한 공격은 수백만 명의 사람들의 집을 휩쓸어갈 수도 있다. 댐은 또한 지진을 일으킨다. 즉 상대적으로 무거워진 물이 댐 주변의 바위로 스며들면 그 모든 무게가 실제로 지진을 초래한다.)

➡ Topic - **Unfortunately, however, we are not fully aware of the consequences of what we are doing.**

Supporting - Dams destroy ~ + dams prevent ~ + Dams hold back ~

② When a patient has a fever, doctors prescribe aspirin to lower it. **Little have they imagined, however, that the fever has its remarkable benefits.** Recently, scientists discovered that the body needs a moderate fever to fight off viruses. Not only does a higher fever stimulate the activity of white blood cells to kill and absorb viruses more easily, a fever also stops the growth of bacteria, which, unlike white blood cells, become inactive in the heat and begin to die off.

(환자가 열이 있을 때, 의사들은 열을 내리기 위해 아스피린을 처방한다. 그러나 그들은 그 열이 뛰어난 이점이 있다는 것을 거의 상상도 하지 못했다. 최근에 과학자들은 몸이 바이러스와 싸워 이기기 위해서는 적당한 열이 필요하다는 것을 발견하였다. 좀 더 높은 열이 백혈구의 활동을 자극하여 좀더 쉽게 바이러스를 죽이고 흡수하게 할 뿐 아니라 박테리아의 성장을 막기도 하는 것이다. 박테리아는 백혈구와 다르게 열에서는 활동을 하지 못하고 죽기 시작하기 때문이다.)

➡ Topic - **Little have they imagined, however, that the fever has its remarkable benefits.**

Supporting - the body needs a moderate fever ~

(3) 예시 열거식 (전단지법)

일반적, 포괄적 진술 없이 바로 구체적인 예시들을 열거하는 구조로, 주제문을 생략하고 제시되는 예시들을 종합해서 주제를 추론해야 하는 구조이다.

① Money related to **English teaching** around the world in 2015 was about **$15 billion**. That total includes money spent for teaching books, other materials, and tuition of students who were studying in English speaking countries. For Britain, the teaching of English brought in more than **$2 billion**. Australia brought in $815 million by focusing on the Asian market. The United States attracted more than 920,000 students from other countries in 2005, who poured more than **$9 billion** into American economy.

(2015년에 전 세계에서 영어를 가르치는 데 관련된 돈은 약 150억 달러였다. 그 총액에는 수업, 책, 다른 자료, 그리고 영어를 사용하는 국가에서 공부를 하는 학생들의 수업료에 지불된 돈이 포함되어 있다. 영국에서는, 영어 교육으로 인해 20억 달러 이상을 벌어들였다. 오스트레일리아는 아시아 시장에 초점을 맞춤으로써 8억 1천 5백만 달러를 벌어들였다. 미국은 2005년에 다른 나라로부터 92만 명 이상의 학생들을 불러들였는데, 그들은 미국 경제에 90억 달러 이상을 쏟아 부었다.)

➡ Topic - **English Teaching as Big Business**

Supporting - 첫 줄부터 구체적인 수치들을 제시하면서 다양한 예시들을 열거하고 있다. 서론이나 결론에 일반적, 포괄적 진술이 제시되지 않고, 다양한 논거들이 제시되는 영문에서는 해당 예시들을 종합할 수 있는 내용이 주제가 된다.

② In the 19th century, there were **so many passenger pigeons** in America that no attempt was made to protect them. People killed them for food and large-scale pigeon shoots were a popular sport. **But** as the killing went on for years, the number of passenger pigeons was **decreasing rapidly**. Moreover, passenger pigeons were finding it harder and harder to find wide and safe places they needed to raise their young. By the beginning of the 20th century, the birds disappeared at last.

(19세기에, 미국에는 아주 많은 전서구(傳書鳩)가 있어서 그것들을 보호하려는 어떤 시도도 이루어지지 않았다. 사람들은 그것들을 잡아먹기 위하여 죽였고, 대규모의 비둘기 사냥은 인기 있는 스포츠였다. 그러나 수년 동안 살상이 계속됨에 따라, 전서구의 수는 급격히 감소하였다. 게다가, 전서구가 새끼를 키우는 데 필요한 넓고 안전한 장소를 찾는 것이 점점 더 힘들어지게 되었다. 20세기 초반 무렵, 그 새는 마침내 사라졌다.)

➡ Topic - **How Passenger Pigeon Became Extinct**

Supporting - many passenger pigeons + But + decreasing rapidly의 구조이다. 역접의 구조이기에 But 이후에 중요 사항이 제시되는데, 급격하게 수가 줄어서, 마지막 한 마리까지 사라졌다는 내용을 포괄할 수 있는 내용이 주제로 적절하다.

③ Early scholars in Europe and America assumed that the **American Indian came from the old World.** After Russian explorers in the north Pacific Ocean made it clear that Alaska almost touched the mainland of Asia, wise men said that the Indian came from that continent. In 1739 a great portrait painter named Simbert came to Boston to paint the colonial governors. When Simbert saw the Indian, **he declared them to be Mongolians.** From that day to this, everything refers to ancestry of the American Indians as Mongoloid. So one question is answered: the first man to discover America came from Siberia. This may not be the final answer, but since nothing to oppose it has been discovered since the time of Columbus, we must accept it as the best answer.

(유럽과 미국의 초기 학자들은 미국 인디언들이 구대륙으로부터 왔을 것이라고 추측했다. 북 태평양의 러시안 탐험가들이 알래스카가 아시아 본토와 거의 닿아있었다는 것을 밝히는데 성공한 뒤에 현명한 사람들은 인디언이 그 대륙으로부터 왔다고 말했다. 1739년에 Simbert라고 하는 위대한 초상화 화가가 식민지 총독을 그리려고 보스턴에 왔다. Simbert가 인디언을 보았을 때 그는 그들이 몽고 인종이라고 생각했다. 그 날부터 지금까지 모든 것이 미국 인디언의 조상을 몽고 인종으로 지칭한다. 그래서 한 가지 질문에 대답이 되었다. 즉 미국을 발견한 첫 사람은 시베리아로부터 왔다는 것이다. 이것은 최종적 해답이 아닐 수도 있지만 콜럼버스 시대 이후에 그것에 반대할 것이 아무 것도 발견되지 않았기 때문에 우리는 그것을 최선의 해답으로 받아들여야 한다.)

➡ Topic - **The Origin of the American Indian**

Supporting - 전형적인 추론에 대한 구조로 인디언의 유래에 대한 역사적 발견과 주장들이 열거되어 있다.

(4) 미괄식

두괄식 구조와 반대로 '예시~ + 주제문'의 구조이다.

If you are filled with **grim thoughts**, you may not value your life and **cannot stay healthy**. With **discouraging thoughts**, you can turn a temporary situation into **permanent depression and chronic diseases**. I have seen many patients with poor attitudes crippled by their diseases that offer no opportunity for improvement. I have also seen patients with horrible problems who maintain a positive attitude. They say to me, "I know a lot of people that are worse off than me," or, "I believe I will get better." These people inevitably have a better chance for recovery. Because **so much of your health depends on your attitude and spirit.**

(만일 당신이 불길한 생각으로 가득 차 있다면 당신은 당신의 삶을 존중할 수 없을 수도 있고 건강한 상태로 있을 수도 없다. 낙담하는 생각을 가지고 당신은 일시적인 상황을 영구적인 의기소침과 만성적 질병으로 바꿀 수 있다. 나는 그들의 병에 의해 무능하게 된 불행한 태도를 가진 많은 환자들을 보아 왔다. 나는 또한 무서운 문제를 가진 환자가 긍정적 태도를 가지고 있는 것을 보아 왔다. 그들은 내게 말한다, "나는 나보다 더 상황이 나쁜 많은 사람들을 알고 있어요,"라고 하거나 혹은 "나는 회복될 것을 믿어요.' 이 사랑들은 필연적으로 회복의 가능성이 더 많을 것이다. 너의 건강의 많은 부분이 너의 태도와 정신에 의존하기 때문이다.)

➡ Topic - **so much of your health depends on your attitude and spirit.**

Supporting - grim thoughts ~ cannot stay healthy + discouraging thoughts ~ chronic diseases

(5) 양괄식

서론에서 주제에 대한 내용을 언급하고 마지막 진술에서 다시 한 번 정리, 강조하는 구조이다.

> Married women now work outside the home and seem to have more freedom than they did in the past. **Why, then. are they still discontented?** In most parts of the world today, married women work because the family needs more money. In addition, their outside jobs often give them **less freedom**, not more, because they still have to do most of the housework and child care. The women actually have **two full-time jobs** - one outside the home and another inside - and not much free time. **So women are generally less satisfied with marriage than men are.**

(기혼 여성들은 요즈음 집 밖에서 일을 하면서 과거에 그들이 그러했던 것보다 더 많은 자유를 누리는 것처럼 보인다. 그런데 왜 그들은 여전히 불만족스러워 하는가? 오늘날 세계의 대부분의 지역에서, 기혼 여성들은 가정에 더 많은 돈이 필요하기 때문에 일을 한다. 게다가 그들이 밖에서 하는 일이 종종 그들에게 더 많은 자유를 주지 않고 더 적은 자유를 주는데, 왜냐 하면 그들이 아직 대부분의 가사와 육아를 해야 하기 때문이다. 여성들은 실제로 두 가지 전업을 - 집 밖에서 하는 일과 집안에서 하는 또 하나의 일 - 하며 많은 자유시간을 누리지 못한다. 그래서 여성들은 일반적으로 남성들보다 결혼에 덜 만족해한다.)

➡ 서론에서 '의문문'이 등장하는 경우에는 대체로 의문문에 대한 해답, 해결책이 주제일 가능성이 매우 높다.

Topic - **Why, then. are they still discontented? + So women are generally less satisfied with marriage than men are.**

Supporting - married women work ~ + less freedom + two full-time jobs

문단속독 Practice

강중약과 직진&전환, Keyword를 활용해서 속독해 보자.

(1) No one pretends that achieving and maintaining an ideal weight is an easy thing to do, but the list of rules to get you there is nonetheless simple. Eat in moderation; choose foods that look like they did when they came out of the ground; be an omnivore; and get some exercise. Human beings are the only species in the world that has figured out how to be in complete control of its own food supply. The challenge now is to make sure the food doesn't take control of us.

voca　moderation n. 중용, 절제　　omnivore a. 잡식성의　　figure out v. 이해하다, 생각해 내다

MEMO

(2) Long-term memory is defined as a memory structure that holds permanent knowledge. Dr. Tulving suggests that we should distinguish between two aspects of long-term memory, episodic memory and semantic memory. In the original formulation, episodic memory dealt with personally experienced events and semantic memory dealt with general facts. For example, most people know that John Wilkes Booth killed Abraham Lincoln, and thus this fact is a part of our semantic memory. But, if you happen to remember when and where you were when you first learned this information, this personally experienced event is a part of your episodic memory.

voca　permanent a. 영구적인　episodic a. 삽화의　　semantic a. 의미론의

MEMO

(1) No one pretends that achieving and maintaining an ideal weight is an easy thing to do, **but the list of rules to get you there is nonetheless simple. Eat in moderation**; choose foods that look like they did when they came out of the ground; **be an omnivore**; and get some **exercise**. Human beings are the only species in the world that has figured out how to be in complete control of its own food supply. The challenge now is to make sure the food doesn't take control of us.

Rudy's 해설

'but the list ~ simple'이 주제문으로, 전형적인 전환의 구조를 통해서 주제문을 제시하고 있다. 주제문 이후에 이것에 대한 다양한 예시들을 제시하고 있다.

해석

이상적인 체중을 만들고 유지하는 것이 쉬운 일이라고 거짓말하는 사람은 아무도 없지만, 그럼에도 불구하고 그렇게 되게 해줄 규칙들의 목록은 간단하다. "적당히 먹어라.' '땅에서 나왔을 때의 모습(상태)과 같은 모습(상태)인 음식을 선택하라." "아무거나 가리지 말고 먹어라." "운동을 적절히 하라" 등이다. 인간은 세상에서 유일하게 자신이 먹는 음식의 공급을 스스로 완전하게 관리하는 방법을 알아 낸 종이다. 지금 문제는 반드시 음식이 우리를 지배하지 않게 하는 것이다.

(2) **Long-term memory is defined as a memory structure that holds permanent knowledge.** Dr. Tulving suggests that we should distinguish between two aspects of long-term memory, **episodic memory and semantic memory**. In the original formulation, episodic memory dealt with personally experienced events and semantic memory dealt with general facts. For example, most people know that John Wilkes Booth killed Abraham Lincoln, and thus this fact is a part of our semantic memory. But, if you happen to remember when and where you were when you first learned this information, this personally experienced event is a part of your episodic memory.

Rudy's 해설

도입부에서 장기기억에 대한 소개가 등장하고, 이어서 장기기억은 일화기억과 의미기억으로 분류된다고 소개하고 있다. 하단에 But이 등장하지만, 이 때의 **but**은 전반적인 흐름을 전환하는 역할이 아니라, 의미기억과 삽화기억에 대한 차별적인 설명을 하고 있다.

해석

장기 기억은 영속적인 지식을 저장하는 기억 구조로 정의된다. 털빙 박사(Dr. Tulving)는 우리가 장기 기억의 두 측면을 구별해야 한다고 주장하는데, 그것은 일화기억과 의미기억이다. 처음 만들어질 때, 일화기억은 개인적으로 경험된 사건들을 다루고, 의미기억은 일반적인 사실을 다룬다. 예를 들어, 대부분의 사람들은 존 윌크스 부스(John Wilkes Booth)가 아브라함 링컨을 살해했다는 것을 알고 있다. 따라서 이 사실은 우리의 의미기억의 일부이다. 하지만, 만일 당신이 이 정보를 처음 알게 되었을 때가 언제이고 어디였는지 기억한다면, 이 개인적으로 경험된 사건은 당신의 일화기억의 일부가 된다.

(3) Solitude is out of fashion. Our companies, our schools and our culture are in thrall to an idea I call the New Groupthink, which holds that creativity and achievement come from an oddly gregarious place. Most of us now work in teams, in offices without walls. Lone geniuses are out. Collaboration is in. But there's a problem with this view. Research strongly suggests that people are more creative when they enjoy privacy and freedom from interruption. And the most spectacularly creative people in many fields are often introverted, according to studies by the psychologist Gregory Feist. They're extroverted enough to exchange and advance ideas, but see themselves as independent and individualistic. They're not joiners by nature.

voca

out of fashion av. 유행이 지난	oddly av. 이상하게	gregarious a. 사교적인, 군집성의
introverted a. 내향적인	extroverted a. 외향적인	by nature av. 천성적으로

MEMO

(3) **Solitude is out of fashion.** Our companies, our schools and our culture are in thrall to an idea I call the New Groupthink, which holds that creativity and achievement come from an oddly gregarious place. Most of us now work in teams, in offices without walls. Lone geniuses are out. Collaboration is in. **But there's a problem with this view.** Research strongly suggests that **people are more creative when they enjoy privacy and freedom from interruption**. And **the most spectacularly creative people in many fields are often introverted**, according to studies by the psychologist Gregory Feist. They're extroverted enough to exchange and advance ideas, but see themselves as independent and individualistic. They're not joiners by nature.

Rudy's 해설

고독한 것은 유행이 지났다는 것이 도입부이다. 이것에 대한 예시들이 이어지고 있다. 그러나 중간에 'But there is a problem ~'을 통해서 전환의 구조가 등장하고 있다. 즉, 서론에서의 흐름과는 반대 되는 상반되는 주장이 등장하고, 가장 창의적인 사람들은 내성적인 사람들이라는 것이 주제이다.

해석

혼자 일하는 방식은 고리타분한 방식이다. 우리의 회사들, 학교들 그리고 문화는 소위 새로운 집단사고(New Groupthink)라고 부르는 개념에 사로잡혀 있다. 이 개념은 창의성과 성취는 기이하게 군집적인 장소로부터 나온다고 주장한다. 우리 대부분은 지금 팀별로 벽이 없는 사무실에서 작업을 하고 있다. 고립된 천재들은 사라졌고 협업이 유행하고 있다. 그러나 이러한 견해에는 문제가 있다. 연구들이 강하게 주장하는 것은 사람들이 사적영역과, 간섭으로부터의 자유를 누릴 때 더욱 창의적이 된다는 사실이다. 그리고 심리학자 그레고리 페이스트(Gregory Feist)의 연구에 따르면 많은 분야에서 가장 현격한 창의력을 나타내는 사람들은 흔히 내향적이다. 그들은 생각을 교환하고 개진할 정도까지는 외향적이지만, 자신들에 대해 독립적이고 개인주의적이라고 생각한다. 그들은 천성적으로 어울리는 것을 좋아하는 사람들이 아니다.

(4) Language symbolizes reality; it's not the reality itself. Of course, this is obvious. But consider: have you ever reacted to the way something was labeled or described rather than to the actual item? Have you ever bought something because of its name rather than because of the actual object? If so, you were probably responding as if language were the reality, which is a distortion called intentional orientation. Intentional orientation refers to the tendency to view people, objects, and events in terms of how they are talked about or labeled rather than in terms of how they actually exist. It occurs when you act as if the words and labels are more important than the things they represent. In its extreme form, intentional orientation is seen in the person who is afraid of dogs and begins to sweat when shown a picture of a dog.

voca   distortion n. 왜곡   intentional orientation n. 의도적 지향성   in terms of av. ~ 관점에서
represent v. 상징하다, 의미하다

MEMO

(4) **Language symbolizes reality; it's not the reality itself. Of course, this is obvious. But consider: have you ever reacted to the way something was labeled or described rather than to the actual item?** Have you ever bought something because of its name rather than because of the actual object? If so, you were probably responding as if language were the reality, **which is a distortion called** intentional **orientation**. Intentional orientation refers to the tendency to view people, objects, and events in terms of how they are talked about or labeled rather than in terms of how they actually exist. It occurs when you act as if **the words and labels are more important than the things they represent**. In its extreme form, intentional orientation is seen in the person who is afraid of dogs and begins to sweat when shown a picture of a dog.

Rudy's 해설

언어는 현실을 상징하지만, 현실은 아니다 라는 진술이 도입부이다. 하지만 'But consider'을 통해서 우리는 현실 자체보다 그것들에 대한 이름에 더 반응한다는 내용이 이어지고 있다. 이것을 내포적 방향성이라고 한다는 내용이 전개되면서, 후반부에서 다시 한 번 앞의 내용을 재진술해주고 있다. 하단부의 'the words and labels are ~ they represent' 가 주제에 해당한다.

해석

언어는 현실을 상징화한다. 그것이 현실 자체는 아니다. 물론 이것은 명백하다. 그러나 생각해보자. 여러분들은 어떤 실제 물건이 아닌, 어떤 것이 이름 붙여지고 묘사되어지는 방식에 반응한 적이 있는가? 여러분은 실제 물건이 아니라 그 물건의 이름 때문에 무엇을 샀던 경험이 있는가? 만약 그렇다면, 여러분은 마치 언어가 실체인 것처럼 반응하는 것인데, 이러한 왜곡을 의도적 지향성이라고 부른다. 의도적 지향성이란 실제로 그것이 어떻게 존재하느냐의 관점에서가 아니라, 그것이 어떻게 이야기되어지고 명명되어지는지의 관점에서 사람과 사물과 사건을 바라보는 경향성을 나타낸다. 그것은 언어나 이름들이 나타내는 것보다, 언어나 이름들이 더욱 중요한 것처럼 당신이 행동할 때 나타난다. 의도적 지향성의 극단적인 형태를 들자면 개를 두려워하는 사람이 개의 사진을 보여주면 땀을 흘리기 시작하는 경우이다.

(5) As we know the short story today it is largely a product of the nineteenth and twentieth centuries and its development parallels the rapid development of industrialism in America. Railroads and factories have blossomed almost overnight; mines and oil fields have been discovered and exploited. Speed had been an essential element in our endeavors, and it has affected our lives, our very natures. Leisurely reading has been, for most Americans, impossible. As with our meals, we have grabbed bits of reading standing up, cafeteria style, and gulped down cups of sentiment on the run. We have had to read while hanging on to a strap in a swaying trolley car or in a rushing subway or while tending to clamoring telephone switchboard. Our popular magazine has been our literary automat and its stories have often been no more substantial than sandwiches.

voca

parallel v. 필적하다, 대응하다   blossom v. 개화하다, 열매를 맺다   grab v. 잡다   gulp down v. 마시다, 삼키다
sentiment n. 감성   swaying a. 흔들리는   trolley car n. 전동열차   tend to v. ~ 향하다
clamor v. 떠들다   automat n. 자동판매기   substantial n. 내용물 a. 상당한
telephone switchboard n. 전화교환대

MEMO

(5) As we know **the short story today** it is largely **a product of the nineteenth and twentieth centuries and its development parallels the rapid development of industrialism** in America. Railroads and factories have blossomed almost overnight; mines and oil fields have been discovered and exploited. **Speed had been an essential element in our endeavors, and it has affected our lives, our very natures.** Leisurely reading has been, for most Americans, impossible. As with our meals, we have grabbed bits of reading standing up, cafeteria style, and gulped down cups of sentiment on the run. We have had to read while hanging on to a strap in a swaying trolley car or in a rushing subway or while tending to clamoring telephone switchboard. Our popular magazine has been our literary automat and its stories have often been no more substantial than sandwiches.

Rudy's 해설

도입부에서 '그것'은 현대의 산물이며 산업혁명과 나란히 한다고 언급되어 있다. 이어서 철도, 공장 등의 예시들이 등장하는데, 바로 이어서 'Speed'가 우리 일상에 엄청난 영향을 끼친다는 진술이 등장한다. 전형적인 중괄식 구조로 서론에서 화제를 제시하고, 중반부에 주제에 해당하는 speed가 제시되어 있다.

해석

오늘날 우리가 단편 소설을 알고 있는 것과 같이 그것은 주로 19세기와 20세기의 산물이며, 그것의 발전은 미국 산업주의의 급속한 발전과 평형을 이루고 있다. 철도와 공장들이 거의 하루 밤사이에 세워졌고, 광산과 유전들이 발견되고 개발되었다. 속도는 우리의 노력에 있어서 필수적인 요소였으며, 그것은 우리 생활, 즉 우리의 본성에 영향을 끼치게 되었다. 대부분의 미국인에게 한가로이 책을 읽는 것은 불가능하게 되었다. 우리는 식사를 하듯이, 셀프 서비스 간이식으로, 선 채로 읽을거리 몇 조각을 집어 들어야 했고, 서둘러 뛰면서 감성 몇 잔을 꿀꺽꿀꺽 들이킨다. 우리는 흔들리는 전차나 질주하는 지하철에서 손잡이를 붙잡고 늘어진 채, 또는 왁자지껄하는 전화 교환대로 향하면서 책을 읽어야 했다. 대중 잡지는 우리가 문학을 빼먹는 자동판매기이었으며, 흔히 그 이야기라는 것은 샌드위치가 양이 많지 않은 것처럼 양이 많지 않았다.

(6) By simplest definition, health means being sound in body, mind, and spirit. The World Health Organization defines health as not merely the absence of disease but a state of complete physical, mental, and social well-being. Health is the process of discovering, using, and protecting all the resources within our bodies, minds, spirits, families, communities, and environment. Health has many dimensions; physical, psychological, spiritual, social, intellectual, and environmental. Scientists have attempted to integrate all these dimensions within a holistic approach that looks at health and the individual as a whole, rather than part by part. Wellness can be defined as purposeful, enjoyable living or, more specifically, a deliberate lifestyle choice characterized by personal responsibility and optimal enhancement of physical, mental, and spiritual health. In wellness, health, and sickness, there is considerable overlap of the functions of the mind, body and spirit. As scientists have shown again and again in recent years, psychological factors play a major role in enhancing physical well-being and preventing illness, but they also can trigger, worsen, or prolong physical symptoms. Similarly, almost every medical illness affects people psychologically as well as physically.

voca

absence n. 결여, 결석
as a whole av. 종합적으로
prolong v. 연장하다

dimension n. 측면, 크기, 중요성
wellness n. 건강
deliberate a. 신중한, 의도적인

integrate v. 통합하다
optimal a. 최상의

holistic a. 총체적인
trigger v. 촉발시키다

MEMO

(6) By simplest definition, **health means being sound in body, mind, and spirit.** The World Health Organization defines health as not merely the absence of disease but a state of complete physical, mental, and social well-being. Health is the process of discovering, using, and protecting all the resources within our bodies, minds, spirits, families, communities, and environment. Health has many dimensions; physical, psychological, spiritual, social, intellectual, and environmental. **Scientists have attempted to integrate all these dimensions within a holistic approach that looks at health and the individual as a whole, rather than part by part.** Wellness can be defined as purposeful, enjoyable living or, more specifically, a deliberate lifestyle choice characterized by personal responsibility and optimal enhancement of physical, mental, and spiritual health. In wellness, health, and sickness, there is considerable overlap of the functions of the mind, body and spirit. As scientists have shown again and again in recent years, psychological factors play a major role in enhancing physical well-being and preventing illness, but they also can trigger, worsen, or prolong physical symptoms. Similarly, almost every medical illness affects people psychologically as well as physically.

Rudy's 해설

추상적인 진술들이 재진술의 구조로 나열되어 있어서 초점을 맞추지 않으면 다 읽은 후에도 머리에 남는 내용이 별로 없을 가능성이 많은 구조이다. 도입부에서 건강은 신체, 정신, 영혼의 건전한 상태라는 진술이 등장한다. 전형적인 일반적 진술로 주제문에 해당한다. 뒤에 이어지는 내용들은 모두 재진술에 해당한다. 또한 중반부에 과학자들은 holistic approach를 이용해서 건강의 다양한 측면을 통합하려고 한다는 내용이 제시된다. holistic approach 또한 첫 줄의 주제문과 동일한 내용으로 재진술에 해당한다.

해석

가장 간단하게 정의해서, 건강이란 몸과 정신과 영혼이 건전함을 의미한다. 세계보건기구(WHO)는 건강에 대해 질병이 없는 상태뿐만 아니라 완전한 신체적, 정신적, 사회적 안녕상태라고 정의한다. 건강은 우리 몸과 정신과 영혼과 가족과 공동체와 환경 내에서 모든 자원을 발견하고 이용하고 보호하는 과정이다. 건강에는 많은 차원이 있다. 즉 신체적, 심리적, 정신적, 사회적, 지적, 환경적 차원이 그것이다. 과학자들은 이 모든 차원을 전체론적(holistic) 관점으로 통합하여, 건강과 개인을 부분적으로 보는 것이 아니라 하나의 통합된 전체로서 보고자 했다. 안녕(wellness)이란 의미 있고 즐거운 삶, 더 구체적으로는 개인적 책임 그리고 신체적, 정신적, 영적 건강의 최적의 향상을 특징으로 하는 자발적 생활방식의 선택이라고 정의할 수 있다. 안녕과 건강과 질병의 경우 정신과 육신과 영혼의 기능이 상당히 중첩된다. 최근 몇 년간 과학자들이 여러 번 입증한 바대로, 심리적 요인은 신체적 안녕을 향상시키고 질병을 예방하는데 중요한 역할을 수행하지만 또한 신체 증상을 유발하거나 악화시키거나 연장시킬 수도 있다. 마찬가지로 거의 모든 신체 질환은 사람들의 신체뿐만 아니라 심리에도 영향을 미친다.

Chapter 02

문장 속독법

Unit
01

단문 속독법

한 편의 글에서 핵심적인 주장, 정보 등이 있는 것처럼, 하나의 문장에서도 핵심적인 내용이 존재한다. 모든 영문의 문장들을 '강'으로 읽어서는 안 되는 것처럼, 제한된 시간 속에서 모든 문제를 해결하기 위해서는 각 문장들 또한 핵심적인 내용을 전달하는 표현들을 중심으로 독해해야 한다. 문제유형에 따라서는 정독법이 아닌, 속독법을 통해서 빠르게 글의 요지와 핵심을 파악해서 해결할 수 있는 것들이 있다. 또한 매우 고난이도의 추상적인 지문이 등장했다면, 속독법을 통해서 빠르게 요지를 파악할 수도 있다.

Unit 01. 더독해 2.0 뽀인트!

01 장문의 경우에는 주절의 동사를 확보하자. ★★★★★
02 삽입은 전후 어구의 관계를 파악하자. ★★★

속독법 - 문장의 골격이 되는 '주어, 동사'를 중심으로 전후 문맥을 파악하여 핵심 정보를 중심으로 독해하는 것

정독법 - 문장의 모든 내용을 꼼꼼하게 독해하는 것

◉ 속독법에 대한 고찰

일반적으로 속독법이란 문장에서 저자가 전달하고 싶은 핵심 내용만을 파악해서 경제적으로 글을 이해하는 것이다. 하지만 실전에서 속독법을 적용하는 경우에 적지 않은 어려움이 있다. 도대체 핵심내용이라는 것이 무엇이냐에 대한 기준이 애매하기 때문이다.

한 편의 글을 기준으로 본다면 당연히 핵심 내용은 글의 '주제'가 될 것이다.
하지만 하나의 문장으로 그 대상을 축소해 본다면 기준이 애매해지는 경우가 많다. 단순히 문장의 '주어-동사'만을 핵심내용으로 볼 것인지, 다양한 정보를 전달하는 수식어구들을 핵심내용으로 볼 것인지….

많은 속독법 교재들은 형용사(구, 절)와 부사(구, 절)로 대표되는 수식어구를 생략하고, '주어 동사 목적어 보어' 중심으로만 개별 문장을 이해하라고 주장하지만, 실제 영문에 적용해 보면 과연 그럴까?

'인간의 많은 행동은 교육과 환경의 지배를 받는다고 많은 학자들이 주장하지만, 최근 연구에 따르면 적지 않은 행동들이 유전적으로 결정되어 있다는 사실이 새롭게 부각되고 있다.'

위 문장에서의 핵심내용은 단연 '유전적'이라는 단어이다. 즉, 영어로 치환해 본다면 'genetically determined' 의미로, 여기서는 genetically라는 부사가 핵심어로 등장한다.

결론적으로 가장 실전적인 속독법은

'정독법 능력을 토대로 전후 문맥을 파악해서 핵심 어구를 중심으로 독해'하는 것이다.

따라서 여기서 제시하는 문장 속독법은 하나의 유용한 참고사항으로 활용하면서, 다양한 지문들에 적용하는 연습과 반드시 병행해야 한다. 모든 글은 저마다 글쓴이의 개성이 담겨 있으면서 다양한 주장이나 정보를 제공하는 것이기에, 하나의 기준으로 재단해서 이해할 수는 없기 때문이다.

01　주동사를 찾자.

정독이든, 속독이든 모든 영문을 이해하기 위해서는 언제나 가장 중요한 것이 '주어-동사'를 파악하는 것이다. 문제는 다음과 같은 경우에는 '주어-동사' 파악에 유의해야 한다는 점이다.

(1) 주어가 매우 긴 경우

(2) 다양한 형용사절, 부사절이 삽입된 경우

(3) 도치가 이루어진 경우

이런 구조의 영문이 처음부터 등장하면 우리에게는 매우 큰 난관이 될 수 있다. 도대체 어디서부터 이해해야 되는지... 그냥 단어의 흐름만을 따라서 감으로 해석하면, 결국 머리에 남는 내용은 거의 존재하지 않기 때문이다.
기억하자!! 모든 영어 문장은 '동사'를 기준으로 구성되어 있기에, 언제나 '동사'를 먼저 찾는 것이 문장 해석의 핵심이라는 것을.

*** 주어가 긴 경우에는 언제나 '주동'을 찾자.**

주동사와 종속절 동사는 복문에서 등장하는 것으로, 주어에 동격절, 형용사절, 부사절 등이 결합된 경우에는 주어가 매우 길어지게 된다. 이 때, 주절의 동사를 확보해서 '주어-동사'로 직결해서 보는 것이 중요하다.
종속접속사 뒤의 동사는 종속절 동사이기에, 주절의 동사가 될 수 없다.

*** 선행학습 - 주절의 동사와 종속절의 동사**

복문 - 주절(주어 동사) + 종속절(주어 동사) (명사절, 형용사절, 부사절)

I **believe**(주동) that he is honest. (명사절)
I **believe**(주동) him who is responsible for the task. (형용사절)
I **believe**(주동) him because he is honest. (부사절)

The girl (형용사절) <u>whom I met a few days ago</u> **wants to see me.**

속독법 - 그 소녀가 나를 보기를 원한다.
정독법 - 며칠 전 내가 만난 소녀가 나를 보기를 원한다.

Determining (명사절)<u>how closely theories approximate the truth</u> **is the business of science.**

속독법 - 결정하는 것이 과학의 역할이다.
정독법 - 이론들이 얼마나 근접하게 진리에 접근할 수 있는지를 결정하는 것이 과학의 역할이다.

The theory <u>(동격절)that color can affect our nervous system</u> **is supported** by the result of a recent experiment.

속독법 - 그 이론은 최근의 실험으로 입증되었다.

정독법 - 색상이 우리의 신경체계에 영향을 미친다는 이론은 최근의 실험으로 입증되었다.

* '주어+동격절'의 구조에서는 '주어-주동'을 파악하고 동격절도 이해하는 것이 요점이다.

A number of office workers (형용사절) <u>who spend most of their working hours in front of the computer</u> **are suffering** from red and sore eyes.

속독법 - 많은 사무직 근로자들이 고통 겪고 있다.

정독법 - 컴퓨터 앞에서 일하는 시간 대부분을 보내는 많은 사무직 근로자들이 충혈 되고 쓰린 눈으로 고통
받는다.

* '주어+형용사절'에서는 속독법으로 읽고, 형용사절의 내용에 따라서 정독과 속독을 병행한다.

02 '핑형주전투'는 수식어구이다.

후치수식 6가지 구조인 핑형주전투 (명사+pp, ing, 형용사, 주어-동사, 전치사구, to부정사)는 보충설명의 형용사구들이다. 문제가 구체적인 내용파악이 아니라 전반적인 주제, 요지를 묻는 문제라면 수식어구들을 생략하면서 문장의 주성분들을 파악하면서 독해하는 것도 요령이다.

* **선행학습 - 핑형주전투**

(1) 명사+pp(과거분사)

'주격관계대명사+be'가 생략되면서 등장하는 문형.

Computers graphics are pictures that are generated by a computer.
☞ Computers graphics are **pictures generated** by a computer.

(2) 명사+ing(현재분사)

'주격관계대명사+be'가 생략되면서 등장하는 문형.

Economic trouble which is affecting Asian countries will begin to get better.
☞ **Economic trouble affecting** Asian countries will begin to get better.

(3) 명사+형용사

'주격관계대명사+be'가 생략되면서 등장하는 문형.

Most people restrict the consumption of foods that are high in fat.
☞ Most people restrict the consumption of **foods high** in fat.

(4) 명사+전치사구

'주격관계대명사+be'가 생략되면서 등장하는 문형.

The books which are on the table belong to Tom.
☞ **The books on the table** belong to Tom.

(5) 명사+주어 동사

목적격관계대명사 또는 관계부사가 생략되면서 등장하는 문형.

The monument that Johnson sculptured stands in Washington, D.C.
☞ **The monument Johnson sculptured** stands in Washington, D.C.

(6) 명사+to부정사

형용사절이 형용사구(to부정사)로 변환되면서 등장하는 문형.

I need someone who looks after my children.
☞ I need **someone to look after** my children.

The day I happened to meet her **remains** vividly in my memory.
속독법 - 그 날은 내 기억에 생생히 남아있다.
정독법 - 내가 그녀를 우연히 만난 날은 생생히 내 기억 속에 남아있다.

One of the greatest problems confronting us **is global warming.**
속독법 - 가장 큰 문제 중 하나는 지구 온난화이다.
정독법 - 우리가 직면한 가장 큰 문제 중 하나는 지구 온난화이다

An army of sheep led by a lion would **defeat an army of lions** led by a sheep.
속독법 - 양의 군대가 사자의 군대를 격퇴할 것이다.
정독법 - 사자가 이끄는 양의 군대가 양이 이끄는 사자의 군대를 격퇴할 것이다.

The number of foreigners interested in the Korean language **has increased** dramatically over the past few years.
속독법 - 외국인의 수가 증가했다.
정독법 - 국어에 관심 있는 외국인들의 수가 최근 몇 년 동안 급증했다.

The new knowledge and the new techniques developed in biological research over recent decades **have slowly begun to provide understanding of human disease.**
속독법 - 새로운 지식과 과학지식이 서서히 인간 질병에 대한 지식을 제공하기 시작했다.
정독법 - 최근 수십 년 동안에 생물학 연구에서 이루어진 새로운 지식과 기술은 인간의 질병에 대한 이해를 서서히 제공하기 시작했다.

03 삽입은 묶고, 전후 관계를 파악하자.

삽입이 문장 중간에 개입하게 되면, 글의 흐름이 끊기거나 연결어구들이 단절되기 때문에 영문의 이해도가 떨어질 수 있다.

Rudy, my favorite teacher, **was excellent** in that field. (동격 삽입)

1단계 - 루디는 우수했다.
2단계 - 루디는, 내가 가장 좋아하는 선생님, 그 분야에서 우수했다.

The students, laughing and joking, **entered the library**. (분사구 삽입)

1단계 - 그 학생들은 도서관으로 들어갔다.
2단계 - 그 학생들은, 웃고 농담을 주고받으며, 도서관으로 들어갔다.

The manager, who had tried to be nice, **lost his job** for giving away free tickets.(관계사절 삽입)

1단계 - 그 관리자는 일자리를 잃었다.
2단계 - 멋진 사람이 되려고 했던 관리자는 무료 티켓 배부로 일자리를 잃었다. (관용표현 삽입)

Jane's beauty, it goes without saying, **dazzled young people** in the party.

1단계 - 제인의 미모는 젊은이들을 매혹했다.
2단계 - 제인의 미모는, 말할 필요도 없이, 파티에서 젊은이들을 매혹했다.

As a young man, the English naturalist Joseph Banks(1743- 1820) had accompanied James Cook on his famous voyages to the Pacific, but in later life he remained in London, **sponsoring expeditions** that were undertaken by others, **which would enrich** the British Museum on their return.
(**영국 자연과학자 조셉 뱅크스(Joseph Banks)는 젊은 시절에는 잘 알려진 태평양으로의 탐험에서 제임스 쿡(James Cook)을 동반하였지만 그 후 여생은 런던에 머물렀다,** 다른 사람들이 담당한 탐험을 후원하면서, 탐험에서 돌아오면 대영 박물관을 풍성하게 만들어 주었던)

* 문장 뒤에 분사구 sponsoring이 연결되어 있고, 그 분사구를 또한 which가 설명해 주는 구조이다.

분사구는 조셉이 영국에 머물면서 했던 활동들을 보충설명해 주고 있기에 전형적인 재진술에 해당한다.
이처럼 문장 중간이 아니라, 문장 뒤에 분사구가 콤마를 중심으로 결합되어 있는 경우에도 분사구의 내용에 앞 절에 대한 부연 설명일 경우에는 속독시에는 생략해도 무방하다.

MEMO

04   Practice

핵심어구를 파악하고 속독과 정독을 병행해서 독해해 보자.

(1)   A large white bird with long black legs and bright yellow feet was standing beside the water.

(2)   DNA is in the genetic material found inside every cell of your body.

(3)   Ancient Rome possessed tremendous military strength, not of the magnitude of our air power, true, but enough to maintain its control over almost all of the known world.

(4)   Michael Riera, psychologist and family counselor correspondent for the CBS Saturday Early Show, learned that little-known fatherhood truth one morning when he was driving his young daughter to school.

(1) **A large white bird** with long black legs and bright yellow feet was **standing** beside the water.

Rudy's 해설

주어 뒤에 전치사구(형용사구)가 결합된 형태로 수식어구를 제외하고 주어-동사를 파악하자.

해석

긴 검은 다리와 밝은 노란색 발을 가진 **거대한 흰 새가** 물가 옆에 **서 있었다.**

(2) **DNA is in the genetic material** found inside every cell of your body.

Rudy's 해설

found는 material를 수식해주는 핑형주전투로 제외하고 속독하자.

해석

DNA는 신체의 모든 세포 속에서 발견되는 **유전 물질 안에 있다.**

(3) **Ancient Rome possessed tremendous military strength,** not of the magnitude of our air power, true, but enough to maintain its control over almost all of the known world.

Rudy's 해설

military strength를 of the magnitude + enough to 두 개의 형용사구가 수식해주는 구조로 수식어구를 제외하고 속독해 보자.

해석

고대 로마는 굉장한 군사력을 소유했는데, 우리 공군력 정도는 아니지만 당시 알려진 거의 전 세계에 대한 통제력을 충분히 유지할 정도의.

(4) **Michael Riera,** psychologist and family counselor correspondent for the CBS Saturday Early Show, **learned that little-known fatherhood truth** one morning when he was driving his young daughter to school.

Rudy's 해설

주어를 설명하는 동격삽입구가 길게 들어가 있는 구조로, 삽입을 제외하고 주어-동사를 파악해 보자.

해석

심리학자이자 CBS의 Saturday Early Show의 가정 상담원인 **마이클 리에라는** 딸을 학교에 태워다주던 어느 날 아침 그 거의 알려지지 않은 **부성애의 진실을 알게 되었다.**

(5) Some simple behaviors are controlled by genetically pre-programmed wiring in the nervous system and are therefore called innate behaviors or instincts.

(6) For many years, behavioral scientists believed a sharp distinction existed between such instinctive behaviors and acquired behaviors, which they classified as learning.

(7) Women are learning the meaning of this male laughter and indifference in the face of the most hazardous and serious biological enterprise women undertake, willingly or not.

(8) The only way to avoid such changes of our aims seems to be to use violence, which includes propaganda, the suppression of criticism, and the annihilation of all opposition.

(5) **Some simple behaviors are controlled by genetically pre-programmed** wiring in the nervous system and are therefore called **innate behaviors or instincts.**

and를 기준으로 주어 공통인 구조로 파악해 보자.

해석

어떤 단순한 행동들은 신경 시스템 속에서 **유전적으로 프로그램화**된 선(세포)을 통해서 통제되기에, **본능적 행동 또는 본능이라고 불린다.**

(6) For many years, behavioral scientists believed (that) **a sharp distinction existed between such instinctive behaviors and acquired behaviors,** which they classified as learning

'주어 believe, think (that) 주어 동사'의 구조에서는 언제나 주절이 아닌 종속절의 내용에 초점을 두고 의미를 파악하자.

해석

오랫동안 행동과학자들은 믿었다. **명확한 구분이 존재한다고, 본능적 행동들과 후천적 행동들 사이에는.** 학습으로 분류하는.

(7) **Women are learning the meaning of this male laughter and indifference** in the face of the most hazardous and serious biological enterprise women undertake, willingly or not.

in the face of 이하는 부사구로 앞의 내용을 보충해주는 역할을 하고 있기에, 생략하고 '주어 동사 목적어'의 구조만을 파악해 보자.

해석

여성들은 이런 남성들의 웃음과 무관심의 의미를 알아가고 있다, 가장 위험하면서 심각한 생물학적 일에 마주했을 때, 여성들이 담당하게 되는, 원하든 말든.

(8) **The only way to avoid such changes of our aims seems to be to use violence,** which includes propaganda, the suppression of criticism, and the annihilation of all opposition.

which 이하는 앞의 내용을 보충설명하고 있기에, 생략하고 앞의 내용만을 중심으로 속독해 보자.

해석

우리 목표들의 수정을 피할 수 있는 유일한 방법은 폭력을 사용하는 것으로 보이는데, 이것은 선동, 비판에 대한 탄압, 모든 반대하는 것을 전멸시키는 것이 포함되어 있다.

(9) The resulting patchwork of laws, people on all sides of the issue say, complicates a nationwide picture already clouded by scientific and ethical questions over whether and how to restrict cloning or to ban it altogether.

(10) They are also divided over the ethics of cloning human embryos for research, which proponents say holds vast promise for treating diseases, and which detractors say raises the specter of embryo farms.

(11) Myth as it exists in a savage community, that is, in its living primitive form, is not merely a story told but a reality lived. It is not of the nature of fiction, such as we read today in a novel, but it is a living reality, believed to have once happened in primeval times, and continuing ever since to influence the world and human destinies.

(9) **The resulting patchwork of laws,** people on all sides of the issue say, **complicates a nationwide picture** already clouded by scientific and ethical questions over whether and how **to restrict cloning or to ban it altogether.**

Rudy's 해설

주어-동사 사이에 삽입절은 생략해 보자. already clouded 이하는 핑형주전투로 수식어구이기에 우선 '주어 동사 목적어'의 핵심만을 파악해 보자.

해석

법을 결과적으로 조각조각 끼워 맞춘 것이, 이 분야와 관련된 모든 사람들은 말하는데, **국가적인 상황을 복잡하게 하고 있다,** 이미 과학적, 윤리적 문제들로 혼란스러운, **태아복제를 제한할지, 전면적으로 금지**할지, 또는 어떻게 할지에 대한.

(10) **They are also divided over the ethics of cloning human embryos for research,** which proponents say holds vast promise for treating diseases, and which detractors say raises the specter of embryo farms.

Rudy's 해설

태아복제를 둘러싸고 의견이 나뉘어져 있다는 내용이 핵심이고, 지지자들과 반대론자들의 주장들은 세부적인 정보에 해당한다. 따라서 which절 이하를 생략하고, 앞의 주절만을 통해서 전반적인 핵심은 파악할 수 있다.

해석

그들은 또한 연구를 위한 인간배아 복제의 윤리성에 대해 의견이 나뉘어져 있는데, 지지자들의 주장에 따르면, 인간배아 복제는 질병 치료를 위한 폭넓은 길을 밝게 해준다고 하고, 반대자들의 말로는, 배아 농장의 악몽을 키울 것이라 한다.

(11) **Myth** as it exists in a savage community, that is, in its living primitive form, **is not merely a story told but a reality lived.** It is **not** of the nature of fiction, such as we read today in a novel, **but it is a living reality**, believed to have once happened in primeval times, and continuing ever since to influence the world and human destinies.

Rudy's 해설

'주어 myth + 동사 is not ~' 사이에 부사절과 삽입들이 등장했기에 '주어-동사'를 파악하는 것이 요점이다. 또한 이어서 not ~ but 문형이 등장했기에, 강조점이 있는 but 이하의 내용에 초점을 맞추어서 독해하는 효과적이다.

해석

미개사회에서 즉, 살아 있는 원시 형태에서 존재하는 바와 같은 **신화는 단순히 말해진 이야기가 아니라 살아온 현실이다. 신화는** 우리가 오늘날 소설에서 읽는 것과 같은 가공의 성질을 갖고 있는 것이 아닌 **생생한 현실로,** 원시시대에 발생했던 것으로 믿어지고 있고 그 이후로 세계와 인간 운명에 계속해서 영향을 끼치고 있다.

(12) The existence of instinct enables animals to perform many acts important to their survival without ever having had the opportunity to learn them.

(13) Ethologists, viewing behavior from an evolutionary perspective, emphasized the importance of instinctive behaviors to survival in nature.

(14) The sheer power of disciplined thought is revealed in practically all the great intellectual and technological advances which the human race has made.

(12) The existence of **instinct enables animals to perform many acts important** to their survival without ever having had the opportunity to learn them.

Rudy's 해설

many acts important 뒤에 부사구들이 나열되어 있는 구조이다.

해석

본능의 존재는 동물이 중요한 행동들을 수행하도록 해 준다, 그들의 생존에, 그것들을 배우는 기회를 갖지 않고도.

(13) **Ethologists**, viewing behavior from an evolutionary perspective, **emphasized the importance of instinctive behaviors** to survival in nature.

Rudy's 해설

주어와 동사 사이에 분사구가 삽입되어 있는 구조이다. 분사구를 건너뛰고 주어-동사를 파악해 보자.

해석

진화론적 관점에서 행동을 바라보는 **행동생물학자들은** 자연 속에서 생존하는데 있어 **본능적인 행동이 중요하다고 강조했다.**

(14) **The sheer power of disciplined thought is revealed** in practically all the great **intellectual and technological advances** which the human race has made.

Rudy's 해설

전치사구 'in + 수식어 + 전치사의 목적어'의 구조로 중간에 수식어들(practically all the great) 생략하고 전치사의 목적어를 파악하자. which 이하도 형용사절로 생략할 수 있다.

해석

훈련된 사고의 순수한 힘은 실제로 인류가 이루어 놓은 위대한 **지적 · 기술적 진보를 통해 드러난다.**

(15) The real evidence for the value of liberal education lies in history and in the biographies of men who have met the valid criteria of greatness.

(16) These support overwhelmingly the claim of liberal education that it can equip a man with fundamental powers of decision and action, applicable not only to boy-girl relationship, to tinkering hobbies, or to choosing the family dentist, but to all the great and varied concerns of human life.

(15) **The real evidence for the value of liberal education lies in history and in the biographies** of men who have met the valid criteria of greatness.

주어 부분이 길지만 결국 핵심은 '인문교육'임을 알 수 있고, lie in의 목적어만을 파악하는 것으로 충분하다. 형용사절은 who는 건너뛰어도 무방하다.

해석

인문교육의 가치의 실질적인 증거는 역사와 전기에서 드러난다, 위대한 기준에 부합했던 사람들의.

(16) These support overwhelmingly **the claim of liberal education** that it can equip a man with **fundamental powers of decision and action**, applicable **not only** to boy-girl relationship, to tinkering hobbies, or to choosing the family dentist, **but** to all the great and varied concerns of human life.

'주어 동사 목적어 형용사절'의 구조이다. 목적어를 지지한다고 했기에 목적어와 목적어를 설명하는 형용사절에서 핵심적인 내용만을 추려보자. applicable 이하는 powers를 설명하는 형용사구로 not only ~ but 으로 길게 연결되어 있다.

해석

이러한 것들은 **인문교육의 주장**을 압도적으로 지지한다. 인문교육이 **근본적인 결정과 행동의 능력을 부여**한다는, 남녀관계나 취미생활을 하거나, 치과 의사를 선택하는 것뿐만 아니라, 인간 삶의 크고 다양한 분야에도 적용되는.

Chunking Band 속독법

모든 영문은 개별적인 단어가 아닌 '단어+단어'의 묶음인 청킹으로 이해해야 한다. 청킹 기본 단위는 더독해1.0에서 학습한 '절과 구'로 대표되며, 언제나 모든 영문을 정독과 속독을 병행할 수 있는 지름길은 청킹 단위로 문장을 의미단위로 나누어 이해하는 것이다.

● Chunking은 '더 독해 1.0'에서 본격적으로 다루었기에, 여기서는 간략하게 practice 중심으로 게재했다.

Unit 02. 더독해 2.0 뽀인트!

01 절&구의 chunking은 한단어로 취급한다 ★★★★★

01 Chunking은 한 단어로 이해하자.

One of the chief difficulties which citizens confront when they go off to seek refreshment from unspoilt nature **is the number of other citizens** who are doing the same thing.

(도시 사람들이 천연의 자연에서 휴식을 취하려고 할 때 겪게 되는 어려움 중 하나는 같은 것을 하려고 하는 다른 시민들의 수이다.)

➡ 위 영문은
One of the chief difficulties is the number of other citizens. - 주어 동사 보어
이 핵심 내용에 3개의 종속절이 결합한 구조이다.

① which citizens confront - difficulties를 설명하는 형용사절
② when they go off to seek refreshment from unspoilt nature - 부사절
③ who are doing the same thing - citizens를 설명하는 형용사절

이러한 장문에서의 요점은 '주어-동사'를 파악한 후에, 다양한 절들을 하나의 단어로 취급하여 묶어서 이해(chunking)하는 것이다. 즉, chunking별로 분리해서 이해하는 것을 통해서 우리는 쉽게 '주어-동사'의 골격을 파악할 수 있다. 이러한 chunking으로 구분해서 이해하는 것은 다음과 같은 장점이 있다.

(1) '주어 동사'의 골격을 파악하기가 수월하다.
(2) Chunking을 구분해서 독립적으로 이해하기에 크게 끊어 읽을 수 있다.
(3) 무엇보다 이해가 안 되는 부분은 묶어서 skip하는데 용이하다.

ⓐ One of the chief difficulties ⓑwhich citizens confront ⓒwhen they go off to seek refreshment from unspoilt nature ⓓis the number of other citizens ⓔwho are doing the same thing.

즉, 위 영문을 ⓐ~ⓔ의 총 5개의 chunking으로 이해해서 'ⓐ-ⓓ'의 관계를 직관적으로 파악하고, 경우에 따라서 ⓑ, ⓒ, ⓔ를 해석하기도, skip하기도 하는 것이 요점이다.

ex 1)　What a person thinks on his own without being stimulated by the thoughts and experiences of other people is at best insignificant and monotonous.

[분석 독해]

주어(명사절)+전치사구+동사+보어

What a person thinks on his own / without being stimulated by the thoughts and experiences of other people / is at best insignificant and monotonous.

[해석]

혼자서만 생각한 것은, 타인들의 생각들이나 경험들에 영향을 받지 않고, 기껏해야 무의미하고 단조롭다.

ex 2)　There are many truths of which the full meaning cannot be realized until personal experience has brought it home.

[분석 독해]

동사+주어+형용사절+부사절

There are many truths / of which the full meaning cannot be realized / until personal experience has brought it home.

[해석]

많은 진리들이 있는데, 그것들의 온전한 의미는 이해되지 않는다, 개인적 체험으로 뼈저리게 느낄 때 까지는.

02 Practice

제시된 영문들을 chunking 단위로 독해하자.

(1) What a person thinks on his own without being stimulated by the thoughts and experiences of other people is at best insignificant and monotonous.

(2) There are many truths of which the full meaning cannot be realized until personal experience has brought it home.

(3) Patriotism is a strong nationalistic feeling for a country whose borders and whose legitimacy and whose ethnic composition are taken for granted.

(4) The opinion is widely held that knowledge of a language is merely one of many possible roads leading to the understanding of a people.

(1) What a person thinks on his own / without being stimulated by the thoughts and experiences of other people / is at best insignificant and monotonous.

 Rudy's 해설

주어(명사절)+전치사구+동사+보어

해석

혼자서만 생각한 것은, 타인들의 생각들이나 경험들에 영향을 받지 않고, 기껏해야 무의미하고 단조롭다.

(2) There are many truths / of which the full meaning cannot be realized / until personal experience has brought it home.

 Rudy's 해설

동사+주어+형용사절+부사절

해석

많은 진리들이 있는데, 그것들의 온전한 의미는 이해되지 않는다, 개인적 체험으로 뼈저리게 느낄 때 까지는.

(3) Patriotism is a strong nationalistic feeling for a country / whose borders and whose legitimacy and whose ethnic composition are taken for granted.

 Rudy's 해설

주어+동사+보어+형용사절

해석

애국심은 국가를 향한 강한 국가주의적 정서인데, 그 국가의 경계선, 적법성, 민족적 구성은 당연한 것으로 받아들여진다.

(4) Rudy's 해설

주어+동사+동격절(주어 보충설명)+형용사구

The opinion is widely held / that knowledge of a language is merely one of many possible roads / leading to the understanding of a people.

해석

그 의견은 폭넓게 수용되고 있다, 언어에 대한 지식은 많은 가능한 방법 중 단지 하나일 뿐이라는 것이다, 한 민족에 대한 이해를 이끌 수 있는.

(5) Questions of education are often discussed as if they had no relation to the social system in which and for which the education is carried on.

(6) Karl Marx based his theories on a belief that men's minds are limited by their economic necessities and that there is a necessary conflict of interests in our present civilization between prosperous and employing classes of people and the employed mass.

(7) The popularity of disaster movies expresses a collective perception of a world threatened by irresistible and unforeseen forces which nevertheless are thwarted at the last moment.

(5) Questions of education are often discussed / as if they had no relation to the social system / in which and for which the education is carried on.

Rudy's 해설

주어+동사+양태의 부사절+형용사절

해석

교육에 대한 문제들은 빈번히 논의된다. 마치 그 문제들이 사회 조직과는 관련이 없는 것처럼, 교육이 수행되는 장소와 목적인.

(6) Karl Marx based his theories on a belief / that men's minds are limited by their economic necessities and / that there is a necessary conflict of interests in our present civilization / between prosperous and employing classes of people and the employed mass.

Rudy's 해설

주어+동사+목적어+동격절1+동격절2+부사구

해석

칼 마르크스는 자신의 이론을 다음과 신념에 토대를 두었다. 인간의 의식은 경제적 필요에 의해 제약을 받고, 현대 문명 속에는 필연적인 이해관계의 충돌이 존재한다는, 부유한 고용계층과 피고용 계층 사이에.

(7) The popularity of disaster movies expresses a collective perception of a world / threatened by irresistible and unforeseen forces / which nevertheless are thwarted at the last moment.

Rudy's 해설

주어+동사+목적어+형용사구+형용사절

해석

재난 영화들의 인기는 세상에 대한 집단적 사고를 보여준다. 저항할 수 없고 예측할 수 없는 힘들에 위협받는, 그러나 마지막 순간에 좌절되는.

(8) Ecologists recognize that reducing the planet to a resource base for consumer use in an industrial society is already a spiritual and psychic degradation. Our main experience of the divine, the world of the sacred, has been diminished as money and utility values have taken precedence over spiritual, aesthetic, emotional, and religious values in our attitude toward the natural world.

(9) Freud implies that there are two ways of attempting to make ourselves masters of our situation, one by science and the other by play, or art. What Freud has overlooked is that science is not necessarily serious but in its most inventive aspects a mode of play.

(10) The reason large American multinational companies haven't created any new net jobs here at home since the 1980s is that the integration of China, India, Brazil, Russia and other emerging markets into the global economy has added 2 billion people to the planet's workforce, driving down labor costs dramatically.

(8) Ecologists recognize / that reducing the planet to a resource base for consumer use in an industrial society / is already a spiritual and psychic degradation. Our main experience of the divine, the world of the sacred, has been diminished / as money and utility values have taken precedence over spiritual, aesthetic, emotional, and religious values in our attitude toward the natural world.

Rudy's 해설

문장1 : 주어+동사+목적어(명사절)
문장2 : 주어+형용사구+동사+부사절(as절)

해석

생태학자들의 인식에 의하면, 지구를 산업사회 소비자가 이용할 수 있는 자원기지로 환원시키는 것은 이미 정신적, 심리적 타락이다. 자연계에 대한 인간의 태도에서 돈과 실용가치가 영적, 미적, 정서적, 종교적 가치보다 우선시되면서 신성한 것, 신성함의 세계에 대한 중요한 경험이 줄어들어 왔다.

(9) Freud implies / that there are two ways of attempting / to make ourselves masters of our situation, one by science and the other by play, or art. What Freud has overlooked / is that science is not necessarily serious / but (in its most inventive aspects) a mode of play.

Rudy's 해설

문장1 : 주어+동사+목적어(명사절)
문장2 : 주어(명사절)+동사+보어(명사절)
문장2에서 not ~ but은 두 개의 주격보어(serious + a mode of play)를 연결.

해석

프로이드는 암시하는데, 시도할 수 있는 두 가지 방법들이 있는데, 우리 자신을 환경에 대한 주인으로 만들 수 있는, 첫째는 과학에 의해, 둘째는 놀이 또는 예술에 의해서. 프로이드가 간과한 것은, 과학이 반드시 진지할 필요는 없으며, 가장 창의적인 면에 있어서는 놀이의 한 양식이라는 점이다.

(10) The reason / large American multinational companies haven't created any new net jobs here at home since the 1980s is that the integration of China, India, Brazil, Russia and other emerging markets into the global economy // has added 2 billion people to the planet's workforce, driving down labor costs dramatically.

Rudy's 해설

주어+형용사절+동사(is)+보어(명사절)
보어로 등장한 that절에서도 주어가 길기 때문에 동사(has added)를 먼저 파악하자. driving이하는 분사구이다.

해석

이유는, 미국의 거대한 다국적 회사들이 국내에서 1980년대 이래 신규 순일자리를 창출하지 못하는, 중국, 인도, 브라질, 러시아 그리고 다른 신규 시장들이 세계경제로 통합되면서, 20억에 달하는 사람들이 세계 노동시장에 더해졌고, 그 결과 노동 비용은 크게 감소되었기 때문이다.

(11) The possession of a high degree of intelligence is less important than the judicious application of the intelligence that one does possess. The more brilliant an individual is, the more catastrophic is the ruin resulting from the mishandling of these abilities. Those who plod slowly down the right road are likely to go further ultimately than are those who run rapidly in the wrong direction.

(12) Even a slight increase in ultraviolet rays seems to cause a higher incidence of skin cancer and significant depletion of the ozone layer could cause far-reaching damage to plant and animal life and trigger drastic climatic changes.

(11) The possession of a high degree of intelligence is less important / than the judicious application of the intelligence /that one does possess. The more brilliant an individual is, the more catastrophic is / the ruin resulting from the mishandling of these abilities. Those who plod slowly down the right road / are likely to go further ultimately / than are those who run rapidly in the wrong direction.

Rudy's 해설

문장 1 : 주어+동사+보어+than 명사+ 형용사절

문장 2 : the 비교급, the 비교급 동사+주어+형용사구   resulting from ~ 은 the ruin을 설명하는 핑형주전투.

문장 3 : 주어+형용사절+동사+than 동사+주어 than이하에서 동사-주어로 도치가 일어났다.

해석

높은 지능을 가지는 것은 자신의 지능을 사려 깊게 적용하는 것만큼 중요하지는 않다. 지능이 높을수록 이러한 지능을 잘못 사용한 결과는 더욱더 참담하다. 바른 길로 끈기 있게 나아가는 사람이 잘못된 방향으로 빠르게 달리는 사람보다 결국 더 멀리 갈 수 있을 것이다.

(12) Even a slight increase in ultraviolet rays seems to cause a higher incidence of skin cancer // and significant depletion of the ozone layer could cause far-reaching damage / to plant and animal life / and trigger drastic climatic changes.

Rudy's 해설

첫 번째 and를 중심으로 두 개의 대등절이 연결되어 있는 구조이다. 두 번째 and는 cause+trigger 연결하고 있다.

해석

아주 소량의 자외선 증가일지라도 피부암을 증가시킬 수 있고, 오존층의 심각한 파괴는 식물과 동물에게 광범위한 피해를 입히고 심각한 기후 변화를 일으킬 수 있다.

Unit 03

문맥 어휘 추론

다양한 어휘들이 결합된 문장에서는 '문맥(Context)'이 존재한다. 문맥이란 문장에서 어휘들의 전후 관계를 의미한다. 문맥을 활용할 수 있게 되면, 생소한 어휘들의 의미들을 유추할 수 있는 매우 유용한 Reading skill을 활용할 수 있게 된다. 대표적인 문맥들은 다음과 같다.

Unit 03. 더독해 2.0 뽀인트!

01 재진술의 구조에서는 동의어가 온다. ★★★
02 역접에서는 상반되는 의미가 등장한다. ★★★

01 재진술 (Restatement)

앞에 등장한 어구들 다시 설명하는 '동격', '재진술' 등이 이에 속한다.

(1) Sir Issac Newton discovered **the law of gravity**. This rule tells us **why things fall to the ground.**

(뉴턴은 중력의 법칙을 발견했다. 이 법칙은 물체가 지면으로 떨어지는 이유를 설명해 준다)

➡ why절 이하가 the law of gravity를 설명하는 구조이다.

(2) If done regularly and over a long period of time, exercise can help prevent **osteoporosis**, a gradual process of **bone loss** that occurs naturally as people age.

(꾸준히, 오랜 시간에 걸쳐 수행된다면, 운동은 osteoporosis(골다공증)를 예방할 수 있다, 사람들이 나이가 들면서 자연스럽게 발생하는 뼈 손실의 점진적인 과정인)

➡ 전형적인 동격구조로, 'osteoporosis, 명사~'에서, 동격 명사가 osteoporosis를 설명해 주고 있다. 따라서 osteoporosis를 알지 못한다 해도, 'bone loss' 의미인 것을 파악하는 것으로 충분히 영문의 의미를 이해할 수 있다.

(3) In emotion or in action, there is an ideal middle course lying between two **extremes** ; the wise man always avoids **excess**.

(감정과 행동에 있어서, 양 extremes(극단) 사이에 있는 이상적인 중도가 있다. 즉, 현명한 사람은 항상 무절제한 것을 회피한다)

➡ 두 개의 extremes 사이에 이상적인 중도가 있다고 했고, 현명한 사람은 excess를 회피한다고 했기에, extremes = excess라는 것을 추론할 수 있다.

(4) Avoid excessive amounts of caffeine-filled beverages. They may be bad for your blood pressure and may also make you **feel nervous** : many people eat more when they **get the jitters**.

(과도하게 카페인이 가득 찬 음료들은 피해라. 그것들은 사람들의 혈압에 유해하고, 불안하게 만들 수 있다, 나아가, 많은 사람들은 불안을 느낄 때 더 먹게 된다)

➡ 문맥상 콜론 이하가 앞 절의 보충 설명을 하고 있는데, feel nervous 나오고, 사람들이 get the jitters 할 때라는 표현이 등장했기에, 문맥상 feel nervous = get the jitters 추론할 수 있다.

(5) Very shy children tend to remain **introverted**, indicating they were born with a biological tendency to be **inhibited**.

(매우 부끄러움이 많은 아이들은 내성적인 경향이 있는데, 그들은 생물학적으로 내성적으로 태어났다는 것을 의미한다)

➡ 분사구 indicating 이하가 앞 절을 다시 설명해주고 있기에, 문맥상 introverted = inhibited를 추론할 수 있다.

02 병렬구조

병렬구조란 대등접속사를 중심으로 두 개의 절이 나란히 배열될 때, 양자 사이의 공통점, 차이점들을 설명함에 있어 유사한 표현들이 등장하는 것을 의미한다.

'영숙이는 고양이를 좋아한다. 그리고 루디는 불독을 선호한다'
이러한 구조에서 '좋아한다 = 선호한다'가 유의어 관계라는 것을 추론할 수 있다.

(1) Black snakes **eat** rats, and green snakes **consume** worms.

(검은 뱀들은 쥐를 먹고, 초록색 뱀들은 벌레를 소비한다)

➡ 문맥을 통해서 eat = consume 추론할 수 있다.

(2) Civilization **has something to do with** the environment in which we live. Culture **is concerned with** life itself.

(문명은 우리가 살고 있는 환경과 관련을 맺고 있다. 문화는 생활자체와 관련이 있다)

➡ 문명과 문화의 차이점이 제시된 영문으로 have some to do with = be concerned with 의미를 추론할 수 있다.

(3) Muscles don't **atrophy** from use, nor do eyes **wear out** from too much seeing.

(근육은 활용을 통해서 쇠약해지지 않고, 많은 것을 보는 것을 통해 시력이 약해지지도 않는다)

➡ nor를 통해 근육과 시력의 공통점이 제시되어 있는데, 둘 다 'not 동사'의 구조로 '~하지 않는다'는 의미이다. 따라서 문맥상 atrophy = wear out 추론할 수 있다

(4) In 1941 the tribes **accounted for** 64% of the population. In 1981 they **made up** just 28%.

(1941년에 그 부족들은 인구의 64%를 차지했다. 1981년에는 28%에 그쳤다)

➡ 접속사로 연결되지는 않았지만, '연도 주어 동사'로 동일한 구조의 영문들이 나열되어 있다. 따라서 account for = make up 의미를 추론할 수 있다.

(5) If I could live my life again, I'd laugh at my **misfortunes** more and at other people's **predicaments** less.

(만약 삶을 다시 살 수 있다면, 내 자신의 불행에 대해서는 좀 더 웃으며, 타인들의 불행에 대해서는 덜 웃을 것이다)

➡ and를 중심으로 두 개의 목적어가 병렬로 연결되어 있으며, 둘 다 '소유격+명사'의 구조이기에 misfortune = predicament 의미를 추론할 수 있다.

03 역접

두 절의 의미가 상반되는 구조로 주로 'but, however, unlike, while' 등의 연결어구가 등장한다.

(1) For a while he was not able to feel his **extremities**. But now feeling began to return to his **hands and feet**.

(잠시 동안 그는 손발의 감각을 느낄 수 없었다. 그러나 이제 감각이 손과 발에 돌아오기 시작했다)

➡ But을 중심으로 'not feel + feeling began'의 상반된 진술이 제시되어 있다. 따라서 extremities = hands and feet 의미를 추론할 수 있다.

(2) He meant not to **blame** Mary at first, but he had to **upbraid** her as a teacher.

(그는 처음에는 메리를 질책할 의도가 없었지만, 선생으로서 그녀를 꾸짖을 수밖에 없었다)

➡ but으로 연결된 'not to blame + had to upbraid' 구조를 통해서 blame = upbraid 의미를 추론할 수 있다.

(3) Unlike his sister, who sat **quietly** and paid attention to the movie, the little boy was quite **unruly**.

(그의 누나와 달리, 얌전히 앉아서 영화에 집중하는, 그 꼬맹이는 정말 다루기가 어려웠다)

➡ unlike를 통해 누나와 남동생의 상반되는 태도가 제시되어 있다. 따라서 문맥상 quietly ↔ unruly (반대) 의미를 추론할 수 있다.

(4) Physicians tell us that in hospitals some patients die simply because they **give up** to their disease; while others get well, simply because they keep a strong will and do not **surrender**.

(의사들은 우리에게 말해준다, 병원에서 어떤 환자들은 자신들의 질병에 대해서 포기를 하기 때문에 죽음에 이르게 되지만, 반면에 어떤 환자들은 회복되는데, 그들이 강한 의지력을 가지고 굴복하지 않았기 때문에)

➡ while을 중심으로 병을 극복하는 환자와 그렇지 않은 환자들의 차이점을 제시하고 있다. 따라서 give up = surrender 의미를 추론할 수 있다.

(5) Most people assume that their pets are **incapable of attacking a child.** Not true. The most docile pets have been known to **turn on a child**, while unprovoked.

(많은 사람들은 자신들의 반려 동물들이 아이들을 공격하지 않는다 생각한다. 이건 사실이 아니다. 대부분의 순한 반려 동물들은 아이들을 공격하는 것으로 알려져 있다, 자극받지 않았을 때에도)

➡ not true을 통해 상반되는 진술이 등장한다는 것을 알 수 있기에 incapable of attacking와 turn on a child는 역접의 의미를 지녀야 한다. 따라서 attacking = turn on 의미를 추론할 수 있다.

04   Practice

문맥을 통해 유의어&반의어 관계에 있는 어휘들을 찾아보세요.

(1) A theological view of human development sometimes differs from an anthropological perspective.

(2) There is luxury in self-reproach. When we blame ourselves we feel that no one else has the right to blame us.

(3) Like all ecological systems, a forest is made up of a living environment and a non-living environment, the latter being composed of air, rocks, soil and water.

(4) Science may in principle describe the structure and actions of man as a part of physical nature, but man is not thus completely accounted for.

(1) A theological **view** of human development sometimes differs from an anthropological **perspective**.

Rudy's Tip

view = perspective

해석

인간 발전에 대한 신학적 관점은 인류학적 관점과는 다르다

(2) There is luxury in **self-reproach**. When we **blame ourselves** we feel that no one else has the right to blame us.

Rudy's Tip

동사+주어+형용사절+부사절

해석

자책에는 사치스러움이 있다. 우리가 자신을 자책할 때. 어느 누구도 우리를 비난할 권리를 가지고 있지 않다고 느끼는 것이다

(3) Like all ecological systems, a forest **is made up of** a living environment and a non-living environment, the latter **being composed of** air, rocks, soil and water.

Rudy's Tip

is made up of = being composed of

해석

모든 생태계와 마찬가지로, 숲은 살아 있는 환경과 그렇지 않은 환경으로 이루어져 있는데, 후자는 공기, 암석, 토양 그리고 물로 이루어져 있다

(4) Science may in principle **describe** the structure and actions of man as a part of physical nature, but man **is** not thus completely **accounted for**.

Rudy's Tip

describe = is accounted for

해석

과학은 원론적으로 물리적 측면의 일환으로 인간의 행동과 구조를 설명하지만, 인간은 그런 식으로 완벽하게 설명되지는 않는다

(5) Seventy percent of the cost of the program is paid by the government, with the remainder picked up by individuals and employers.

(6) To explain the nature of laughter and tears is to account for the conditions of human life.

(7) Although apparently rigid, bones exhibit a degree of elasticity that enables the skeleton to withstand considerable impact.

(8) Warm hues like red, yellow and orange make food look better and people hungrier. Cool colors like blue and gray have the opposite effect.

(5) Seventy percent of the cost of the program **is paid** by the government, with the remainder **being picked up** by individuals and employers.

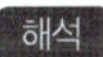

Rudy's Tip

is paid = being picked up

해석

그 프로그램 비용의 70%는 정부에서 지원하며, 나머지는 개인들과 고용주들이 담당한다

(6) To **explain** the nature of laughter and tears is to **account for** the conditions of human life.

Rudy's Tip

인생은 기쁨과 슬픔을 모두 가지고 있다는 의미
explain = account for

해석

웃음과 눈물의 성격을 설명하는 것은 인생의 상태를 설명하는 것이다.

(7) Although apparently **rigid**, bones exhibit a degree of **elasticity** that enables the skeleton to withstand considerable impact.

Rudy's Tip

rigid ↔ elasticity

해석

탄력성이 없어 보임에도 불구하고, 뼈는 일정한 탄력성이 있어서 골격이 상당한 충격을 버티도록 해 준다

(8) Warm **hues** like red, yellow and orange make food look better and people hungrier. Cool **colors** like blue and gray have the opposite effect.

Rudy's Tip

hues = colors

해석

따뜻한 색상(빨강, 노랑, 오렌지)은 음식을 더 좋게 보이게 만들고 사람들을 더 배고프게 만든다. 차가운 색상(청색, 회색)은 반대 효과를 갖는다

(9) The loss of his family left him with mental and emotional scars as miserable as his physical injuries.

(10) Refusing to give her ex-boyfriend the pleasure of knowing how upset she was, Elizabeth disguised the rage that swelled inside her.

(11) Self-fulfilling prophecies may influence people's behavior in a way that makes the expectations come true.

(12) We went to the Midget Restaurant, a nearby sandwich joint which, despite its name, is not restricted to people of small stature.

(9) The loss of his family left him with mental and emotional **scars** as miserable as his physical **injuries**.

Rudy's Tip

scars = injuries

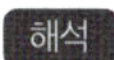 해석

가족의 상실은 그에게 정신적 상처와 정서적 상처를 남겨 주었는데, 그 상처는 신체적인 상처나 마찬가지로 끔찍했다

(10) Refusing to give her ex-boyfriend the pleasure of knowing how **upset** she was, Elizabeth disguised the **rage** that swelled inside her.

Rudy's Tip

upset = rage

 해석

전 남친에게 자기가 얼마나 화났는지를 아는 즐거움을 주지 않으려고, 자기 안에 솟아오르는 분노를 감추었다

(11) **Self-fulfilling prophecies** may influence people's behavior in a way that **makes the expectations come true**.

Rudy's Tip

Self-fulfilling prophecies = makes the expectations come true

 해석

자기 충족적 예언은 사람들의 행동에 영향을 미쳐서 그 기대가 실현되게 만든다

(12) We went to the **Midget** Restaurant, a nearby sandwich joint which, despite its name, is not restricted to people of **small stature**.

Rudy's Tip

midget = small stature

 해석

우리는 난쟁이 식당에 갔는데, 이곳은 가까이에 있는 샌드위치 식당이었다. 그 이름에도 불구하고 이 식당은 난쟁이들에게 한정된 곳은 아니었다

(13) Some of us may be quite adept at handling our own anxiety but relatively inept at soothing someone else's upsets.

(14) The candidate denounced as unworkable his rival's solution to the problem of unemployment, but offered no viable alternative.

(15) Having never worn nylons, she did not think it a good idea to don them for the first time at the funeral.

(16) Perhaps part of the capriciousness of adolescent behavior is traceable to the violent swing between being dependent and wanting to be independent.

(13) Some of us may be quite **adept** at **handling** our own anxiety but relatively **inept** at **soothing** someone else's upsets.

Rudy's Tip

adept ↔ inept, handling = soothing

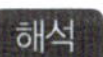

우리들 중 일부는 자신의 불안은 능숙하게 진정시키지만 다른 사람의 불안은 비교적 잘 진정시키지 못한다

(14) The candidate denounced as **unworkable his rival's solution** to the problem of unemployment, but offered **no viable alternative.**

Rudy's Tip

unworkable solution = no viable alternative

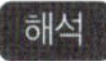

그 후보는 경쟁의 실업 대책이 실현 불가능하다고 비판했지만, 실행 가능한 대안을 제시하시는 못했다

(15) Having never **worn** nylons, she did not think it a good idea to **don** them for the first time at the funeral.

Rudy's Tip

worn = don

한 번도 나일론을 입은 적이 없어서, 그녀는 장례식장에서 나일론 옷을 처음으로 입는 것은 좋은 생각이 아니라고 생각했다

(16) Perhaps part of the **capriciousness** of adolescent behavior is traceable to the violent **swing** between being dependent and wanting to be independent.

Rudy's Tip

capriciousness = swing

아마도 청년기의 행동의 변덕스러운 부분을 거슬러 올라가면 남에게 의존하려 하고 의존하지 않으려고 하는 것 사이의 심한 동요가 나타난다.

(17) Each folk dance has a pattern of its own, even though similarities do exist among dances of a particular country and among dances of different countries where cultures have intermingled. Although many of the basic steps are similar, the total design for each dance is unique.

(18) Because of the extensiveness of its territory, the size of its population, and the strength and age of culture, China has in the past always gradually conquered its conquerors. Despite their greater military strength, those who have occupied China after defeating it in battle has been assimilated by it.

(19) Young discoverers need not despair. Though there are few blanks left on today's map of the world, there are still unexplored realms to be charted in the depths of the oceans, the remote recesses of the rain forests and the furthest reaches of outer space.

(17) Each folk dance has a **pattern of its own**, even though **similarities** do exist among dances of a particular country and among dances of different countries where cultures have intermingled. Although many of the basic steps are **similar**, the total design for each dance is **unique**.

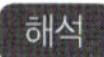

Rudy's Tip

pattern of its own ↔ similarities   similar ↔ unique

해석

유사성이 특정국가의 무용 사이에 그리고 문화가 뒤섞인 국가들의 무용 사이에 존재한다 하더라도 민속 무용은 고유한 패턴을 갖고 있다. 비록 많은 기본적인 스텝이 유사하더라도 각 무용의 전체 구조는 독자적이다.

(18) Because of the extensiveness of its territory, the size of its population, and the strength and age of culture, China has in the past always gradually conquered its conquerors. Despite their greater military strength, those who have **occupied** China after defeating it in battle **has been assimilated** by it.

Rudy's Tip

occupied ↔ has been assimilated

해석

중국은 광대한 영토, 많은 인구. 강하고 유구한 문화로 인하여 과거에 항상 그 정복자들(이민족들)을 서서히 정복해왔다. 전쟁에서 중국을 패배시킨 후 중국을 점령한 이민족들은 그들의 더 강한 군사력에도 불구하고 (결국) 중국에 동화되고 말았다.

(19) Young discoverers need not despair. Though there are few **blanks** left on today's map of the world, there are still **unexplored realms** to be charted in the depths of the oceans, the remote recesses of the rain forests and the furthest reaches of outer space.

Rudy's Tip

blanks = unexplored realms

해석

젊은 탐험가들은 절망할 필요가 없다. 오늘날의 세계 지도 위에는 남겨진 공백이 거의 없다 할지라도, 대양 깊은 곳. 우림 지역의 멀리 떨어진 깊숙한 곳. 그리고 우주 밖의 가장 먼 지역에는 지도에 그려지기를 기다리고 있는 아직도 탐험되지 않은 지역이 있다.

(20) Five years ago, when the number of foreign students hit 300,000, concerned college administrators predicted a backlash of quotas, prohibitive tuition hikes, and growing xenophobia. The resentment has been building gradually, though foreigners account for less than 3 percent of the total college population.

(20) Five years ago, when the number of foreign students **hit** 300,000, concerned college administrators predicted a backlash of quotas, prohibitive tuition hikes, and growing **xenophobia**. The **resentment** has been building gradually, though foreigners **account for** less than 3 percent of the total college population.

Rudy's Tip

hit = account for, xenophobia = resentment

해석

5년전 외국인 학생의 수가 30만명에 달했을 때, 관련 대학의 행정가들은 등록 인원의 할당 수에 대한 반발, 비싼 수업료 인상, 또 계속 증가하는 외국인 혐오등을 예견했다. 외국인 학생들은 전체 대학생 인구의 3% 미만의 비율을 차지하지만 그 분노는 점차 늘어가고 있다.

Chapter 03
속독 유형별 전략

Unit 01 속독일반론

Unit 01. 더독해 2.0 뽀인트!

01 모든 문제에 동일한 문제풀이 전략을 활용하자. ★★★★★
02 문장&문단 속독법을 융합해서 병행하자. ★★★★★

◉ 속독일반론에 들어가며

앞서 학습한 문단&문장 속독법을 이제는 문제 일반에 적용할 차례이다. 우리가 해결해야 하는 영문과 문제 유형이 무엇이든지, 더독해 2.0에서 제시하는 속독일반론은 모든 분야에 적용될 수 있는 실전에 최적화된 문제풀이 전략이다. 하지만, 하지만.... 학습 보다 훨씬 더 중요한 부분은 바로 '반복을 통한 체화'인데, 이 부분에서 대부분의 수험생들은 소기의 성과를 거두지 못하는 경우가 적지 않다.

어떤 운동이든 기본 체력과 더불어 기본 동작이 체화가 되어야 다양한 응용동작으로 발전할 수 있는 것처럼 앞서 학습한 문장&문단 속독법을 향후 학습하게 되는 다양한 교재와 지문들에 적용하는 연습을 게을리 하지 말자.

처음에는 더독해 2.0에서 제시하는 속독법과 문제풀이 전략에 의지해서 반복적인 연습을 해야 한다. 나아가 일단 이 방법이 체화가 되어 능숙해지면, 수험생마다 각자에게 보다 최적화된 방법을 만들 수 있게 된다. 문장이나 문단 속독을 하면서도 교재에서 제시한 것 보다 더 적게 읽으면서 핵심적인 키워드를 찾을 수도, 지문의 서론과 결론만을 비교해서 주제문을 추론하는 등의 다양한 실전 전략을 더 개발할 수 있을 것이다.

더독해 2.0에서 제시하는 '속독일반론'은 바로 이것이다.

01 문제를 먼저 읽자.

지문보다 문제를 먼저 살펴보는 이유는 다음과 같다.

(1) 문제유형을 파악한다.

이때, 본문에 대해서 얼마나 세부적인 내용을 묻는 것인지, 대략적인 요지나 주제를 묻는 것인지를 인지해서, 본문에 대해 속독과 정독을 어떻게 병행할지에 대한 지침을 얻을 수 있다.

(2) 본문 내용에 대한 사전 정보를 얻을 수도 있다.

'According to the passage, what is the primary cause of why neoliberalism has had its day?'
(위 글에 따르면, 신자유주의 쇠퇴의 주요한 원인은 무엇인가?)

이 문제를 통해서 우리는 본문이 '신자유주의 쇠퇴'에 대해서 다루고 있다는 정보를 얻을 수 있다.
이 것은 지문에 대한 내용을 미리 예측할 수 있기에, 영문에 대한 이해도가 배가 된다.

02 대부분의 서론은 '강'하게 읽자.

문화적으로 서양은 언제나 자신의 주장이나 생각을 명확하게 제시하고, 이에 대한 이유나 근거를 서술하는 방식을 선호한다. 개인의 주장을 부각시키거나 내세우는 것을 지양하고 집단이나 사회의 가치관을 중시하는 전통적인 동양과는 달리 서양은 모든 문화가 개인주의에 근거하고 있기에 개인의 생각을 명확하게 보여주는 것이 문화적인 풍토이다. 이것은 글의 구조에도 그대로 답습되어 중요한 주장이나 정보를 먼저 제시하는 두괄식이 글의 대표적인 유형으로 자리 잡는 데에도 지대한 영향을 끼치게 된 것이다.

결과적으로 모든 영문의 서론은 주제문이 될 가능성이 매우 높을 뿐 아니라, 글의 서론의 흐름을 놓치게 되면 이어지는 본문의 내용을 놓치게 되기에 언제나 서론 부분은 강하게 읽어야 한다.

03 연결어를 중심으로 문장&문단 속독을 병행하자.

모든 영문을 처음부터 정독으로 모든 문장을 꼼꼼하게 읽을 필요는 없다. 문제 유형에 따라서, 해당 영문이 일반&구체적 진술이냐에 따라서 중요성이 달라지기에 그러하다. 처음 1회독 시에는 눈에 띄는 연결어가 있는가를 살피고, 연결어를 중심으로 속독하자. 속독1~2회 후에 바로 문제를 해결해 보자. 전반적인 요지나 대략적인 내용을 묻는 문제는 1~2회독으로 해결이 충분히 가능하기 때문이다.

04 문제와 비교하면서 정독하자.

구체적인 내용일치나 추론 문제 등의 경우에는 보다 꼼꼼한 정독을 요구한다. 속독한 내용을 바탕으로 문제와 직결되는 지문의 내용들을 중심으로 꼼꼼히 정독하자. 이 때, 유의할 점은 4~5회독을 한 후에도 문제에 대한 해결의 실마리가 보이지 않으면 직관적으로 답을 선정하고 다음 지문으로 넘어가야 한다는 것이다. 그렇지 못하면 시간관리에 실패하게 되고, 충분히 득점할 수 있는 지문이나 문제를 놓치게 되는 비운의 상황이 초래한다.

05 Practice

(1) Historians concur that Europe maintained a central position in the world during the 19th century. There were three factors that were primarily responsible.

The first was the fact that there was, within the boundaries of Europe, an exceptionally large portion of the world's farmland. (A), European countries could feed their people without serious adversity and developed a thriving trade.

The second factor was control of the seas. The Europeans, with their superior arms and ships, could attack any other continent while defending themselves from annihilation at home. Dealings in commodities at sea brought affluence to the European continent while many other areas of the world deteriorated. No one can deny that many problems that beset other continents during the 19th century were not present in Europe because of its control over oceans.

The third advantage that the Europeans enjoyed was their astounding development in science and technology. With the development of steam power and electricity came a bountiful supply of energy, allowing the diligent workers to produce goods for the merchants more cheaply and quickly, and (B).

1. Choose the most suitable word or phrase for (A).
   ① Nevertheless   ② Likewise
   ③ As a result   ④ For example

2. Choose the most suitable word or phrase for (B).
   ① building up powerful military systems
   ② speeding up transportation and communication
   ③ organizing a unified European Community
   ④ signing a treaty for free trade on a global basis

3. The best title for the above passage is ___________.
   ① The Growth of Europe in the 19th Century
   ② A Historical Perspective of Power Struggle
   ③ Three Major Reasons for World Colonization
   ④ Gradual Development of European Science

4. Which of the following statements corresponds to the above passage?
   ① Science helped European farmers enjoy prosperity in the 19th century
   ② Historians contend that Europe was responsible for its own annihilation
   ③ European crops exported to the rest of the world in the 19th century
   ④ Historians agree that control over seas helped free Europe from many problems

[1] 볼록체를 중심으로 속독해 보자.

Historians concur that **Europe maintained a central position** in the world during the 19th century. There were **three factors** that were primarily responsible.
The **first** was the fact that there was, within the boundaries of Europe, an exceptionally large portion of the **world's farmland**. (A), European countries could feed their people **without serious adversity** and developed a thriving trade.
The **second** factor was **control of the seas**. The Europeans, with their superior arms and ships, could attack any other continent while defending themselves from annihilation at home. Dealings in commodities at sea brought affluence to the European continent while many other areas of the world deteriorated. No one can deny that many problems that beset other continents during the 19th century were not present in Europe because of its control over oceans.
The **third** advantage that the Europeans enjoyed was their astounding **development in science and technology**. With the **development of steam power and electricity** came a bountiful supply of energy, allowing the diligent workers to produce goods for the merchants more cheaply and quickly, and (B).

[정답]

1 (C) 2 (B) 3 (A) 4 (D)

[본문 해설]

1. 빈칸을 중심으로 farmland - without serious adversity를 연결하면 정답을 유추할 수 있다.

2. 빈칸 앞에 steam power and electricity를 키워드로 해서 빈칸에는 키워드와 관련된 내용이 적절하다는 것을 추론할 수 있다.

 ① building up powerful military systems (강력한 군대체계를 건설)
 ② speeding up **transportation and communication** (운송과 통신을 향상)
 ③ organizing a unified European Community (통합된 유럽 공동체를 조직)
 ④ signing a treaty for free trade on a global basis (자유무역협정에 가입)

3. 전형적인 두괄식으로 '유럽번영'이 주제이다. 언제나 주제문 관련 보기문항들은 keyword를 중심으로 구분해서 답을 선택하자.

 ① The **Growth of Europe** in the 19th Century (유럽의 성장)
 ② A Historical Perspective of **Power Struggle** (권력 투쟁에 대한 역사적 조망)
 ③ Three Major Reasons for **World Colonization** (세계 식민지화에 대한 3가지 이유)
 ④ Gradual Development of **European Science** (유럽 과학의 점진적인 성장)

4. 본문을 정독해서 보기 문항에서 틀린 부분들을 구분해야 한다.

 ① Science helped European farmers enjoy prosperity in the 19th century
 ② Historians contend that Europe was responsible for its own annihilation
 ③ European crops exported to the rest of the world in the 19th century
 ④ Historians agree that control over seas helped free Europe from many problems

[본문 해석]

역사가들은 19세기에 유럽이 세계에서 중심적인 지위를 유지하였다는 것에 동의한다. 주로 원인이 되는 세 가지 요인이 있다.
첫째로, 유럽의 경계 안에는, 특별히 세계 농지의 매우 많은 부분이 있었다는 사실이다. 그 결과로 유럽 국가들은 심각한 역경이 없어도 자신들의 국민을 부양할 수 있었으며, 번창하는 무역을 발전시켰다.
둘째 요인은 바다의 지배였다. 유럽인들은 우수한 무기와 선박을 가지고, 전멸되지 않도록 본국에서 자체 방어를 하면서도 어떤 다른 대륙도 공격할 수 있었다. 세계의 많은 다른 지역들이 쇠퇴한 반면에, 해상에서 일상 용품을 거래하는 것은 유럽대륙에 풍요를 가져왔다. 유럽의 대양에 대한 지배로 인해, 19세기에 다른 대륙들을 괴롭혔던 많은 문제들이 유럽에는 존재하지 않았다는 것을 부정할 수는 없다.
세 번째로 유럽인들이 누렸던 이점은 과학과 기술에서의 깜짝 놀랄만한 발전이었다. 증기력과 전기의 발전은 에너지의 풍부한 공급을 가져와서, 부지런한 일꾼들이 상인들에게 상품을 더욱 싸고 빠르게 생산할 수 있게 해 주었고, 교통과 통신의 능률을 올려 주었다.

(2) The Ptolemaic system is essentially a mathematical system invented to explain the organization of the universe. The cosmos in this view was a group of concentric spheres with a common center, the earth. The earth alone was made up of hard, solid substance; the other spheres encircling the earth were all transparent spheres containing in each a luminous heavenly body. The sphere nearest to the earth was that of the moon, followed by those of Mercury, Venus, the Sun, and the outer planets. The outermost sphere contained all of the fixed stars that remained motionless in respect to each other, as the sphere itself moved majestically about the earth in its daily motion.

However, with the increasingly detailed knowledge of the actual movement of the heavenly bodies, the astronomers had to make the Ptolemaic system more and more intricate with the introduction of new cycles and epicycles. Copernicus treated the Ptolemaic system as a mathematical problem. He was able to prove mathematically that a sun-centered theory was simpler than the geocentric theory. Building on the findings of Copernicus, Kepler found mathematical laws describing the movement of the planets. The Copernican doctrine, however, long remained a hypothesis known only to experts. Most astronomers could find little evidence to accept it in preference to the older theory. Only with the continued discoveries and advances in mathematics was the worth of the Copernican theory demonstrated.

1. According to the Ptolemaic theory, which of the following is not true?
   ① The moon is the closest sphere to the earth.
   ② The fixed stars move in relation to each other.
   ③ The earth is a hard, solid substance.
   ④ The cosmos is a group of concentric spheres.

2. Mathematical laws explaining the movement of the planets according to the Copernican
    theory were made by ________________.
   ① Ptolemy   ② Kepler
   ③ Pythagoras   ④ Archimedes

3. Why was the Copernican theory long known only to experts?
   ① Only experts could understand its complexities.
   ② There was little empirical evidence to support it.
   ③ Its publication was forbidden.
   ④ Copernicus was not as popular as Ptolemy.

4. What was Copernicus able to prove about Ptolemy's geocentric theory?
   ① It involved the laws of gravity.
   ② It contradicted the theory of relativity.
   ③ The geocentric theory was too simple.
   ④ A sun-centered theory was simpler mathematically than the geocentric one.

[2] 볼록체를 중심으로 속독해 보자.

The Ptolemaic system is essentially a mathematical system invented to explain the organization of the universe. The cosmos in this view was a group of concentric spheres with a common center, the earth. The earth alone was made up of hard, solid substance; the other spheres encircling the earth were all transparent spheres containing in each a luminous heavenly body. The sphere nearest to the earth was that of the moon, followed by those of Mercury, Venus, the Sun, and the outer planets. The outermost sphere contained all of the fixed stars that remained motionless in respect to each other, as the sphere itself moved majestically about the earth in its daily motion.
However, with the increasingly detailed knowledge of the actual movement of the heavenly bodies, **the astronomers had to make the Ptolemaic system more and more intricate** with the introduction of new cycles and epicycles. **Copernicus** treated the Ptolemaic system as a **mathematical problem**. He was able to prove mathematically that **a sun-centered theory was simpler** than the geocentric theory. Building on the findings of Copernicus, **Kepler found mathematical laws** describing the movement of the planets. The Copernican doctrine, **however**, long remained a hypothesis **known only to experts**. Most astronomers could find **little evidence** to accept it in preference to the older theory. Only with the continued discoveries and advances in mathematics was the worth of the Copernican theory demonstrated.

[정답]

1 ② 2 ② 3 ② 4 ④

[본문 해설]

1. 본문의 'motionless in respect to each other' 통해서 정답을 선별할 수 있다.

2. 코페르니쿠스 이론에 근거해서 행성들의 움직임을 수학적으로 설명한 과학자를 묻고 있다.

3. 문제에서 'known only to experts' 표현은 본문에서 그대로 반복되고 있다. 이처럼 구체적인 내용을 묻는 문제에서 특정 어휘나 표현이 본문에 그대로 등장하는 경우가 빈번한데, 이 또한 문제와 본문의 비교를 통해서 쉽게 정답을 선별할 수 있다.

4. 본문에 대한 사전 정보를 가장 잘 보여주는 문제로 '코페르니쿠스는 천동설에 대해서 무엇인가를 입증했다'는 내용이 본문의 내용임을 짐작할 수 있게 해 준다.

   본문의 'He was able to prove mathematically that a sun-centered theory was simpler than the geocentric theory.' 통해 정답을 선별할 수 있다.

[본문 해석]

천동설은 원래 우주의 구조를 설명하기 위해 만들어진 수학적 체계였다. 이러한 견지에서 보면, 우주는 지구를 중심부로 하는 동심체군이다. 지구만이 단단한 고체로 이루어졌고, 지구를 둘러싸고 있는 다른 별들은 각각 지구의 둘레를 도는 반짝이는 천체를 지닌 투명 천체군 이다. 지구에서 가장 가까운 별은 달이며, 그 다음으로는 수성, 금성, 태양, 그리고 외부 천체순이다. 가장 바깥쪽에 있는 천체는 서로 움직이지 않는 모든 항성들을 포함하고 있으며, 천체 자체가 지구 주위를 크게 일주 운동하고 있다. 그러나 천체의 실제 운동에 관한 세부적인 지식이 늘어남에 따라 천문학자들은 새로운 궤도나 소원들을 도입해서 천동설을 점점 더 복잡하게 연구해 나가게 되었다. 코페르니쿠스는 천동설을 수학적인 문제로 다루었다. 그는 지동설이 천동설보다 더 단순하다는 사실을 수학적으로 증명할 수 있었다. 코페르니쿠스의 발견에 기초해서 케플러는 행성들의 운동을 설명하는 수학 법칙을 발견했다. 그러나 코페르니쿠스의 이론은 오랫동안 전문학자들만이 알고 있는 가설로서만 존재했다. 대부분의 천문학자들은 기존의 이론 대신 코페르니쿠스의 이론을 받아들일 만한 증거를 거의 찾아내지 못했다. 수학 분야에서의 지속적인 발전과 진보에 의해서만이 코페르니쿠스 이론의 가치가 증명되었을 뿐이다.

Unit 02

Topic

Topic 문제 유형은 속독이 적용되는 최적의 문제 유형이다. 주제관련 문제들을 해결하는 데 강점이 생기면, 전반적인 요지를 파악할 수 있기에 지문에 대한 내용 정리가 되고, 이를 토대로 내용일치나 추론 문제까지도 쉽게 접근할 수 있는 능력이 배가 된다.

Unit 02. 더독해 2.0 뽀인트!

01 첫 문장은 언제나 '강'으로 읽자. ★★★★★
02 연결어를 중심으로 속독하자. ★★★
03 일반&구체 진술을 구분해서 속독하자. ★★★

---

1. The best topic of the passage would be __________.

Town officials gather information about their community's population. They look for patterns in the data. Sometimes the number patterns show a steady increase in population. That means more people will need town services. Officials must make plans for future growth. They might need to hire more fire fighters or build more schools. Sometimes the number patterns show a steady decrease in population. Fewer people will need town services. Officials make plans to reduce the number of town employees or even to close schools.

① Hard Work of Town Officials
② How to Find Number Patterns
③ Importance of Community's Services
④ Using Number Patterns in Town Planning

official n. 공무원   look for v. 찾다   reduce v. 축소하다

◉ Topic Solving Reading Skill

(1) 언제나 첫 문장을 강하게 읽는다.

(2) 첫 문장과 마지막 문장의 내용을 비교해 보자.

(3) 일반&구체를 구분하면서 예시와 재진술 구조를 파악해 보자.

(4) 연결어를 중심으로 전환 구조가 있는지 살핀다.

(5) 보기문항에서 keyword를 통해 함정문항을 골라내자.

---

1. ④ ★

Town officials gather information about their community's population. They look for **patterns in the data.** Sometimes **the number patterns** show a steady increase in population. That means more people will need town services. Officials must make plans for future growth. They might need to hire more fire fighters or build more schools. Sometimes the number patterns show a steady decrease in population. Fewer people will need town services. Officials make plans to reduce the number of town employees or even to close schools.

Rudy's 해설

두괄식 구조로 'gather information - patterns - the number pattern'의 흐름을 파악하자. 즉, 공무원들이 수치적 정보를 수집해서 시의 계획에 활용한다는 것이 요지이다. 서론 이후에는 모두 예시들이 나열되어 있다.

number patterns가 중복되는 ②&④가 혼동 문항이 되는데, 이런 경우에는 find와 using의 표현들을 통해서 정답을 선별하자.

① **Hard Work** of Town Officials (시 공무원들의 힘든 업무)

② **How to Find** Number Patterns (숫자 유형들을 발견하는 것)

③ Importance of **Community's Services** (지역사회 서비스의 중요성)

④ **Using** Number Patterns in Town Planning (숫자 유형들을 활용하는 것)

해석

시의 공무원들은 그들의 지역사회에 살고 있는 사람들에 관한 정보를 모은다. 그들은 그 자료에서 유형을 찾는다. 종종 숫자 유형은 인구의 지속적인 증가를 보여준다. 그것은 더 많은 사람들이 시의 서비스를 필요로 하게 될 것이라는 사실을 의미한다. 공무원들은 미래의 성장에 대한 계획을 세워야만 한다. 그들은 더 많은 소방대원들을 고용하거나 더 많은 학교를 건설할 필요가 있을지도 모른다. 숫자 유형이 인구의 지속적인 감소를 보여 줄 때도 때로 있다. 시의 서비스를 필요로 하는 사람들이 더 적어질 것이다. 공무원들은 시 고용인들의 수를 줄이거나 혹은 심지어 학교를 폐쇄시킬 계획을 세우게 된다.

2. The best title of the passage would be ___________.

Most customers who have a negative experience in your business don't bother to tell you about it. They just walk out and never return. So, negative reviews are hard to get. Once you get them, however, they let you see what customers expected and what they experienced. With this information, you can figure out what happened and how you should respond. Of course, getting negative reviews can be a bitter experience. However, if you can endure the sting of the negative comments and really examine the information they contain, you can improve your customers' experiences, which increases customers' loyalty and brings new customers to you.

① effects of ads on customers' purchase
② ways to investigate customers' complaints
③ the value of customers' negative reviews
④ the importance of correct product information

voca bother v. 번거롭게 ~ 하다   figure out v. 이해하다, 추정하다   endure v. 인내하다
contain v. 포함하다   loyalty n. 충성도

MEMO

2. ③ ★

> **Most customers who have a negative experience in your business don't bother to tell you about it.** They just walk out and never return. So, negative reviews are hard to get. Once you get them, **however, they let you see what customers expected and what they experienced.** With this information, you can figure out what happened and how you should respond. Of course, getting negative reviews can be a bitter experience. However, if you can endure the sting of the negative comments and really examine the information they contain, you can improve your customers' experiences, which increases customers' loyalty and brings new customers to you.

Rudy's 해설

however 문장이 핵심이다. 즉, 부정적 평가를 알게 되면 그것을 이용해서 고객 서비스를 향상시킬 수 있다는 내용이 핵심이다.

① effects of **ads** on customers' purchase (소비자들의 구매에 대한 광고의 영향들)
② ways to **investigate** customers' complaints (소비자들의 불만을 조사하는 방법)
③ the value of customers' **negative reviews** (소비자들의 부정 평가의 가치)
④ the importance of correct **product information** (바른 제품 정보의 중요성)

해석

당신의 사업에서 부정적인 경험을 한 대부분의 고객들은 굳이 당신에게 그것에 대해 말해 주려고 하지 않는다. 그들은 그저 나가 버리고는 다시 돌아오지 않을 뿐이다. 그래서 부정적인 평가는 얻기가 힘들다. 하지만 당신이 일단 그것을 얻게 되면, 그것들은 고객들이 기대한 것과 그들이 경험한 것을 당신이 알 수 있게 해 준다. 이 정보를 가지고 당신은 무슨 일이 일어났는지, 그리고 당신이 어떻게 반응해야 할지 알아낼 수 있다. 물론, 부정적인 평가를 받는 것은 씁쓸한 경험일 수 있다. 하지만, 만약 당신이 부정적인 의견이 주는 고통을 견뎌내고, 그것들이 가지고 있는 정보를 진정으로 검토할 수 있다면, 당신은 당신 고객들이 더 나은 경험을 할 수 있게 하고, 그것은 고객 충성도를 높이고 당신에게 새로운 고객들을 불러온다.

3. The best topic of the passage would be ____________.

The American Heart Association has said that pet owners are more likely to survive during the first year after a heart attack than people who don't own pets. Also, owning a dog that needs a daily walk can encourage a senior citizen to get some much-needed exercise. People living alone are even likely to eat better when they have a pet. Apparently the act of feeding the cat or dog reminds them that they need nourishment as well. Some studies have also shown that petting an animal causes a decrease in many people's blood pressure.

① Causes of a Heart Attack
② Advantages of Owning a Pet
③ Ways of Lowering Blood Pressure
④ Importance of Walking a Dog Daily

voca survive v. 생존하다   heart attack n. 심장마비   encourage v. 촉진하다
feed v. 먹이를 주다   nourishment n. 영양소   blood pressure n. 혈압

MEMO

3. ② ★

> The American Heart Association has said that **pet owners are more likely to survive during the first year after a heart attack** than people who don't own pets. Also, owning a dog that needs a daily walk can encourage a senior citizen **to get some much-needed exercise.** People living alone are **even likely to eat better** when they have a pet. Apparently the act of feeding the cat or dog reminds them that **they need nourishment as well.** Some studies have also shown that petting an animal **causes a decrease in many people's blood pressure.**

Rudy's 해설

애완견을 기르는 것이 갖는 이점들을 열거식으로 나열하고 있다.

① Causes of a **Heart Attack** (심장마비의 원인들)
② Advantages of **Owning a Pet** (애완견을 기르는 것의 이점들)
③ Ways of Lowering **Blood Pressure** (혈압을 낮추는 방법들)
④ Importance of **Walking a Dog Daily** (매일 개와 산책하는 것의 중요성)

해석

미국 심장 협회(American Heart Association)는 애완동물을 기르는 사람들이 그렇지 않은 사람들보다 심장병이 발병한 후 첫 1년 동안 살아남을 가능성이 더 높다고 말했다. 또한 매일 산책을 시켜줘야 하는 개를 키우면, 나이든 사람들이 자신들에게 절실하게 필요한 운동을 할 수도 있다. 혼자 사는 사람들은 그들이 애완동물을 기를 때 훨씬 더 잘 먹는 경향이 있다. 틀림없이 고양이나 개를 먹이는 행동은 그들 자신도 영양 공급이 필요하다는 것을 상기시키게 된다. 어떤 연구는 또한 동물들을 기르는 것이 많은 사람들의 혈압을 낮춰준다는 것을 보여주었다.

4. The best topic of the passage would be ___________.

> The more complicated our thoughts and emotions, the less effective is language as a tool of expression. This is not a simple matter of style or eloquence, for even the finest speakers and writers, using the most sensitive language, would be incapable of putting certain thoughts into words. For this reason, many people use poetry and music instead of prose. These two forms of communication convey subtle yet powerful meanings that cannot be expressed with ordinary words.

① Uses of Language
② Limitations of Language
③ The Hidden Meanings of Words
④ Words, Poetry, and Music

voca

complicated a. 복잡한	eloquence n. 웅변	put thought into words v. 생각을 말로 전달하다
poetry n. 시, 운문	prose n. 산문	subtle a. 미묘한

MEMO

4. ② ★

> **The more complicated our thoughts and emotions, the less effective is language as a tool of expression.** This is not a simple matter of style or eloquence, for even the finest speakers and writers, using the most sensitive language, would be incapable of putting certain thoughts into words. For this reason, many people use poetry and music instead of prose. These two forms of communication convey subtle yet powerful meanings that cannot be expressed with ordinary words.

Rudy's 해설

첫 줄의 'The more complicated our thoughts and emotions, the less effective is language as a tool of expression.' 주제문으로 볼 수 있는데, 'the 비교급, the 비교급'의 구문이다. 생각이 감정이 복잡해질수록, 그것을 표현하는 언어는 덜 효과적이라는 것을 통해 언어가 가진 한계를 추론할 수 있다. 이어서 모두 재진술 문장들이 연결되어 있다.

① **Uses** of Language (언어의 활용)
② **Limitations** of Language (언어의 한계점들)
③ The **Hidden Meanings** of Words (단어들의 숨어 있는 의미들)
④ **Words, Poetry, and Music** (단어들, 시 그리고 음악)

해석

우리의 생각과 감정이 복잡해질수록 표현의 수단으로서 언어는 덜 효과적인 것이 된다. 이것은 단순히 스타일이나 또는 말을 잘하는 것에 관한 문제가 아니다. 왜냐하면 심지어 가장 섬세한 언어를 사용하는 훌륭한 연설가나 작가조차도 어떤 생각을 언어로 나타내는 것은 불가능하기 때문이다. 이런 이유로 많은 사람들은 산문 대신에 시(詩)나 음악을 이용한다. 이 의사소통의 두 가지 형태는 일상적인 언어로 표현할 수 없는 미묘하지만 강한 의미를 전달한다.

5. The best topic of the passage would be ___________.

America gets 97 % of its limes from Mexico, and a combination of bad weather and disease has sent that supply plummeting and prices skyrocketing. A 40-lb.(18kg) box of limes that cost the local restaurateurs about $20 late last year now goes for $120. In April, the average retail price for a lime hit 56 cents, more than double the price last year. Across the U.S., bars and restaurants are rationing their supply or, like Alaska Airlines, eliminating limes altogether. In Mexico, the value spike is attracting criminals, forcing growers to guard their limited supply of "green gold" from drug cartels. Business owners who depend on citrus are hoping that spring growth will soon bring costs back to normal.

① An Irreversible Change in Wholesale Price of Lime
② Mexican Lime Cartel Spreading to the U.S.
③ Americans Eat More Limes than Ever
④ A Costly Lime Shortage

voca combination n. 조합　plummet v. 폭락하다　skyrocket v. 급등하다　lb n. 파운드
eliminate v. 제거하다　cartel n. 기업연합　citrus n. 감귤류　ration v. 할당하다, 배급하다 n. 할당량

MEMO

5. ④ ★★

> **America gets 97 % of its limes from Mexico, and a combination of bad weather and disease has sent that supply plummeting and prices skyrocketing.** A 40-lb.(18kg) box of limes that cost the local restaurateurs about $20 late last year now goes for $120. In April, the average retail price for a lime **hit 56 cents, more than double the price last year.** Across the U.S., bars and restaurants are rationing their supply or, like Alaska Airlines, **eliminating limes altogether.** In Mexico, the value spike is attracting criminals, forcing growers to guard their limited supply of "green gold" from drug cartels. Business owners who depend on citrus are hoping that spring growth will soon bring costs back to normal.

Rudy's 해설

전형적인 두괄식 구성의 영문으로 서론에서 주제를 제시하고, 주제에 대한 다양한 예시들을 제공하는 구조를 띄고 있다.

도입부 - that supply plummeting and prices skyrocketing (공급이 급락했고 가격이 급등) 내용으로 Topic이다.

중후반부 - 구체적인 수치들을 제시함으로써 작년 대비 올해 라임 가격이 급상승했고, 그것이 어떤 영향을 미치고 있는지에 대한 주제문을 보충해주는 예시문들이다.

① **An Irreversible Change** in Wholesale Price of Lime (라임 소매가격의 되돌릴 수 없는 변화)
② **Mexican Lime Cartel** Spreading to the U.S. (미국으로 번져나가는 멕시코 라임 카르텔)
③ Americans **Eat More Limes** than Ever (미국인들이 전에 보다 라임을 더 많이 소비하다)
④ **A Costly Lime** Shortage (값비싼 라임의 부족)

해석

미국은 라임의 97%를 멕시코에서 들여오는데 악천후와 질병으로 그 공급이 크게 줄고 가격이 폭등하게 되었다. 지난해 말에는 식당 주인들에게 약 20달러 했던 40파운드(18kg) 한 상자의 라임이 이제는 120달러가 되었다. 4월에 라임 하나의 평균 소매가격이 56센트였는데 이는 지난해 가격에 두 배가 넘는다. 미국 전역에 걸쳐 술집과 식당들이 라임 제공을 제한하고 있거나 알라스카 항공처럼 라임을 완전히 없앴다. 멕시코에서는 가격 상승이 범죄자들을 끌어들이고 재배농가들이 자신의 얼마 되지 않는 '녹색 황금'을 마약 카르텔로부터 지켜내게 하고 있다. 감귤에 의존하는 사업자들은 봄철 재배가 빨리 가격을 정상으로 되돌려 주기를 바라고 있다.

6. 다음 글의 요지로 가장 적절한 것은?

Through discoveries and inventions, science has extended life, conquered disease and offered new material freedom. It has pushed aside gods and demons and revealed a cosmos more intricate and awesome than anything produced by pure imagination. But there are new troubles in the peculiar paradise that science has created. It seems that science is losing the popular support to meet the future challenges of pollution, security, energy, education, and food. The public has come to fear the potential consequences of unfettered science and technology in such areas as genetic engineering, global warming, nuclear power, and the proliferation of nuclear arms.

① Science is very helpful in modern society.
② Science and technology are developing quickly.
③ The absolute belief in science is weakening.
④ Scientific research is getting more funds from private sectors.

voca extend v. 연장시키다   push aside v. 추방하다   awesome a. 경이로운
unfettered a. 구속받지 않는   proliferation n. 확산

MEMO

6. ③ ★

Rudy's 해설

전형적인 중괄식 구조의 영문으로 서론에서 화제를 제시하고, 바로 제시한 화제를 반박하면서 주제를 부각시키는 구조를 띄고 있다. 이처럼 서론에서 특정 분야에 대한 긍/부정의 평가가 등장하면, 그 평가에 대한 글쓴이의 찬성/반대가 이어질 가능성이 매우 높다. 중반부에 등장하는 But 이하의 영문이 주제문이다.

① Science is very **helpful** in modern society. (과학은 현대 사회에 대단히 도움이 된다)
② Science and technology are **developing quickly.** (과학은 현대 사회에 대단히 도움이 된다)
③ The absolute **belief** in science is **weakening**. (과학에 대한 절대적인 믿음이 약화되고 있다)
④ Scientific research is **getting more funds** from private sectors.
  (과학 연구가 민간분야로부터 자금 지원을 더 많이 받고 있다)

해석

발견과 발명을 통해서 과학은 생명을 연장했고 질병을 정복했으며 새로운 물질을 자유롭게 이용할 수 있게 해주었다. 과학은 신과 악마를 밀어냈고 순수한 상상에 의해 만들어진 어떤 것보다도 더욱 정교하고 경이로운 우주를 발견했다. 그러나 과학이 창조한 이 독특한 파라다이스에서 새로운 문제들이 등장하고 있다. 과학은 공해. 안전. 에너지, 교육 그리고 식량이라는 미래의 과제들을 해결하는데 사람들의 지지를 잃고 있는 것처럼 보인다. 사람들은 족쇄가 풀린 과학 기술의 유전 공학, 지구 온난화. 원자력 그리고 핵무기 확산 같은 분야들의 잠재적 결과들을 두려워하게 되었다.

7. 다음 글의 제목으로 가장 적절한 것은?

Everyone knows what the Mona Lisa and Michelangelo's David look like - or do we? They are reproduced so often that we may feel we know them even if we have never been to Paris or Florence. Each has countless spoofs — David in boxer shorts or the Mona Lisa with a mustache. Art reproductions are ubiquitous. We can now sit in our pajamas while enjoying virtual tours of galleries and museums around the world via the Web and CD-ROM.

We can explore genres and painters and zoom in to scrutinize details. The Louvre's Website offers spectacular 360-degree panoramas of artworks like the Venus de Milo. Such tours may become ever more multi-sensory by drawing on virtual reality technology, which includes things like goggles and gloves. Lighting and stage set designers, like architects, already use this technology in their work.

① Should We Ban Art Reproductions?
② Why Are Virtual Artworks So Popular?
③ Art : More Widely Accessible Than Ever!
④ Secrets of Vanished Galleries and Museums

voca reproduce v. 재현하다, 복제하다　　countless a. 셀 수 없이 많은　　spoof n. 놀림, 패러디물
ubiquitous a. 어디에나 존재하는　　zoom in v. 확대하다　　scrutinize v. 자세하게 조사하다
spectacular a. 화려한

MEMO

7. ③ ★★

> **Everyone knows what the Mona Lisa and Michelangelo's David look like** — or do we?
> They are reproduced so often that we may feel we know them even if we have never been
> to Paris or Florence. **Each has countless spoofs** — David in boxer shorts or the Mona Lisa
> with a mustache. **Art reproductions are ubiquitous.** We can now sit in our pajamas while
> **enjoying virtual tours of galleries and museums around the world via the Web and
> CD-ROM.**
> We can explore genres and painters and zoom in to scrutinize details. T**he Louvre's
> Website offers spectacular 360-degree panoramas of artworks like** the Venus de Milo.
> Such tours may become ever more multi-sensory by drawing on virtual reality technology,
> which includes things like goggles and gloves. Lighting and stage set designers, like
> architects, already use this technology in their work.

Rudy's 해설

주제유형 중 가장 난이도 높은 형태로 특정한 주제문을 감춘 채, 다양한 예시들을 통해 주제를 보여주고 있다. 두괄식 구성에서 서론에 등장하는 주제문을 생략하고, 예시들만을 열거했다고 이해하면 쉽다.

도입부 - 모나리자와 다비드 상 제시
중반부 - 다양한 패러디가 존재하기에 쉽게 접함. 컴퓨터를 이용해서 쉽게 볼 수 있음.
후반부 - 루브르 박물관도 360도 파노라마를 제공

위와 같은 내용을 토대로 "다양한 경로를 통해 편리하게 우리는 예술작품을 접할 수 있다"는 주제를 추론할 수 있다.

① Should We **Ban** Art Reproductions? (예술 복제를 금지해야만 할까?)
② **Why** Are Virtual Artworks So **Popular**? (왜 가상 예술이 인기가 많을까?)

* ②번을 오답으로 선정할 수도 있는데, 인기가 높다는 것과 누구나 쉽게 접근할 수 있다는 것은 다른 의미이다.
  보기문항의 keyword를 통해 함정문항을 걸러내자.

③ Art : More **Widely Accessible** Than Ever! (과거보다 더 쉽게 접근할 수 있는 예술)
④ **Secrets** of Vanished Galleries and Museums (사라진 화랑과 박물관의 비밀들)

해석

우리 모두는 모나리자와 미켈란젤로의 다비드 상이 어떻게 생겼는지 알고 있다. 그렇지 않은가? 이들 작품은 너무 자주 복제되어 우리가 파리나 플로렌스에 가 본적이 없어도 우리가 안다고 느낄 수 있다. 각각의 작품은 나름 무수히 많은 패러디들. 즉 권투 선수 반바지를 입은 다비드 상 또는 수염이 달린 모나리자가 있다. 미술품 복제는 어디에나 있다. 우리는 지금 파자마를 입고 앉아서 웹과 시디롬을 통해 전 세계의 화랑과 박물관을 가상 여행할 수 있다. 우리는 여러 장르와 화가를 공부할 수도 있고 자세하게 보기 위해서 줌인을 할 수도 있다. 루브르 박물관 웹사이트는 밀로의 비너스 같은 작품에 360도 파노라마를 화려하게 제공하고 있다. 그런 여행은 가상현실 기술을 이용해서 더욱 다감각화 되어 가고 있으며 이런 기술에서는 고글과 글러브 같은 것이 포함된다. 건축가와 같은 조명과 무대 장치 디자이너들은 이미 작업을 할 때 이 기술을 이용하고 있다.

8. What is the main idea of this passage?

The space shuttle Challenger had just taken off for its tenth flight in January 1986 when it exploded in the air and killed all seven people inside. Millions of people around the world were watching the lift-off because schoolteacher Christa McAuliffe was on board. McAuliffe, who had been chosen to be the first teacher in space, was planning to broadcast lessons directly to schools from the shuttle's orbit around Earth. This Challenger disaster led NASA to stop all space shuttle missions for nearly three years while they looked for the cause of the explosion and fixed the problem. They soon discovered that the shuttle had a faulty seal on one of the rocket boosters. Unfortunately, the teacher-in-space program was indefinitely put on hold. So were NASA's plans to send musicians, journalists, and artists to space.

① Schoolteacher Christa McAuliffe's pioneering participation in the space program
② The reason why the American space program was put on hold
③ The importance of the space research and training of astronauts
④ A satire on the unsuccessful or tragic space missions

voca

take off v. 이륙하다	lift-off n. 발사 순간, 상승	on board av. 탑승해 있는	orbit n. 궤도
look for v. 찾다	explosion n. 폭발	faulty a. 결점이 있는, 고장난	seal n. 봉인, 마개
indefinitely av. 무기한적으로	put on hold v. 연기되다		

MEMO

8. ② ★★

> **The space shuttle Challenger had just taken off for its tenth flight in January 1986 when it exploded in the air and killed all seven people inside.** Millions of people around the world were watching the lift-off because schoolteacher Christa McAuliffe was on board. McAuliffe, who had been chosen to be the first teacher in space, was planning to broadcast lessons directly to schools from the shuttle's orbit around Earth. **This Challenger disaster led NASA to stop all space shuttle missions for nearly three years** while they looked for the cause of the explosion and fixed the problem. They soon discovered that the shuttle had a faulty seal on one of the rocket boosters. **Unfortunately, the teacher-in-space program was indefinitely put on hold.** So were NASA's plans to send musicians, journalists, and artists to space.

Rudy's 해설

서론부터 중반까지 우주왕복선 폭발 사고를 기술하고 있다. 중반 이후에는 그것에 대한 여파를 설명하면서, 결론적으로 우주왕복선 프로그램이 중단된 이유를 제시하는 미괄식 구성이다.

도입부 - 챌린저호의 폭발 사고
중반부 - 학교 선생님이 타고 있어 더 큰 관심 집중
후반부 - 사고의 여파로 그 후에 모든 우주왕복선 프로그램 중단

① Schoolteacher **Christa McAuliffe's pioneering participation** in the space program

　　(교사 Christa McAuliffe의 선구자적인 우주 프로그램 참여)

　➡ ①번을 오답으로 착각할 수도 있는데, ①번은 교사의 희생(사망)이 아니라 프로그램 참여에 초점을 두고 있기에 주제가 될 수 없다.

② The **reason** why the American space program was **put on hold** (미국 우주 프로그램이 연기된 이유)

③ The importance of the **space research and training of astronauts** (우주 비행사의 우주 연구와 훈련의 중요성)

④ A **satire** on the unsuccessful or tragic space missions (실패하거나 비극으로 끝난 우주 임무에 대한 풍자)

　➡ ④ 또한 풍자라는 표현이 적절하지 않다.

해석

우주왕복선 챌린저호가 1986년 1월 10번째 비행에 나서기 위해 이륙하는 바로 그때 우주왕복선은 공중에서 폭발했고, 안에 있던 7명 모두 사망했다. 학교선생인 Christa McAuliffe가 타고 있어 전 세계 수백만 명이 이를 지켜보고 있었다. 우주왕복선에 탑승하는 최초의 교사였던 McAuliffe는 왕복선이 지구를 공전할 때 학교로 직접적으로 수업을 중계할 예정이었다. 이 챌린저호의 참사는 나사가 거의 3년 동안 모든 우주왕복선 운항을 중단하게 했고, 동시에 폭발의 원인을 찾아 문제를 해결하게 했다. 나사는 곧 우주왕복선의 로켓 추진체 중 하나에 접합 결함이 있는 것을 알아냈다. 불행하게도 우주교사 프로그램은 무기한 연기되었다. 음악가, 기자 그리고 예술가들을 우주로 보내려던 나사의 계획 또한 무기한 연기되게 되었다.

9. What is the main idea of this passage?

A team of researchers has found that immunizing patients with bee venom instead of with the bee's crushed bodies can better prevent serious and sometimes fatal sting reactions in the more than one million Americans who are hypersensitive to bee stings. The crushed-body treatment has been standard for fifty years, but a report released recently said that it was ineffective. The serum made from the crushed bodies of bees produced more adverse reactions than the injections of the venom did. The research compared results of the crushed-body treatment with results of immunotherapy that used insect venom and also with results of a placebo. After six to ten weeks of immunization, allergic reactions to stings occurred in seven of twelve patients treated with the placebo, seven of twelve treated with crushed-body extract, and one of eighteen treated with the venom.

① A new treatment for people allergic to bee stings
② A more effective method of preventing bee stings
③ The use of placebos in treating hypersensitive patients
④ Bee venom causing fatal reactions in hypersensitive patients

voca

immunizing a. 면역의	venom n. 독액	crushed a. 짓눌린
hypersensitive a. 과민반응의	adverse reaction n. 부작용	immunotherapy n. 면역요법
placebo n. 가짜약 효과	extract n. 추출물	fatal a. 치명적인

MEMO

9. ① ★★

A team of researchers has found that immunizing patients with bee venom instead of with the bee's crushed bodies can better prevent serious and sometimes fatal sting reactions in the more than one million Americans who are hypersensitive to bee stings. The crushed-body treatment has been standard for fifty years, but a report released recently said that it was ineffective. The serum made from the crushed bodies of bees produced more adverse reactions than the injections of the venom did. The research compared results of the crushed-body treatment with results of immunotherapy that used insect venom and also with results of a placebo. After six to ten weeks of immunization, allergic reactions to stings occurred in seven of twelve patients treated with the placebo, seven of twelve treated with crushed-body extract, and one of eighteen treated with the venom.

Rudy's 해설

전형적인 두괄식의 구조로 두 개의 치료법들을 비교하며 기존의 방법 보다 벌의 독으로 치료하는 것이 더 효과적이라는 주장을 하고 있다. 첫 문장이 장문으로 등장했기에, 수험생이 느끼는 난이도가 상대적으로 높게 느껴질 수 있지만, 전반적인 문단의 구조는 '주제+논거'의 간명한 구성으로 이루어져 있어 쉽게 주제를 파악할 수 있다.

도입부 - immunizing patients with bee venom + better prevent - Topic
중반부 - 기존 방법을 비판
후반부 - 기존 방법들과 새로운 방법을 비교, 새로운 방법이 효율적이라는 것을 보여주는 예시.

① **A new treatment** for people allergic to bee stings (벌침에 알레르기가 있는 사람들을 위한 새로운 치료법)

② A more effective method of **preventing** bee stings (벌침을 예방할 수 있는 보다 효과적인 방법)

③ The use of **placebos** in treating hypersensitive patients (벌침에 극도로 민감한 환자들을 위한 위약효과의 활용)

④ Bee venom causing **fatal reactions** in hypersensitive patients (극도로 민감한 환자들에게 벌침이 일으키는 치명적 작용)

해석

과학자들은 벌을 짓이겨 만든 가루 대신 벌의 독으로 환자에게 면역 치료를 하는 것이 벌침에 과민 반응을 보이는 백만 명이 넘는 미국인들에게 심각하고 때로는 치명적인 독 반응을 예방할 수 있다는 사실을 밝혀냈다. 벌 가루 치료가 50년간 표준이었지만 최근에 발표된 한 보고서에 따르면 이는 비효율적이라는 것이다. 벌의 가루로 만들어진 혈청은 벌의 독을 주사하는 것 보다 더 부작용을 일으켰다. 과학자들은 벌 가루 치료 결과와 곤충의 독을 이용한 면역 요법 결과와 그리고 플라시보의 결과와 비교해 보았다. 6~10주간의 면역 치료 후에 벌침의 알레르기 반응이 플라시보로 치료를 받은 12명의 환자 중 7명에게서, 벌 가루 추출물로 치료를 받은 사람 12명 중 7명이, 그리고 독으로 치료를 받은 18명 중의 1명에게서 나타났다.

10. What is the title of this passage?

Late one night, Catherine Ryan Hyde was driving in Los Angeles. In a dangerous neighborhood, her car caught on fire. She got out. Three men ran toward her. She immediately felt afraid of them. They didn't hurt her, though. They put out the fire and called the fire department. When she turned to thank them, they were gone. Years later, that event became the subject of her novel called "Pay It Forward". She never forgot that event. In the book, a teacher asks his students "to think of an idea for world change and put it into action." A boy named Trevor suggested doing kind acts for others. They used his ideas. Trevor's idea works like this. Someone chooses three people and does something nice for each one. In return, the recipients of that favor must do favors for three more people. In 2000, the novel inspired a movie.

① The Kindness of Strangers
② A Trauma in Early Childhood
③ A Movie which Influences Real Life
④ An Unintended Violation of Someone's Idea

 put out v. 불을 끄다   subject n. 주제   pay it forward n. 자신이 받은 은혜를 타인에게 베풀다
put into action v. 실천하다   recipient n. 수혜자

MEMO

10. ① ★

> **Late one night, Catherine Ryan Hyde was driving in Los Angeles.** In a dangerous neighborhood, her car caught on fire. She got out. Three men ran toward her. She immediately felt afraid of them. They didn't hurt her, though. **They put out the fire and called the fire department.** When she turned to thank them, they were gone. Years later, that event became the subject of her novel called "Pay It Forward". She never forgot that event. In the book, a teacher asks his students **"to think of an idea for world change and put it into action."** A boy named Trevor suggested **doing kind acts for others**. They used his ideas. Trevor's idea works like this. Someone chooses three people and does something nice for each one. In return, the recipients of that favor must do favors for three more people. In 2000, the novel inspired a movie.

Rudy's 해설

전형적인 주제문 추론의 구성으로 구체적인 사건을 통해 그것의 결과로 일어난 일들을 제시하고 있다. 이처럼 구체적 일화를 중심으로 제시된 글들은 언제나 주제문 추론 성격이 강하기에 가장 중심이 되는 사건을 중심으로 주제문을 뽑아내야 한다. 낯선 동네에서 받은 친절함을 계기로 소설을 쓰고 추후에 영화로까지 연결되었다는 내용을 토대로 주제를 추론할 수 있다

① The **Kindness** of Strangers (낯선 이의 선행)
② A **Trauma** in Early Childhood (어린 시절의 트라우마)
③ A **Movie** which Influences Real Life (현실에 영향을 주는 영화)
④ An Unintended **Violation** of Someone's Idea (의도치 않게 타인의 생각을 왜곡)

해석

어느 날 밤늦게 Catherine Ryan Hyde는 로스앤젤레스에서 차를 몰고 가고 있었다. 위험한 지역에서 그녀 차에 불이 붙었다. 그녀는 차 밖으로 나왔다. 세 명이 그녀에게 달려왔다. 그녀는 즉각적으로 이들에게서 두려움을 느꼈다. 그러나 그들은 그녀를 해치지 않았다. 그들은 불을 끄고 소방서에 전화를 걸어 주었다. 그녀가 돌아서서 감사를 표하려 했을 때 이들은 이미 가고 없었다. 수 년 뒤 이 사건이 그녀의 소설 'Pay It Forward'(자신이 받은 은혜를 타인에게 베풀다)의 주제가 되었다. 그녀는 그 사건을 잊지 않았다. 그 책 속에서 한 교사가 학생들에게 세계 변화를 위한 아이디어를 생각해서 그것을 행동에 옮겨 줄 것을 요구한다. Trevor라는 한 아이가 남들을 위한 선행을 할 것을 제안했다. 이들은 그의 아이디어를 받아들였다. Trevor의 아이디어는 다음과 같았다. 어떤 사람이 세 명을 골라 이들 각자에게 선행을 하게 된다. 이에 대한 보답으로 그 선행을 받은 사람은 다른 세 사람에게 선행을 해야 한다. 2000년에 이 소설이 한 영화의 모티브가 되었다.

11. What is the main idea of this passage?

It's long been part of folk wisdom that birth order strongly affects personality, intelligence and achievement. However, most of the research claiming that firstborns are radically different from other children has been discredited, and it now seems that any effects of birth order on intelligence or personality will likely be washed out by all the other influences in a person's life. In fact, the belief in the permanent impact of birth order, according to Toni Falbo, a social psychologist at the University of Texas at Austin, comes from the psychological theory that your personality is incorrect. The better, later and larger studies are less likely to find birth order a useful predictor of anything. When two Swiss social scientists, Cecile Ernst and Jules Angst, reviewed 1,500 studies a few years ago, they concluded that "birth order differences in personality are nonexistent in our sample. In particular, there is no evidence for a firstborn personality."

① A firstborn child is kind to other people.
② Birth order influences a person's intelligence.
③ An elder brother's personality is different from that of his younger brother.
④ Birth order has nothing to do with personality.

 **voca** folk wisdom n. 민간의 지혜　　firstborn n. 장남, 장녀　　radically av. 급진적으로　　discredit v. 불신하다
wash out v. 제거하다　　birth order n. 출생순서　　predictor n. 예언자

MEMO

11. ④ ★

> It's long been part of folk wisdom that birth order strongly affects personality, intelligence and achievement. However, most of the research claiming that firstborns are radically different from other children has been discredited, and it now seems that any effects of birth order on intelligence or personality will likely be washed out by all the other influences in a person's life. In fact, the belief in the permanent impact of birth order, according to Toni Falbo, a social psychologist at the University of Texas at Austin, comes from the psychological theory that your personality is incorrect. The better, later and larger studies are less likely to find birth order a useful predictor of anything. When two Swiss social scientists, Cecile Ernst and Jules Angst, reviewed 1,500 studies a few years ago, they concluded that **"birth order differences in personality are nonexistent in our sample.** In particular, there is no evidence for a firstborn personality."

Rudy's 해설

첫 문장에서 일반론을 제시하고, 바로 however을 통해 기존 주장을 반박하며 자신의 주장을 부각시키는 전형적인 중괄식의 글이다.

도입부 - 출생순서와 성격, 지능 등은 관련성이 있다는 기존의 주장 제시
중반부 - however 통해 기존의 주장에 대한 신빙성이 약하다는 것을 제시 (Topic)
후반부 - 예시를 통해 자신의 주장을 강화시킴

① **A firstborn child is kind** to other people. (첫 아이는 다른 사람들에게 친절하다)
② Birth order influences a person's **intelligence**. (출생 순서는 사람의 지능에 영향을 미친다)
③ **An elder brother's personality is different** from that of his younger brother.
   (형의 성격은 동생의 성격과는 다르다)
④ Birth order has nothing to do with **personality**. (출생 순서는 성격과 아무런 관계가 없다)

해석

출생 순서가 성격, 지능 그리고 성취에 상당한 영향을 끼친다는 것이 오랫동안 일반 사람들이 갖는 생각이었다. 그러나 대부분의 연구가 첫 자녀가 다른 자녀들과 근본적으로 다르다는 주장이 의심을 받게 되었고 이제는 출생 순서가 지능이나 성격에 미치는 어떤 영향도 한 사람의 인생에서 모든 다른 영향력 있는 요소에 의해서 약화되는 것처럼 보인다. 사실 오스틴 텍사스 대학의 사회 심리학자인 토니 팔도에 따르면 출생 순서의 영구적 영향에 대한 믿음은 성격이 부정확하다는 심리적 이론에서 유래한다. 더 나은, 더 향후의 그리고 더 광범위한 연구가 출생 순서가 어떤 것도 유용하게 예측할 수 있게 해주는 가능성이 낮다는 것을 알아낼 것이다. 두 명의 사회학자 Cecile Ernst 그리고 Jules Angst가 몇 년 전 1,500건의 연구를 검토해 본 결과, 이들은 "성격의 출생 순서 차이가 우리의 샘플에서는 존재하지 않았으며 특히 첫 아이의 성격이라는 것에 대한 증거는 없다."는 결론을 내렸다.

12. The title below that best expresses the ideas of this passage is ___________.

In trying to learn the meaning of books, we can dip into the books themselves, for men have vied with each other through the generations in eloquent praise for literary creation. Plato looks upon books as immortal sons deifying their sires, Bovee calls them embalmed minds, Channing refers to them as the voices of the distant and the dead, making us heirs of the spiritual life of past ages. Books are lighthouses erected in the great sea of time, says Whipple. In the words of Addison, they are the legacies that genius leaves to mankind. Their value for us? Channing answers: Books are standing counselors and preachers, always at hand and always disinterested, ready to repeat their lesson as often as we please. And Bulwer cautions, they are but wastepaper unless we spend in action the wisdom we get from thought.

① Admiration for Books
② Why Plato Endures
③ The Values of Contemporary Books
④ Thought vs. Action in Books

voca dip into v. 푹 빠지다   vie with v. 경쟁하다   immortal a. 불멸의   deifying a. 신성한
sire n. 신, 폐하   embalmed a. 썩지 않는   at hand av. 곁에 있는   wastepaper n. 쓰레기

MEMO

12. ① ★

In trying to learn the meaning of books, **we can dip into the books themselves,** for men have vied with each other through the generations in eloquent praise for literary creation. Plato looks upon books as immortal sons deifying their sires, Bovee calls them embalmed minds, Channing refers to them as the voices of the distant and the dead, making us heirs of the spiritual life of past ages. Books are lighthouses erected in the great sea of time, says Whipple. In the words of Addison, they are the legacies that genius leaves to mankind. Their value for us? Channing answers: Books are standing counselors and preachers, always at hand and always disinterested, ready to repeat their lesson as often as we please. And Bulwer cautions, they are but wastepaper unless we spend in action the wisdom we get from thought.

Rudy's 해설

전형적인 두괄식 구조의 글이다.
도입부 - 책에 대한 찬양 (literary creation = books)
중~후반부 - 플라톤, 보비, 채닝…. 위대한 사상가들의 책에 대한 찬양. (예시)

① **Admiration** for Books (서적들에 대한 찬양)
② Why **Plato** Endures (플라톤이 지속되는 이유)
③ The Values of **Contemporary** Books (최신 서적들의 가치)
④ **Thought vs. Action** in Books (책 속에 있는 생각과 행동의 대립)

해석

우리는 책이 지닌 의미를 파악하려고 노력하는 중에 책 자체에 몰입할 수 있다. 왜냐하면 과거에서 현재에 이르기까지 사람들은 앞 다투어 글로 쓰인 서적들을 유창한 말로 예찬해 왔기 때문이다. 플라톤은 책을 자신의 선조를 신성시하는 불사의 지식들로 생각했으며, 보비는 부패하지 않는 정신이라 불렀고. 채닝은 우리를 지난 시대의 정신적 삶의 계승자로 만들어 주는 아득한 과거의 죽은 자들의 목소리라고 책들을 칭했다. 휘플의 말에 따르면 책은 거대한 시간의 바다에 세워진 등대이다. 그리고 에디슨의 말에 따르면 책은 천재가 인류에게 물려주는 유산이다. 우리에게 있어서 책이 지니는 가치는 항시 곁에 가까이 있으면서 아무런 사심 없이 우리가 원할 때는 언제든지 반복해서 교훈을 알려주고자 하는 고정 상담자이자 설교자의 역할을 하는 것이 바로 책이라고 채닝은 대답하고 있다. 그런데 벌워는 우리가 사고를 통해서 얻은 지혜를 실제의 행동으로 활용하지 못한 경우 책은 휴지에 불과하다고 경고하고 있다.

13. **What is the main idea of this passage?**

Among the linguistic varieties, regional varieties are probably the type most familiar to you. Regardless of our native language, we can identify almost immediately if a stranger is not from our part of the country by the person's accent or regional pronunciation. In the United States, for example, the Standard American English pronunciation of the words "car" and "park" is KAR and PARK. Natives of Massachusetts, however, like many speakers in the United Kingdom drop the "r" when it is not followed by a vowel and pronounce the words as KA and PAK. Regional differences are also reflected, but less frequently, in grammar and the lexicon. For example, speakers in the United Kingdom say, "We haven't got today's post," while U.S. speakers say, "we don't have today's mail."

① How to identify a stranger
② Causes for linguistic variation
③ Regional differences in language
④ Dropping "r" among English native speakers
⑤ Differences between British and American English

voca   linguistic a. 언어의   variety n. 변화, 종류   drop v. 생략하다   vowel n. 모음   lexicon n. 사전

MEMO

13. ③ ★

> **Among the linguistic varieties, regional varieties are probably the type most familiar to you.** Regardless of our native language, we can identify almost immediately if a stranger is not from our part of the country by **the person's accent or regional pronunciation.** In the United States, for example, the Standard American English pronunciation of the words "car" and "park" is KAR and PARK. Natives of Massachusetts, however, like many speakers in the United Kingdom drop the "r" when it is not followed by a vowel and pronounce the words as KA and PAK. Regional differences are also reflected, but less frequently, in grammar and the lexicon. For example, speakers in the United Kingdom say, "We haven't got today's post," while U.S. speakers say, "we don' have today's mail."

Rudy's 해설

두괄식 구조로 영문이다. 언어의 변형들 중에서 사투리가 가장 익숙하다고 주장하고, 이후에 이것에 대한 예시와 논거들을 제시하고 있다. 서론에 'the type most familiar to you'처럼 최상급이 등장하는 경우에 주제문이 될 가능성이 매우 높다.

① How to **identify a stranger** (수상한 사람을 알아보는 방법)
② **Causes** for linguistic variation (지역적 방언이 생기는 원인들)
③ **Regional differences** in language (언어에서 지역적 사투리들)
④ **Dropping 'r'** among English native speakers (영어 원어민들 사이에서 'r'를 생략하는 것)
⑤ **Differences** between British and American English (영국과 미국 영어 사이의 차이점들)

해석

지역적 변형(사투리)이 언어의 변형들 중 사람들에게 가장 잘 알려진 것이다. 모국어와 상관없이 우리는 낯선 사람의 억양이나 지역적 발음으로 어느 지방 출신인지를 구분할 수 있다. 예를 들어, 'car'와 'park'라는 단어의 표준 미국 영어 발음은 KAR와 PARK이다. 그러나 영국의 많은 화자들처럼 매사추세츠 지역 사람들도 뒤에 모음이 오지 않으면 'r'을 빼고 KA와 PAK처럼 단어를 발음한다. 지역적 차이는 문법과 사전(어휘)에도 반영되어 있지만 빈번하지는 않다. 예를 들어 영국의 화자는 "We haven't got today's post"라고 하는 반면 미국 화자들은 "We don't have today's mail"이라고 한다.

14. The title that best expresses the ideas of the passage is ___________ .

Democratic theory is in a condition today akin to that of theoretical physics when Einstein began his speculations at the turn of the century. The accepted doctrine at that time was in the main what Newton had enunciated two centuries earlier. Fundamental to his thinking were the concepts of space and time. Newton had conceived of each as distinct from the other. Both, in his view, were absolutes. Though 19th-century research had yielded results which Newtonian doctrine did not satisfactorily explain, Newton's image of the universe had not yet been reformulated. That reformulation was what Einstein achieved. His inspiration lay in treating space and time not as separate concepts, but as one, fused by him into space-time. Furthermore, this integrated concept was considered relative, not absolute. What space and time have been to physics, liberty and equality have been, and still are, to democratic theories. More than any others, these twin ideals serve as our basic concepts. If one tries to compress the ethos of democracy into the briefest summary, it will run something like this: democracy is the form of government which combines for its citizens as much freedom and as much equality as possible.

① Newton vs. Einstein
② Physics and the Philosophy of Democracy
③ The Relativity of democracy
④ Democratic Theory: Liberty & Equality

voca

akin a. 유사한	speculation n. 숙고, 추론	enunciate v. 발표하다	compress v. 압축하다
yield v. 낳다	reformulate v. 재정립하다	integrated a. 통합된	ethos n. 특징
conceive of v. 상상하다, 생각하다			

MEMO

14. ④ ★★★

Democratic theory is in a condition today akin to that of theoretical physics when Einstein began his speculations at the turn of the century. The accepted doctrine at that time was in the main what Newton had enunciated two centuries earlier. Fundamental to his thinking were the concepts of space and time. Newton had conceived of each as distinct from the other. **Both, in his view, were absolutes.** Though 19th-century research had yielded results which Newtonian doctrine did not satisfactorily explain, Newton's image of the universe had not yet been reformulated. That reformulation was what Einstein achieved. **His inspiration lay in treating space and time not as separate concepts, but as one, fused by him into space-time.** Furthermore, this integrated concept was considered relative, not absolute. What space and time have been to physics, liberty and equality have been, and still are, to democratic theories. More than any others, these twin ideals serve as our basic concepts. If one tries to compress the ethos of democracy into the briefest summary, it will run something like this : **democracy is the form of government which combines for its citizens as much freedom and as much equality as possible.**

Rudy's 해설

미괄식 구성의 영문이다. 서론부터 중간까지 등장하는 이론물리학의 역사에 대한 내용은 민주주의 이론에서 자유와 평등을 설명하기 위한 예시이다. 물리학에서 시간과 공간에 대한 개념이 핵심인 것처럼, 민주주의 이론에서도 자유와 평등의 개념이 핵심이라는 것이 주제이다.

'What space and time have been to physics, liberty and equality have been, and still are, to democratic theories.' 주제문으로 'what C to D, A to B'의 구문으로, 언제나 A와 B의 관계를 강조하는 문형이다.

① Newton vs. Einstein
② **Physics** and the Philosophy of Democracy (물리학과 민주주의 철학)
③ The **Relativity** of democracy (민주주의의 상대성)
④ Democratic Theory : **Liberty & Equality** (민주주의 이론 : 자유와 평등)

해석

민주주의 이론이 오늘날 놓여 있는 상황은 아인슈타인이 현 세기로 바뀌는 시점에 연구를 시작했을 때의 이론 물리학의 상황과 유사하다. 그 당시 받아들여진 이론은 주로 뉴턴이 2세기 전에 발표한 것이었다. 그의 이론에 근본을 이루는 것은 공간과 시간에 대한 개념이었다. 뉴턴은 이들이 각각 별개라고 생각했다. 그의 견해에 의하면, 시간과 공간은 절대적인 것이었다. 19세기의 연구는 뉴턴의 이론이 만족스럽게 설명하지 못하는 결과들을 낳았지만, 뉴턴의 우주관은 아직 재정립되지 않았다. 그것을 재정립한 것은 아인슈타인이 이룬 것이었다. 그의 영감은 공간과 시간을 별개의 개념으로 취급하지 않고, 시공간이라는 하나의 개념으로 통합한 것이다. 더 나아가, 이 통합된 개념을 그는 절대적인 것이 아닌 상대적인 것으로 보았다. 공간, 시간과 물리학의 관계는, 자유, 평등과 민주주의 이론의 관계와 동일하다. 다른 어떤 것보다도, 이 한 쌍의 이상(자유와 평등)은 민주주의의 기본 개념 역할을 한다. 만일 누군가가 민주주의 정신을 함축해서 가장 간단하게 요약하려 한다면, 그것은 다음과 비슷한 것이 될 것이다 : 즉, 민주주의는 시민들에게 최대한의 자유와 평등을 함께 제공하는 정치 형태이다.

15. **The best title of the passage would be ___________ .**

It is a safe assumption that the first time five thousand male human beings were ever gathered together in one place, they belonged to an army. That event probably occurred around 7,000 BC. The first army almost certainly carried weapons no different from those that hunters had been using on animals for thousands of years previously. Its strength did not lie in mere numbers. The multitude of men obeyed a single commander and killed his enemies to achieve his goals. It was the most awesome concentration of power the human world had ever seen, and nothing except another army could hope to resist it. The battle that occurred when two such armies fought has little in common with the clashes of primitive warfare. When the packed formations of well-drilled men collided on the forgotten battlefields of the earliest kingdoms, what happened was quite impersonal. It was not the traditional combat between individual warriors. The soldiers were pressed forward by the ranks behind them against the anonymous men in that part of the enemy line facing them.

① Innate Aggressiveness in Human Beings
② The Origin of War
③ Decline of Ancient Civilization
④ The Psychology of Heroism
⑤ The Birth of Democracy

multitude n. 다수   awesome a. 놀라운, 경이로운   resist v. 저항하다   clash n. 충돌

packed a. 꽉 찬   formation n. 진열, 대열   well-drilled a. 숙련된   collide v. 충돌하다

anonymous a. 무명의   have little in common with v. 공통점이 없다

MEMO

15. ② ★★

> **It is a safe assumption that the first time five thousand male human beings were ever gathered together in one place, they belonged to an army.** That event probably occurred **around 7,000 BC.** The first army almost certainly carried weapons no different from those that hunters had been using on animals for thousands of years previously. Its strength did not lie in mere numbers. **The multitude of men obeyed a single commander and killed his enemies** to achieve his goals. It was the most awesome concentration of power the human world had ever seen, and nothing except another army could hope to resist it. The battle that occurred when two such armies fought has little in common with the clashes of primitive warfare. When **the packed formations of well-drilled men** collided on the forgotten battlefields of the earliest kingdoms, what happened was quite impersonal. **It was not the traditional combat between individual warriors.** The soldiers were pressed forward by the ranks behind them against the anonymous men in that part of the enemy line facing them.

Rudy's 해설

주제문 추론의 구조로 특정 주제문이 등장하지 않고, 전쟁의 기원을 군대의 형성을 통해서 설명하고 있다. 첫줄부터 마지막까지 기존 전투나 개별적인 싸움과는 다른 훈련받은 군대들의 전투에 대해서 설명하고 있다. 이런 군대의 형성을 통해서 어떻게 조직적인 전쟁이 발생하게 되었는지를 추론할 수 있다.

* 서론에 '7,000 BC' 같은 특정 연도가 등장하면, '기원, 시작, 역사, 유례' 등이 주제가 될 가능성이 높다.

① **Innate Aggressiveness** in Human Beings (인간의 내재적인 공격성)
② **The Origin** of War (전쟁의 기원)
③ **Decline** of Ancient Civilization (고대 문명의 쇠퇴)
④ The Psychology of **Heroism** (영웅주의 심리학)
⑤ The Birth of **Democracy** (민주주의의 탄생)

해석

오천 명의 남성이 처음으로 한 자리에 모였을 때, 그들은 한 군대에 소속되었다고 해도 크게 틀리지 않을 것이다. 그러한 일은 아마도 기원전 7,000년경이었을 것이다. 최초의 군대는 거의 확실하게 사냥꾼들이 그 이전 수천 년 간 동물에게 사용해왔던 무기들과 별 차이가 없는 무기들을 갖고 있었다. 그 군대의 힘은 단순한 숫자가 아니었다. 다수의 병들이 한 명의 지휘관에 복종했으며 그의 목적을 성취하기 위해 적을 살해하였다. 그것은 인류가 그때까지 목격하였던 가장 엄청난 힘의 집중이었고, 오로지 다른 군대만이 그 군대에 대적할 수 있었다. 두 군대가 격돌할 때 일어났던 전투는 원시적인 전투와는 공통점이 거의 없었다. 잘 훈련된 병사들로 이루어진 꽉 찬 대형들이 고대 왕국들의 잊힌 전장에서 격돌했을 때 벌어진 일은 지극히 비개인적인 것이었다. 그것은 개인적으로 전사들 사이에서 일어났던 전통적인 전투는 아니었다. 병사들은 그들 뒤의 대열에 밀려 그들을 마주하는 적진속의 익명의 사람들을 향하여 앞으로 밀려 나갔던 것이었다.

16. 주제문으로 가장 적절한 것은?

China is launching a national online marriage database to fight bigamy, a move that has raised concerns among millions of Chinese about protection of privacy. The Chinese government's announcement that it plans to make the database available next year comes amid reports that hackers gained access to the personal information of 6 million users of the China Software Developer Network. The hacking triggered widespread panic in China, and some Chinese citizens raised questions about the safety of the anticipated marriage database. The Ministry of Civil Affairs dismissed concerns, saying more than 20 provinces have already digitized local marriage registrations. The ministry says a centralized database will make it harder for people to commit bigamy.

① China is developing a huge scale association of software developers.
② Marriage database raises privacy concerns among Chinese.
③ Chinese hackers are causing international problems worldwide.
④ China has had no database of marriage till now.
⑤ The new marriage database will result in a rapid population growth.

voca launch v. 시작하다   bigamy n. 중혼(이중결혼)   raise concern v. 우려를 낳다

dismiss v. 무시하다, 해산시키다

MEMO

16. ② ★★

Rudy's 해설

전형적인 두괄식 구성의 영문이다.
서론에서 중국 정부가 중혼을 금지하기 위해 온라인 데이터베이스를 구축하고 있고, 이것은 많은 사람들의 사생활 침해에 대한 우려를 일으키고 있다고 한다. 이어서 중국 정부의 데이터베이스 구축을 위한 과정과 이 과정에서 발생하는 해커 등의 침입, 이것에 대한 사람들의 우려 등의 예시와 부연 문장들이 연결되는 구조이다.

① China is developing a **huge scale association** of software developers.
　(중국은 소프트 개발업자들과 광범위한 연합을 형성하고 있다)

② **Marriage database** raises **privacy concerns** among Chinese.
　(결혼 데이터베이스는 중국인들 사이에서 사생활에 대한 우려를 낳고 있다)

③ **Chinese hackers** are causing international problems worldwide.
　(중국 해커들은 국제적인 문제들을 야기하고 있다)

④ China has had **no database of marriage** till now.
　(중국은 지금까지 결혼에 대한 데이터베이스가 없었다)

⑤ The new marriage database will result in a **rapid population growth**.
　(새로운 결혼 데이터베이스는 급격한 인구 증가를 가져올 것이다)

해석

중국은 중혼과 사우기 위해 전국적인 온라인 데이터베이스 사업을 시작하고 있다. 이 조치는 수백만 명의 중국인들에게 사생활 보호에 대한 걱정을 불러 일으켰다. 중국 정부의 내년까지 데이터베이스를 구축하겠다는 계획 발표는, 중국 소프트웨어 개발업자 네트워크(China Software Developer Network)의 6백만 이용자들에 대한 개인적인 정보에 해커들이 접근했다는 지난 주 발표들이 있었던 도중에 나왔다. 이 해킹은 중국에서 광범위한 패닉을 불러 일으켰고, 몇몇 중국 시민들은 예정된 결혼 데이터베이스의 안전에 대한 문제를 제기하였다. 민정부는 이러한 걱정을 무시하며, 20개 이상의 성(省)들이 이미 지역의 결혼 등록을 디지털화 했다고 말했다. 민정부는 중앙화된 데이터베이스가 사람들로 하여금 중혼을 저지르는 일을 더욱 어렵게 만들 것이라고 말했다.

17. The best title of the passage would be ___________.

Environmental degradation and exploitation are feminist issues because an understanding of them contributes to an understanding of the oppression of women. In India, for example, both deforestation and reforestation through the introduction of monoculture species tree (e.g., eucalyptus) intended for commercial production are feminist issues because the loss of indigenous forests and multiple species of trees has drastically affected rural Indian women's ability to maintain a subsistence household. Indigenous forests provide a variety of trees for food, fuel, fodder, household utensils, dyes, medicines, and income-generating uses, while monoculture species forests do not. Looking at the global impact of environmental degradation on women' lives suggests important respects in which environmental degradation is a feminist issue.

① The relationship between environmental change and women's lives
② The development plan of the rural areas in India
③ The reason to support the women of the underdeveloped countries
④ The global issue of deforestation in the underdeveloped countries

voca

degradation n. 악화, 타락	exploitation n. 개발, 착취	deforestation n. 산림벌채
reforestation n. 재식림	monoculture n. 단일 재배종	subsistence household n. 최저생계
indigenous a. 고유의	fodder n. 사료	utensil n. 용품

MEMO

17. ① ★★

> **Environmental degradation and exploitation are feminist issues** because an **understanding of them contributes to an understanding of the oppression of women.** In India, for example, **both deforestation and reforestation** through the introduction of monoculture species tree (e.g., eucalyptus) intended for commercial production are **feminist issues** because the loss of indigenous forests and multiple species of trees has drastically affected rural Indian women's ability to maintain a subsistence household. Indigenous forests provide a variety of trees for food, fuel, fodder, household utensils, dyes, medicines, and income-generating uses, while monoculture species forests do not. Looking at the global impact of environmental degradation on women' lives suggests important respects in which environmental degradation is a feminist issue.

Rudy's 해설

전형적인 두괄식 구조이다.
환경 악화와 개발이 여성들의 문제라고 서론에서 제시하고, for example 통해서 예시들이 연결되어 있다.

① **The relationship** between environmental change and women's lives
   (환경의 변화와 여성들의 생활의 관계)

② **The development plan** of the rural areas in India
   (인도에서 농촌 지역들의 발전 계획)

③ **The reason to support the women** of the underdeveloped countries
   (저개발국가들의 여성들을 원조해야 하는 이유)

④ **The global issue of deforestation** in the underdeveloped countries
   (저개발국가들에서 발생하는 산림벌채의 국제적인 문제)

해석

환경 악화와 개발의 문제를 이해하는 것이 여성 억압을 이해하는 데 일조하기에, 그러한 문제들은 여권신장운동의 중요한 주제들이다. 예를 들면, 인도에서는 삼림벌채와, 상업용 생산을 위해 단일재배종나무(예로 유칼리투스)를 식수하는 재조림이 여성 문제가 되고 있는데 이는 자생림과 다양한 수종의 상실이 자급자족으로 가족의 생계를 꾸려가는 시골지역 인도 여성들의 능력에 심각하게 영향을 끼쳤기 때문이다. 자생림은 식량, 연료, 사료, 가정용품, 염료, 약, 그리고 소득을 낳는 여러 용도로 쓰이는 다양한 나무를 제공하는 반면에 단종재배 산림은 그렇지 않다. 환경 악화가 여성의 삶에 끼치는 전 세계적인 영향을 한번 살펴보면 그것이 여권신장운동의 중요한 측면들을 보여준다.

18. What is the main topic of the passage?

One of the worst problems facing American women is that overall they earn about 75 cents for every dollar earned by American men. In spite of the ideal of equality of opportunity, women generally earn less money than men for doing the same work. Minorities often face similar discrimination in the workplace, earning less money than white workers with similar jobs. In the future, the white American male may no longer have advantages over other workers. The recent arrival of millions of new immigrants is changing the makeup of the American workforce. A study done in 1987 called Workforce 2000 provided the first predictions that more women and members of minority groups would be entering the workforce than white males. The study predicted that five-sixths of the net additions to the workforce by the year 2000 would be non-whites, women, and immigrants; only 15 percent would be white males.

① The changing American Workforce
② The inequality of opportunity in American Workforce
③ The makeup of American Workforce
④ The problem facing American Women

voca overall av. 전반적으로   discrimination n. 차별   makeup n. 구성   workforce n. 노동인구

MEMO

18. ① ★★★

> **One of the worst problems facing American women is that overall they earn about 75 cents for every dollar earned by American men.** In spite of the ideal of equality of opportunity, women generally earn less money than men for doing the same work. Minorities often face similar discrimination in the workplace, earning less money than white workers with similar jobs. **In the future, the white American male may no longer have advantages over other workers.** The recent arrival of millions of new immigrants is **changing the makeup of the American workforce**. A study done in 2015 called Workforce 2020 provided the first predictions that more women and members of minority groups would be entering the workforce than white males. The study predicted that five-sixths of the net additions to the workforce by the year 2020 would be non-whites, women, and immigrants; only 15 percent would be white males.

Rudy's 해설

난이도 있는 중괄식 구성의 영문이다.
서론에만 집중하면 불평등에 초점이 있는 B를 정답으로 오인하기가 쉽다. 본문의
'In the future, the white American male may no longer have advantages over other workers.' 문장을
'전환'으로 이해해야 한다. 즉, no longer를 통해 기존에는 불평등이 많이 존재했지만, 향후에는 노동시장의 구성
이 변하기 때문에 백인 남성들이 더 이상 유리한 위치에 있지 않다는 내용이 연결되어 있다. 기존 백인남성들에게
유리한 노동시장이 향후에는 변할 것이라는 것이 주제에 해당한다.

① The **changing** American Workforce (변화하는 미국 노동력)
② The **inequality of opportunity** in American Workforce (미국 노동계에서 기회의 불평등)
③ The **makeup** of American Workforce (미국 노동력의 구성)
④ The **problem** facing American Women (미국 여성들이 직면하고 있는 문제)

해석

미국 여성들이 직면한 최악의 문제들 중 하나는 전반적으로 미국 남성들이 1달러를 벌 때 그들은 75센트 가량을 번다는 것이다. 기회의
평등이라는 이상에도 불구하고, 여성들은 일반적으로 같은 일을 하고서도 남성보다 덜 번다. 소수인종들도 직장에서 대개 비슷한 차별에
직면하여, 비슷한 일을 하는 백인 노동자들보다 적게 번다. 앞으로는 더 이상 미국 백인남성들이 다른 노동자들에 비해 유리한 이점을 갖
지 못할 수도 있다. 최근 수백만의 새로운 이민자들의 출현은 미국 노동력의 구성을 변화시키고 있다. 「노동인구 2020(Workforce 2020)」
이라 불리는 2015년에 행해진 연구는 백인 남성들보다 더 많은 여성과 소수인종출신들이 노동인구에 들어오게 될 것이라는 첫 예측을
내놓았다. 그 연구는 2020년까지 순수한 추가 노동인구의 6분의 5가 백인이 아닌 사람, 여성, 그리고 이민자들이고, 단지 15퍼센트만이
백인 남성들일 것이라고 예측했다.

19. What is the main topic of the passage?

Can there be a godless morality? Can we assert a superiority for a godless morality over traditional, theistic, and religious morality? Yes, I think that this is possible. Unfortunately, few people even acknowledge the existence of godless moral values, much less their significance. When people talk about moral values, they almost always presume that they have to be talking about religious morality and religious values. The very possibility of godless, irreligious morality is ignored.

A popular claim among religious theists is that atheists have no basis for morality - that religion and gods are needed for moral values. Usually they mean their religion and god, but sometimes they seem willing to accept any religion and any god. The truth is that neither religions nor gods are necessary for morality, ethics, or values. They can exist in a godless, secular context, as demonstrated by all the godless atheists who lead moral lives every day.

① Moral values without gods
② Traditional views on morality
③ Public lives with secular morality
④ The presumption of religious morality

voca morality n. 윤리, 도덕　theistic a. 유신론의　presume v. 가정하다　atheist n. 무신론자

MEMO

19. ① ★

Rudy's 해설

서론이 의문문으로 시작하고 있다면 의문문 자체 또는 이것에 대한 대답이 주제가 될 가능성이 매우 높다. 서론에서 질문을 던지는 것은 독자의 관심을 유도하는 전형적인 방법으로, 글쓴이가 주제를 부각시키기 위한 대표적인 방법이다.

신이 없는 도덕이 가능할 것인지를 묻고, 가능하다는 것이 작가의 주장이기에, 이것이 주제가 된다.

① **Moral values without gods** (신을 배제한 도덕적 가치들)
② **Traditional views** on morality (도덕에 대한 전통적인 견해들)
③ **Public lives** with secular morality (세속적 도덕을 지닌 대중들의 생활)
④ The **presumption** of religious morality (종교적 도덕성의 전제)

해석

신의 존재를 부인하는 도덕이 있을 수 있을까? 신이 없는 도덕이 전통적이고, 유신론적이며, 종교적인 도덕보다 더 우월하다고 주장할 수 있을까? 그렇다. 내 생각에 그것은 가능한 일이다. 불행히도, 신을 배제한 도덕적 가치들의 중요성은 말할 것도 없고 그런 가치가 존재한다는 사실조차 받아들이고 있는 사람들은 거의 없다. 사람들은 도덕적 가치에 대해서 이야기할 때는 거의 항상 종교적 도덕과 종교적 가치들에 대해서 말해야 한다고 가정한다. 신이 없는, 비종교적인 도덕의 가능성 자체를 무시하는 것이다.

유신론자들의 일반적 주장은 무신론자들은 도덕이 성립할 수 있는 기반이 없다는 것이다. 즉, 도덕적 가치가 존재하기 위해서는 종교와 신이 있어야 한다는 것이다. 보통 그것들은 그들 자신의 종교와 신을 의미하지만, 때로는 어떠한 종교나 신이라도 기꺼이 받아들이는 것처럼 보이기도 한다. 실은 도덕, 윤리, 또는 가치를 위해서는 종교도 신도 필요하지 않다. 매일 윤리적인 삶을 살아가고 있는 모든 무신론자들에 의해 입증되고 있듯이 도덕과 윤리와 가치는 신이 없는, 세속적인 환경에서도 얼마든지 존재할 수 있다.

20. Which of the following is the topic of the passage?

Intuition is not a quality which everyone can understand. As the unimaginative can not understand a work of fiction until they discover what flesh-and-blood individual served as a model for the hero or heroine, so even many scientists belittle scientific intuition. They cannot believe that a blind man can see anything that they cannot see. They rely utterly on the celebrated inductive method of reasoning; the facts are to be exposed, and we are to conclude from them only what we must. This is a very sound rule for mentalities that can do no better. But it is not certain that the really great steps are made in this plodding fashion. Dreams are made of quite other stuff, and if there are any left in the world who do not know that dreams have remade the world, then there is little that we can teach them.

① Sound scientific reasoning
② The results of scientific intuition
③ The weakness of dreamers
④ The value of intuition

voca	intuition n. 직관	fiction n. 허구, 소설	flesh-and-blood a. 살아 있는	belittle v. 경시하다
	celebrated a. 저명한	inductive n. 귀납법의	sound rule n. 합리적인 원칙	plodding a. 단계적인

MEMO

20. ④ ★★

> **Intuition is not a quality which everyone can understand.** As the unimaginative can not understand a work of fiction until they discover what flesh-and-blood individual served as a model for the hero or heroine, **so even many scientists belittle scientific intuition.** They cannot believe that a blind man can see anything that they cannot see. They rely utterly on the celebrated inductive method of reasoning; the facts are to be exposed, and we are to conclude from them only what we must. This is a very sound rule for mentalities that can do no better. **But** it is not certain that the really great steps are made in this plodding fashion. **Dreams are made of quite other stuff**, and if there are any left in the world who do not know that dreams have remade the world, then there is little that we can teach them.

Rudy's 해설

주제문 추론의 구성이다.
서론에서 중반까지 추론은 모든 사람들이, 심지어 과학자들도 간과한다고 주장한다.
하지만, But을 통해서 전환 구조를 보여주고 있다. 꿈이 세상을 다시 만든다는 주장이 주제로, 결국 꿈 = 직관을 통해서 세상의 커다란 발전이 이루어진다는 것이다. 따라서 직관의 가치를 주제로 추론하는 것이 가장 적절하다.

① Sound **scientific reasoning** (합리적인 과학적 추론)
② The **results** of scientific intuition (과학적 추론의 결과물들)
③ The **weakness of dreamers** (공상가의 약점)
④ The **value** of intuition (직관의 가치)

해석

직관이란 모든 사람이 이해할 수 있는 자질이 아니다. 상상력이 없는 사람들은 살아 있는 한 개인이 영웅의 모델로서 역할을 한다는 것을 발견할 때까지는 소설 작품을 이해할 수 없듯이, 많은 과학자들이 과학적 직관을 과소평가한다. 그들은 맹인이 자신들이 볼 수 없는 것을 볼 수 있다는 것을 믿지 못한다. 그들은 그 유명한 귀납적 추론에 절대적으로 의존한다. 사실이 나타나야 하며, 우리는 그러한 사실에서 우리가 결론 내릴 수 있는 것만 결론 내려야 한다. 더 이상 발전할 수 없는 정신의 소유자들에게 이것은 매우 바람직한 방법이다. 그러나 진정으로 위대한 발전이 이러한 차근차근한 방식으로 이루어지는 것인지는 분명치 않다. 꿈은 완전히 다른 요소에 의해 만들어지는 것이다. 만약 꿈들이 세상을 재창조해 왔다는 사실을 모르는 사람이 이 세상에 남아 있다면, 우리가 그들을 가르치기 위해 할 수 있는 것은 거의 없다.

21. Choose the best title for this passage.

The political activism of diverse religions, an increasingly influential factor worldwide, is taking shape as a broad and enduring phenomenon in the late 20th century. The emergence of religion in politics is a coincidental trend, and far from cohesive. Among various movements - such as resurgent Islam, liberation theology, fundamentalist Judaism, and Sikh activism - there are more differences than similarities in flash points, tactics, and goals.

Yet the trend is evolving in similar ways and over some similar issues that suggest common themes with long-term consequences. Many of the movements, which generally grew up around intellectuals, theologians, or activist cells on the fringe of politics, are moving into the mainstream, even though now they remain in the minority.

① Religion in Society
② Religions in the World
③ Religious Movements
④ Politicians and Theologians

voca diverse a. 다양한   take shape v. 모습을 띄다   enduring a. 지속적인   cohesive a. 응집력이 있는
flash point n. 인화점   tactic n. 전략   theologian n. 신학자   fringe n. 가장자리
coincidental a. 동시에 발생하는, 우연한

MEMO

21. ③ ★★

> **The political activism of diverse religions, an increasingly influential factor worldwide, is taking shape as a broad and enduring phenomenon in the late 20th century.** The emergence of religion in politics is a coincidental trend, and far from cohesive. Among various movements - such as resurgent Islam, liberation theology, fundamentalist Judaism, and Sikh activism - there are more differences than similarities in flash points, tactics, and goals.
>
> Yet the trend is evolving in similar ways and over some similar issues that suggest common themes with long-term consequences. Many of the movements, which generally grew up around intellectuals, theologians, or activist cells on the fringe of politics, are **moving into the mainstream**, even though now they remain in the minority.

Rudy's 해설

주제문 추론의 구성으로 종교적 운동들의 특징을 설명하고 있는 영문이다.
다양한 종교들의 정치적 행동주의가 중요한 영향을 끼치고 있다는 내용으로, 첫 단락에서는 유사점 보다는 차이점이 존재한다는 내용을, 두 번째 단락에서는 유사한 방식과 주제들에 대해서 발전한다는 내용이다. 두 번째 단락에서 yet으로 시작하지만, 전환 구조가 아니라, 종교적 운동들의 유사점과 차이점을 설명하는 구조로 이해해야 한다.

① Religion in **Society** (사회 속에서 종교)
② Religions in the **World** (세상에서 종교들)
③ Religious **Movements** (종교적 운동들)
④ **Politicians and Theologians** (정치인들과 신학자들)

해석

세계적으로 점점 더 영향력 있는 요소가 되고 있는 다양하고 이질적인 종교들의 정치적 행동주의는 20세기 후반에 폭넓고 지속적인 현상의 모습을 띠고 있다. 정치에서 종교의 등장은 우연한 일치를 보이는 경향일 뿐이며 전혀 응집력이 없다. 부활하는 이슬람, 자유 신학, 유대 원리주의, 시크 행동파와 같은 다양한 운동 중에는 그 인화점들과 전술과 목표들에 있어서의 유사성보다는 차이점이 더 많다. 그러나 정치적 행동주의 운동의 경향은 유사한 방식과 논점들을 통해 전개되고 있는데, 이러한 방식과 논점들은 장기적인 중요성을 띠는 공통된 주제들을 제시한다. 많은 운동들이, 일반적으로 지식인들과 신학자들, 혹은 정치 주변에 있는 행동주의자 세포들(소수의 사람들) 사이에서 성장하는데, 비록 그들이 현재는 소수파로 남아 있긴 하지만 주류 속으로 움직여 오고 있다. (소수의 사람들이 정치적 행동주의 운동에 가담하고 있지만, 그 수가 점차 증가하고 있다는 내용)

22. The title that best expresses the ideas of this passage is ___________.

The political activism of diverse religions, an increasingly influential factor worldwide, is taking shape as a broad and enduring phenomenon in the late 20th century. The emergence of religion in politics is a coincidental trend, and far from cohesive. Among various movements - such as resurgent Islam, liberation theology, fundamentalist Judaism, and Sikh activism - there are more differences than similarities in flash points, tactics, and goals.

Yet the trend is evolving in similar ways and over some similar issues that suggest common themes with long-term consequences. Many of the movements, which generally grew up around intellectuals, theologians, or activist cells on the fringe of politics, are moving into the mainstream, even though now they remain in the minority.

① The Inexorable Ticking Hand of Time
② The Turmoil of Today
③ The Need for Deep Thought
④ The Sense of Honor and Duty

voca inexorable a. 냉정한   ticking hand n. 시계 바늘   meditate v. 명상하다   turmoil n. 혼란
          forbid v. 금지하다   laggard a. 느린   humanity n. 인류애

MEMO

22. ③ ★★

> **At certain periods of our life we long to stop the inexorable ticking hand of time and meditate upon our whole destiny.** But alas, we are in the turmoil. Our sense of honor and duty forbids us to be laggard in the fierce race. We must live amid the noise and shouts of the world and our houses must be open for the entire world to see. And **yet never was there a time when humanity more needed its moments of silent meditation.**

Rudy's 해설

미괄식 구성임을 파악하자.
도입부에서 시간을 멈추고 명상을 원하지만 혼란 속에 있기에 그럴 수 없다고 이야기한다. 이어지는 내용들 모두 재진술이다. 마지막 문장에서 'yet never'의 도치문장을 통해서 주제를 부각시키고 있다.

① The Inexorable Ticking Hand of **Time** (냉혹하게 똑딱거리는 시계 바늘)
② The **Turmoil** of Today (현대의 혼란)
③ The Need for **Deep Thought** (심오한 사고의 필요성)
④ The Sense of **Honor and Duty** (명예심과 의무)

해석

우리 생의 어떤 시기에 우리는 냉혹하게 똑딱이는 시간의 초침이 멈춰 우리 전체 운명에 대해 생각해 보게 되기를 염원한다. 그러나 애석하게도 우리는 혼란의 와중에 빠져 있다. 명예와 의무감으로 인해 우리는 맹렬한 경주에서 꾸물댈 수 없다. 우리는 세상의 소음과 외침 속에서 살아야 하며, 우리의 집은 세상 모든 사람들이 볼 수 있도록 개방되어야 한다. 그럼에도 인류가 조용한 명상의 순간이 이보다 더 필요로 한 때는 일찍이 없었다.

23. 위 글의 제목으로 가장 알맞은 것은?

The conception of the dignity of toil did not enter into Greek philosophy. It was considered beneath the dignity of a free-born citizen to undertake manual labor, just as in Victorian times 'trade' was beneath the dignity of a gentleman. Thus artists, who were regarded as a class of craftsmen, held no high place in the social scale. Arnold Hauser in The Social History of Art quotes Plutarch as saying: "No generous youth, when contemplating the Zeus of Olympia, will desire to become a Phidias." Classical scholars point out that this picture is somewhat exaggerated. The sculptor Phidias was the friend of the great statesman Pericles. The painter Apelles and the sculptor Lysippus were court artists to Alexander. The surviving anecdotes represent some of the more famous Greek artists as eccentrics, men of enormous wealth and notable for arrogance. By and large, however, the artist in antiquity was treated as a workman.

① Greek Artists and Craftsmen
② The Dignity of the Manual Labor
③ The Social Position of the Greek Artists
④ The Development of Art Theory in Greece
⑤ The Intimate Relation between Artists and Statesmen in Greece

voca

dignity n. 존엄성	toil n. 노동, 수고로움 undertake v. 담당하다 manual labor n. 육체노동
social scale n. 사회적 지위	quote v. 인용하다 contemplate v. 숙고하다 anecdote n. 이야기, 일화
eccentric n. 괴짜	by and large av. 대체로

Pericles n. 페리클레스 (그리스의 정치가)　　Apelles n. 아펠레스 (그리스의 화가)

Lysippus n. 리시푸스 (그리스의 조각가)　　Phidias n. 페이디아스 (그리스의 조각가)

MEMO

23. ③ ★★

The conception of the dignity of toil did not enter into Greek philosophy. It was considered beneath the dignity of a free-born citizen to undertake manual labor, just as in Victorian times 'trade' was beneath the dignity of a gentleman. Thus **artists**, who were regarded as a class of craftsmen, **held no high place** in the social scale. Arnold Hauser in The Social History of Art quotes Plutarch as saying: "No generous youth, when contemplating the Zeus of Olympia, will desire to become a Phidias." Classical scholars point out that **this picture is somewhat exaggerated.** The sculptor Phidias was the friend of the great statesman Pericles. The painter Apelles and the sculptor Lysippus were court artists to Alexander. The surviving anecdotes represent some of the more famous Greek artists as eccentrics, men of enormous wealth and notable for arrogance. By and large, however, **the artist in antiquity was treated as a workman.**

Rudy's 해설

전형적인 예시를 통한 주제문 추론의 영문이다.
노동의 존엄성이 그리스 철학에서는 존재하지 않기에, 육체노동을 통해 예술 활동을 하는 예술가나 장인들은 높은 사회적 지위를 가지고 있지 않다고 말한다. 하지만 이어서 이러한 평가는 다소 과장되었다고 하고, 예시들을 제시하고 있다. 마지막에서는 그럼에도 불구하고 예술가들은 대체로 노동자로 대우받았다는 진술로 맺고 있다. 따라서 그리스에서 예술가들의 사회적 지위, 대우 정도를 주제로 추론할 수 있다.

① Greek **Artists and Craftsmen** (그리스의 예술가들과 장인들)
② The Dignity of the **Manual Labor** (육체노동의 가치)
③ The **Social Position** of the Greek Artists (그리스 예술가들의 사회적 지위)
④ The Development of **Art Theory** in Greece (그리스에서 예술 이론의 발전)
⑤ The **Intimate Relation** between Artists and Statesmen in Greece
　　(그리스에서 예술가들과 정치인들 사이에서의 친밀한 관계)

해석

노동의 존엄성에 대한 관념은 그리스의 철학 속에 들어오지도 않았다. Victoria 시대에'장사'라는 관념이 신사들의 존엄성을 훼손하는 것으로 생각되었던 것과 너무나 흡사하게, 육체노동을 한다는 것은 자유 시민의 위신을 해치는 것이었다. 그리하여 장인 계급으로 간주되었던 예술가들은 사회적 계층 면에서 결코 높은 지위를 차지하지 않았다. "그 어떠한 관대한 젊은이도 Olympus의 Zeus를 생각할 때, Phidias가 되기를 열망하려 들지 않았다."라고 The Social Study of Art 라는 작품 속에서 Hauser는 Plutarch가 한 말이라고 인용하고 있다. (그러나) 고전학자들은 이러한 묘사는 좀 과장된 점이 있다고 지적하고 있다. 조각가였던 Phidias는 위대한 정치가 Pericles의 친구였다. 화가 Apelles와 조각가 Lysippus는 Alexander 대왕의 궁정 예술가였다. 오늘까지 전해지는 일화들은 더욱 유명한 그리스 예술들 중 일부를 괴짜, 엄청난 부를 가진 사람 및 건방짐으로 악명 높은 사람들로 기술하고 있다. 그러나 대체적으로 볼 때, 고대의 예술가는 노동자로서만 취급되었을 뿐이었다.

24. The best theme of the passage is ___________.

> Human speech is after all a democratic product, the creation, not of scholars and grammarians, but of unschooled and unlettered people. Scholars and men of education may cultivate and enrich it, and make it flower into all the beauty of a literary language; but its rarest blooms are grafted on a wild stock, and its roots are deep-buried in the common soil. From that soil it must still draw its sap and nourishment, if it is not to perish, as the other standard languages of the past have perished, when, in the course of their history, they have been separated and cut off from the popular vernacular — from that vulgar speech which has ultimately replaced their outworn and archaic forms.

① The creation of new words in language
② Language in a democratic society
③ Speech and literary language
④ The language of the common people
⑤ New words and wild flowers: an analogy

voca

product n. 제품, 결과물	unschooled a. 교육을 받지 못한	unlettered a. 배우지 못한
cultivate v. 고양하다, 경작하다	enrich v. 풍요롭게 하다	bloom n. 싹, 결과물
graft v. 접목시키다	wild stock n. 야생 줄기	sap n. 수액, 영양분
cut off v. 절단되다	vernacular n. 사투리, 지방어	vulgar a. 천박한, 비속한
replace v. 대체하다	outworn a. 진부한 archaic a. 낡은	

MEMO

24. ⑤ ★★★

> **Human speech is after all a democratic product, the creation, not of scholars and grammarians, but of unschooled and unlettered people.** Scholars and men of education may cultivate and enrich it, and make it flower into all the beauty of a literary language; **but its rarest blooms are grafted on a wild stock, and its roots are deep-buried in the common soil.** From that soil it must still draw its sap and nourishment, if it is not to perish, as the other standard languages of the past have perished, when, in the course of their history, they have been separated and cut off from the popular vernacular — from that vulgar speech which has ultimately replaced their outworn and archaic forms.

Rudy's 해설

주제문 추론의 형식의 구성이다.
언어를 야생화에 비유해서 설명하고 있는 구조로 야생화가 토양에 뿌리를 둬야 생존할 수 있는 것처럼, 언어 또한 일반 대중에 정착해야 생존한다는 주장이다.

함정문항들을 살펴보면 다음과 같다.

① The **creation of new words** in language (신조어의 탄생)

➡ 탄생만을 언급했을 뿐, 성장, 소멸의 단계가 없기에 주제로 적절하지 않다.

② Language in a **democratic society** (민주사회 속에서의 언어)
③ **Speech and literary language** (발화와 문학적 언어)
④ The language of the **common people** (서민적인 언어)

➡ 서민적인 언어라는 표현은 너무나 광범위 하다. 본문은 언어의 탄생과 성장, 소멸에 대해서 이야기하고 있기에, 주제를 벗어난 내용이다.

⑤ **New words and wild flowers**: an analogy (신조어와 야생화 : 비유)

➡ 신조어와 야생화, 그것들에 대한 비유라는 의미로 주제로 적절하다.

해석

결국 인간의 언어란 학자들과 문법가들이 아니라 제대로 교육을 받지 못하고 글자도 모르는 사람들의 민주적 산물, 창작물이다. 교육 받은 사람들은 언어를 배양, 풍부하게 해서 문학적 언어라는 아름다운 꽃으로 피울 수 있다. 그러나 언어의 희귀한 꽃들은 거친 줄기에 접목되고, 대중적인 토양에 깊이 뿌리를 두어야 한다. 죽지 않으려면, 꽃이 토양으로부터 수액과 자양분을 흡수해야만 한다. 이것은 마치, 과거 표준어들이 서민적인 말들 (진부하고 낡은 형태들을 대신하는 통속적인 말들)로부터 분리, 단절되었을 때 사멸했던 것과 같다.

내용일치 (세부사항)

지문의 세부사항에 관한 것으로 지문에서 정보의 위치만 파악하면 풀 수 있는 문제형태이다. 세부 사항을 묻는 질문들은 대개 지문 속에 나와 있는 명백한 사실에 근거하고 있으므로 누구나 시간을 적정하게 할애하면 답을 찾을 수 있다. 하지만 최근 독해문제의 경향은 주어진 시간에 가능한 한 많은 양의 정보를 얼마나 정확하게 파악할 수 있는가를 묻기 위하여 지문의 양이 점점 증가하고 있다. 따라서 다른 유형의 문제들 보다 특히 시간 배분이 매우 중요한 영역이다.

Unit 03. 더독해 2.0 뽀인트!

01 Specific 문제의 경우에는 문제에서 keyword를 뽑아내자. ★★★

02 General 문제의 경우에는 속독법을 활용하자. ★★★

주제 영역, Unit 4. 추론영역은 나름의 reading skill을 활용해서 문제를 해결할 수 있는 반면에, 사실상 내용일치 파트는 특정한 요령 보다는 전반적인 정독법과 속독법의 조합을 통해서 해결해야 하는 가장 정석적인 문제 유형이다. 따라서 더독해1.0을 통한 정독법과 앞서 학습한 속독법에 대한 학습이 가장 유용한 풀이 전략에 해당한다.

◉ Reading Skill

(1) 문제를 빠른 속도로 읽으면서 반복되는 어휘, 표현을 확인한다. 이런 특정 표현이나 단어들을 통해서 지문에 대한 사전정보를 취득한다.

(2) Specific detail Question

의문사나 본문의 특정 내용을 언급하면서 질의하는 문제 유형이다. 지문에 대한 특정 정보를 주고, 물어보는 것이기 때문에 상대적으로 난이도가 낮은 편에 속한다. 질문에서 언급한 어구나 표현을 중심으로 본문에서 해당 정보를 찾는 것이 요령이다.

(3) General detail Question

지문에 대한 특정 정보를 묻는 것이 아니라, 지문의 전반적인 내용 이해를 묻는 유형으로 전반적인 본문의 이해를 요구한다. 속독법을 활용해서 본문을 빠르게 1~2회독한 후에 문제를 접한다. 보기문항이 애매한 경우에는, 보기문항의 특정 표현을 중심으로 본문에서 찾아서 문제를 해결해 본다.

⑷ Infer 유형의 경우

추론 문제 영역은 다음 파트에서 다루게 될 blank, 문장 순서배열... 등이 해당한다.
하지만, It can be inferred from this passage that ________. 등과 같이 본문에
대한 내용추론을 묻는 문제들도 출제되고 있다.
기출 문제들을 분석해 보면, 대부분의 내용추론 문제들은 내용일치 문제의 변형에 해
당한다. 따라서 내용일치 문제의 해결요령과 동일하다. 다만, 경우에 따라서는 본문에
직접적인 언급이 되지 않고, 본문의 내용을 토대로 추론해야 하는 경우가 존재하는데,
이럴 경우에는 본문의 특정 표현이나 어구 등의 동의어 표현을 찾으면 정답을 추론할
수 있다.

Unit 3의 연습문제들은 내용일치뿐만 아니라, 주제+내용일치 문제들도 함께 게재했다. 학습한 내용을 함께 적용해 보자.

1. The paragraph best supports the statement that ________________.

> A hundred years ago it was quite common for three or even four generations of a family to live together or near one another. This extended family structure meant that young children were not neglected and that old people were not isolated from the rest of society, as often happens today.

① we should revert to the extended family structure
② old people should care for their grandchildren
③ the need for child-care centers and old-age homes has increased during the last hundred years
④ life was simpler a hundred years ago than it is today

voca　common a. 일반적인, 흔한　　　extended family n. 대가족　　　isolate v. 소외시키다
as often happens today 오늘날 흔한 것처럼

MEMO

1. ③ ★★

> A hundred years ago it was quite common **for three or even four generations of a family to live together** or near one another. This extended family structure meant that **young children were not neglected and that old people were not isolated from the rest of society, as often happens today.**

Rudy's 해설

본문의 특정 문장을 토대로 정답을 추론하는 추론 문제 형식이다.
'young children were not neglected and that old people were not isolated from the rest of society, as often happens today' 본문을 통해서 현재 사회는 아이들과 조부모님들이 소외되고 있다는 것을 추론할 수 있다. 이를 통해서 과거보다 현재에 그들을 돌보는 기관들이 증대되었다는 것을 알 수 있다.

① we should revert to the extended family structure (우리는 대가족 구조로 돌아가야만 한다)
② old people should care for their grandchildren (조부모님들은 손자들을 돌봐야만 한다)
③ the need for child-care centers and old-age homes has increased during the last hundred years
　(지난 백년간 육아센터와 양로원의 필요성이 증대했다)
④ life was simpler a hundred years ago than it is today (백 년 전의 일상생활은 현재보다 더 단순했다)

해석

100년 전 3, 4대가 한집에서 함께 살거나 서로 가까운 데서 사는 일은 아주 흔한 일이었다. 이 대가족 제도는 아이들이 소홀히 여겨지지 않고, 오늘날과는 달리 노인들도 사회의 다른 구성원들로부터 소외당하지 않았다는 것을 의미했다.

2\. The paragraph best supports the statement that the mythology of India __________.

> India's recorded civilization is one of the longest in the course of world history, and its mythology spans the whole of that time and more. Furthermore, the mythology is distinguished from that of most other lands and certainly from those of the West, by the fact that it is still part of the living culture and not merely of the uneducated masses but of every level of society.

① has the same relevance to modern Indians as does Greek mythology to modern Greeks
② has had a development separate from the development of its religion
③ is responsible for many of India's problems
④ is one of the oldest systems of beliefs which is relevant to the lives of millions in modern times

voca   mythology n. 신화   span v. (시간, 사건) 걸치다, 미치다   distinguished a. 구분되는, 유명한
　　　　 uneducated a. 배우지 못한   mass n. 대중

MEMO

2. ④ ★

> India's recorded civilization is **one of the longest** in the course of world history, and its mythology spans the whole of that time and more. Furthermore, the mythology is distinguished from that of most other lands and certainly from those of the West, by the fact that **it is still part of the living culture and not merely of the uneducated masses but of every level of society.**

Rudy's 해설

전형적인 내용일치 문제로 본문의 첫 문장과 마지막 문장을 통해서 정답을 유추할 수 있다.

① has the same relevance to modern Indians as does Greek mythology to modern Greeks
(인도의 신화는 현대 인도와 동일한 관련성을 지니고 있다, 그리스 신화가 현대 그리스와 관련성을 맺고 있는 것처럼)

* 본문에 그리스에 대한 언급은 등장하지 않는다. 이처럼 **본문에 등장하지 않은 내용들은 소거법에 의해서 일차적으로 삭제**하는 것이 요령이다.

② has had a development separate from the development of its religion
(인도의 신화는 인도의 종교와는 다른 발전을 해 오고 있다)

③ is responsible for many of India's problems (인도의 신화는 인도의 많은 문제들에 책임이 있다)

④ is one of the oldest systems of beliefs which is relevant to the lives of millions in modern times
(인도의 신화는 가장 오래된 믿음 체계 중 하나이다, 현대 수백만 명의 생활과 관련된)

해석

인도의 기록 문명은 세계 역사 발달 과정에서 가장 오래된 것들 중의 하나이며, 그 신화는 그런 오랜 세월과 그 이상에 걸쳐 있다. 한걸음 더 나아가서 인도 신화는 다른 대부분의 나라들과 구별되며, 아직도 이 신화가 단지 교육받지 못한 층뿐만 아니라 사회의 전 계층에 걸쳐 사람들의 살아있는 문화의 한 부분이라는 점에서 특히 서구의 신화와 구별된다.

3. From the paragraph above, we can logically concluded that ________________.

> The greatest name in the intellectual upsurge of the thirteenth century was Saint Thomas Aquinas. His main contribution was his attempt to reconcile the new interests of the rising urban culture with traditional Christian Philosophy. The needs of the urban cultures ran against the beliefs of a society dominated by the owners of large land holdings and by the Church, which opposed trade.

① the rising urban cultures were interested in trade
② Saint Thomas Aquinas opposed the owners of large land holdings
③ because of Saint Thomas Aquinas' activities, the urban culture were able to hold large landed properties
④ the intellectual upsurge was a phenomenon of the rising urban cultures

voca　upsurge n. 정점, 고조　　contribution n. 공헌, 기여　　reconcile v. 화해시키다
　　　　urban a. 도심의　　　　run against v. 상충되다

MEMO

3. ① ★

> The greatest name in the intellectual upsurge of the thirteenth century was **Saint Thomas Aquinas.** His main contribution was his attempt to reconcile the new interests of the rising urban culture with traditional Christian Philosophy. **The needs of the urban cultures ran against the beliefs of a society dominated by the owners of large land holdings and by the Church, which opposed trade.**

Rudy's 해설

논리적인 결론을 이끌어내는 일종의 추론 문제이지만, 실상은 내용일치 문제와 동일하다.
본문 마지막 줄을 통해서 도시 문화는 교역을 반대하는 교회들과 배치되었다고 했기에, 도시 문화는 교역을 찬성했다는 것을 쉽게 유추할 수 있다.

① the rising urban cultures were interested in trade
(대두하는 도시 문화는 교역에 관심이 많았다)

② Saint Thomas Aquinas opposed the owners of large land holdings
(토마스 아퀴나스는 대토지 소유자들을 반대했다)

③ because of Saint Thomas Aquinas' activities, the urban culture were able to hold large landed properties
(토마스 아퀴나스의 활동 덕분에, 도시 문화는 많은 토지 소유권을 지닐 수 있었다)

④ the intellectual upsurge was a phenomenon of the rising urban cultures
(지적 고양이 대두하는 도시 문화의 현상이었다)

해석

13세기의 지적 발달에 위대한 이름을 남겼던 사람은 성토마스 아퀴나스였다. 그의 주요한 공헌은 신흥 도시 문화의 새로운 관심과 전통 기독교 철학을 화해시키려 한 시도였다. 도시 문화의 요구는 교역을 반대하는 대지주들과 교회에 의해 지배되던 사회의 신념과는 배치되었다.

4. **Which of the following can be inferred from the passage?**

Maureen shrieked in delight as the roller coaster hurtled downward and then swooped upward in its tracks at the country fair. "After this ride ends," she thought, " I'll go again." But then, as the roller coaster ground to a halt, Maureen saw her parents beckoning frantically to her through a kind of haze from the midway. She noticed also that many people at the fairgrounds were running toward the exits. Now alarmed, the girl wrinkled her nose at the odors she finally detected.

① A fire had broken out at the fair.
② Maureen's parents beckoned frantically to her
③ Until the end, Maureen enjoyed her ride in the roller coaster.
④ Few people at the fair were running toward the exit.

voca		
shriek v. 소리를 지르다	hurtle v. 돌진하다	downward av. 아래로
ground to a halt v. 멈추다	beckoning a. 신호를 보내는	swoop v. 빠르게 움직이다
frantically av. 미친듯이, 정신없이	haze n. 아지랑이, 안개	wrinkle v. 주름지다, 찡그리다

MEMO

4. ① ★★

> **Maureen shrieked in delight as the roller coaster** hurtled downward and then swooped upward in its tracks at the country fair. "After this ride ends," she thought, " I'll go again." But then, as the roller coaster ground to a halt, Maureen saw her parents beckoning frantically to her through a kind of haze from the midway. **She noticed also that many people at the fairgrounds were running toward the exits. Now alarmed, the girl wrinkled her nose at the odors she finally detected.**

Rudy's 해설

특정 장면에 대한 묘사가 있는 영문으로 특히 어휘에 있어서 난이도가 있게 느껴진다. 하지만 보기문항들의 내용을 토대로 본문을 살펴보면, 마지막 문장의 running toward the exits, wrinkled her nose at the odors 등의 단편적인 표현을 통해서 정답을 충분히 유추할 수 있다.

① A fire had broken out at the fair. (박람회장에서 화재가 발생했다)

② Maureen's parents beckoned frantically to her.
   (모린의 부모님은 그녀를 향해 정신없이 손을 흔들었다)

* 이 문항은 본문의 내용과 일치한다. 하지만, 문제에서 요구하는 정답은 본문의 내용을 토대로 추론할 수 있는 내용을 묻고 있기에, 단순 내용일치에 해당하는 이 문항은 정답이 아니다.

③ Until the end, Maureen enjoyed her ride in the roller coaster. (끝까지, 모린은 롤러코스터를 즐겼다)

④ Few people at the fair were running toward the exit. (박람회의 대부분의 사람들은 비상구로 달리지 않았다)

* few가 주어로 등장하는 경우에는 동사를 부정으로 이해하는 것이 자연스럽다.

해석

마을의 연례 가축 품평회장에서 롤러코스터가 휙 하는 소리를 내면서 아래로 떨어졌다가, 다시 덮치듯이 트랙 위로 올라가자 모린은 너무 좋아서 비명을 질렀다. 모린은 그러면서 '한 번 더 타야지.' 라고 생각했다. 그러나 잠시 후에 롤러코스터가 내려와 정지했을 때, 모린은 통로에서 부모님이 아지랑이 같은 것을 헤치며 정신없이 손짓을 하고 있는 것을 보았다. 모린은 또 품평회장에 있던 많은 사람들이 비상구 쪽으로 달려가고 있다는 것을 알아차렸다. 이제 깜짝 놀란 모린은 마침내 악취를 맡고서는 코를 찡그렸다.

5. What does the writer think of the heedlessness of children?

When the human mind is keenly concentrated, it becomes an amazingly proficient instrument. Lord Macaulay, the English historian, used to walk through crowded London streets reading a book. After perusing a page he could repeat it from memory. Performances like this you are apt at first to think to shrug off as the product of "genius" — which you are quite certain you do not possess. But are you sure you don't? Most normal persons have similar fundamental equipment. The difference comes in the way they use it.

The capacity for concentration is common to all of us until we let it atrophy. Note the so-called heedlessness of children. Aldous Huxley said that every child is a genius until the age of ten. Was there ever greater absorption than a child can show when he is deep in a book or engrossed with some new object? At such moments we often scold children for inattention to our words. Actually, they are concentrating admirably on matters important to them. We ought to avoid as far as possible destroying their blessed power of being genuinely interested in something.

① It is a sign of atrophy in concentration.
② It shows their power of being genuinely interested in something.
③ It means the avoidance of their inattention to our words.
④ It reveals some new object with great concentration.

voca proficient a. 능숙한   peruse v. 속독하다   shrug off v. 무시하다   atrophy n. 수축, 감소
heedlessness n. 부주의함   engrossed a. 몰입하는

MEMO

5. ② ★★

When the human mind is keenly concentrated, it becomes an amazingly proficient instrument. Lord Macaulay, the English historian, used to walk through crowded London streets reading a book. After perusing a page he could repeat it from memory. Performances like this you are apt at first to think to shrug off as the product of "genius" — which you are quite certain you do not possess. But are you sure you don't? Most normal persons have similar fundamental equipment. The difference comes in the way they use it.

The capacity for concentration is common to all of us until we let it atrophy. **Note the so-called heedlessness of children.** Aldous Huxley said that every child is a genius until the age of ten. Was there ever greater absorption than a child can show when he is deep in a book or engrossed with some new object? At such moments we often scold children for inattention to our words. Actually, **they are concentrating admirably on matters important to them.** We ought to avoid as far as possible destroying **their blessed power of being genuinely interested in something.**

> **Rudy's 해설**

전형적인 specific 문제로 문제의 'the heedlessness of children' 과 동일한, 유사한 표현을 본문에서 찾아서 정답을 선별하는 것이 요령이다. 문제에서 특정 keyword를 제시하는 경우엔, 언제나 속독법을 통해 필요한 부분을 발췌해서 독해하자.

① It is a sign of atrophy in concentration. (아이들의 부주의함은 집중력 감소를 의미한다)

② It shows their power of being genuinely interested in something.
(아이들의 부주의함은 무엇인가에 푹 빠져 있는 그들의 능력을 보여준다)

③ It means the avoidance of their inattention to our words.
(아이들의 부주의함은 우리들의 말에 부주의한 것을 회피하려는 것이다)

④ It reveals some new object with great concentration.
(아이들의 부주의함은 엄청난 집중력을 지니고 있는 새로운 대상을 보여 준다)

> **해석**

인간의 정신이 강하게 집중되어 있을 때, 정신은 놀라울 정도로 효율적인 도구가 된다. 영국 역사학자였던 매콜리 경은 책을 읽으면서 복잡한 런던 거리를 거닐곤 했다. 한 페이지를 다 읽고 나서 그는 그 내용을 암송할 수 있었다. 당신은 이와 같은 능력을 처음에는 (당신에게는 없다고 믿는) 천재성의 산물로 가볍게 여기기 쉽다. 그러나 당신에게 그런 천재성이 없다고 확신하는가? 대부분의 평범한 사람들은 비슷한 기본적 소양을 갖추고 있다. 그 차이는 그들이 그것을 사용하는 방식에서 비롯된다.

집중력은 우리가 그것을 퇴화시킬 때까지는 보편적으로 우리 모두에게 있는 것이다. 소위 아이들의 부주의함에 주목하라. 올더스 헉슬리는 10세가 될 때까지는 모든 아이들이 천재라고 말했다. 책에 빠져 있거나 새로운 물건에 정신이 팔려 있을 때 어린아이가 보여주는 몰두보다 더 강한 것이 존재하는가? 그러한 때에 우리는 종종 우리의 말에 집중하지 않는다고 아이들을 꾸짖는다. 실제로는 아이들은 그들에게 중요한 문제에 훌륭히 집중하고 있는 것이다. 우리는 어떠한 것에 성실히 관심을 갖는 그들의 축복받은 집중력을 가능한 한 파괴하지 말아야 한다.

6.

For the normal emotional and physical development of infants, sensory and perceptual stimulation is necessary. Healthy babies experience this stimulation while in contact with the mother or other adults who feed diaper, or wash the infant. However, infants who are born prematurely or are sick miss these experiences during the early weeks of their lives when they live in incubators, in an artificial environment devoid of normal stimuli. These babies tend to become listless and seem uninterested in their surroundings; however, when they are stimulated by being handled and spoken to and by being provided with bright objects such as hanging mobiles or pictures, they begin to respond by smiling, becoming more active physically and gaining weight more rapidly.

(1) The main idea of the passage above is _______________.

① the importance of bright objects in artificial environments
② ways to take care of babies
③ the importance of sensory stimuli for infants
④ the difference between healthy and premature infants

(2) Babies cared for in artificial environments are likely to _____________.

① be more physically active
② be uninterested in their plain surroundings
③ receive the same care as they would from their mothers
④ gain weight more rapidly

(3) According to the passage, which of the following statements is correct?

① Sensory and perceptual stimulation can be provided only by the mother.
② Infants raised in incubators will always be listless and inactive.
③ Babies raised in incubators do not respond to sensory stimulation.
④ Both healthy babies and premature or sick babies respond to personal care and stimulation.

voca		
perceptual a. 지각의	stimulation n. 자극	feed diaper v. 기저귀를 갈다
prematurely av. 미숙하게	devoid of prep. ~결여되어 있는 s	timuli n. 자극
listless a. 힘이 없는		

MEMO

6. (1) ③ (2) ② (3) ④ ★ ★

For the normal emotional and physical development of infants, sensory and perceptual stimulation is necessary. Healthy babies experience this stimulation while in contact with the mother or other adults who feed diaper, or wash the infant. **However, infants who are born prematurely or are sick miss these experiences** during the early weeks of their lives when they live in incubators, in an artificial environment devoid of normal stimuli. **These babies tend to become listless and seem uninterested in their surroundings**; however, when they are stimulated by being handled and spoken to and by being provided with bright objects such as hanging mobiles or pictures, they begin to respond by smiling, becoming more active physically and gaining weight more rapidly.

Rudy's 해설

(1) The main idea of the passage above is _______________.

전형적인 두괄식 구조의 영문으로 본문의 첫 문장을 통해서 쉽게 주제를 선별할 수 있다.
첫 줄의, sensory and perceptual stimulation is necessary 표현을 통해서 동의어적 표현이 있는 문항을 선별하자.

① the importance of bright objects in artificial environments (인공적인 환경에서 밝은 물체들의 중요성)
② ways to take care of babies (아기들을 돌보는 방법들)
③ the importance of sensory stimuli for infants (유아들을 위한 감각적 자극의 중요성)
④ the difference between healthy and premature infants (건강한 유아들과 미성숙한 유아들의 차이점)

(2) Babies cared for in artificial environments are likely to _______________.

'Babies cared for in artificial environments' 문항 keyword로 본문에서 동일한 표현을 찾아서 정답을 선별할 수 있다. 본문의 'seem uninterested in their surroundings'을 통해서 정답의 단서를 찾자.

① be more physically active (보다 육체적으로 활동적이다)
② be uninterested in their plain surroundings (평범한 환경에 관심이 없다)
③ receive the same care as they would from their mothers (어머니로부터 받는 것과 동일한 보살핌을 받는다)
④ gain weight more rapidly (급격하게 체중이 증가한다)

(3) According to the passage, which of the following statements is correct?

general 내용을 묻는 문제로, 전반적인 본문에 대한 이해를 묻고 있다. 특히 이런 문제의 경우엔 보기 문항을 오답으로 만드는 특정 표현들에 유의하자.

① Sensory and perceptual stimulation can be provided **only** by the mother.
 (감각적, 인지적 자극은 어머니만을 통해서 제공된다)
 * 언제나 보기문항에 'only'가 등장하는 경우에는 주의를 요망한다. 본문을 토대로 only가 틀린 표현이다.

② Infants raised in incubators will **always** be listless and inactive.
 (인큐베이터에서 성장한 유아들은 항상 무기력하고 무관심하다)   * always가 틀린 표현이다.

③ Babies raised in incubators do not respond to sensory stimulation.
 (인큐베이터에서 성장한 아기들은 감각적 자극에 반응하지 않는다)

④ Both healthy babies and premature or sick babies respond to personal care and stimulation.
 (건강한, 미성숙하거나 아픈 유아들 모두 개인적 보살핌과 자극에 반응한다)

해석

유아의 정상적인 정서적, 신체적 발달을 위해 감각과 인지 자극이 필요하다. 건강한 아이는 기저귀를 갈아주거나, 씻어주는 어머니 또는 다른 어른들과의 접촉을 통해 이러한 자극을 경험하게 된다. 그러나 조산이나 병든 유아는 인큐베이터 즉, 정상적인 자극이 없는 인위적인 환경에서 생활할 때, 생애 초기에는 이러한 경험을 하지 못한다. 이러한 아기들은 무력해지고 주변 환경에 무관심 하게 보이는 경향이 있다. 그러나 아이들과 놀고, 말을 걸고 모빌이나 사진 같은 것을 통해 아이들이 자극을 받을 때 아기들은 미소를 짓고, 신체적으로 더 활발해시고, 체중이 보다 빨리 증가하는 반응을 부인다.

7. Which of the following best describes the main idea of the passage?

Another noteworthy trend in twentieth-country music in the U.S. has been the use of folk and popular music as a base for more serious compositions. The motivation for those borrowings from traditional music might be a desire on the part of a composer to return to simpler forms, to enhance patriotic feelings, or to establish an immediate rapport with an audience. For whatever reason, composers such as Charles Ives and Aaron Copland offered compositions featuring novel musical forms flavored with refrains from traditional Americana. Ives employed the whole gamut of patriotic songs, hymns, jazz, and popular songs in his compositions, while Copland drew upon folk music, particularly as sources for the music he wrote for the ballets - Billy the Kid, Rodeo, and Appalachian Spring.

① Traditional music has flavored some American musical compositions in this century
② Ives and Copland have used folk and popular music in their compositions.
③ A variety of explanations exist as to why a composer might use traditional sources of music.
④ Traditional music is composed of various types of folk and popular music.

voca		
noteworthy a. 현저한, 눈에 띄는	folk music n. 민속 음악	enhance v. 향상시키다
rapport n. 유대감	featuring a. 특징으로 하는	refrain n. 후렴구
gamut n. 장음계	hymn n. 찬송가	

MEMO

7. ① ★★

> **Another noteworthy trend in twentieth-country music in the U.S. has been the use of folk and popular music as a base for more serious compositions.** The motivation for those borrowings from traditional music might be a desire on the part of a composer to return to simpler forms, to enhance patriotic feelings, or to establish an immediate rapport with an audience. For whatever reason, **composers such as Charles Ives and Aaron Copland offered compositions featuring novel musical forms flavored with refrains from traditional Americana.** Ives employed the whole gamut of patriotic songs, hymns, jazz, and popular songs in his compositions, while Copland drew upon folk music, particularly as sources for the music he wrote for the ballets - Billy the Kid, Rodeo, and Appalachian Spring.

Rudy's 해설

main idea 문제이기 하지만, 일종의 추론적 성격의 글이다. 전반적인 본문의 내용을 토대로 핵심적인 내용을 유추해야 하기 때문이다.
작곡가들이 민요와 대중음악을 작곡에 도입했다는 내용에 이어서, 이런 전통적인 장르를 통해서 새로운 음악적 형식으로 작곡했다는 것이 요점이다. 이 내용을 토대로 적절한 주제문을 선별할 수 있다.

① Traditional music has flavored some American musical compositions in this century
   (20세기에 전통적인 음악은 어떤 미국 작곡가들의 작곡에 참신한 요소를 제공해 주었다)

② Ives and Copland have used folk and popular music in their compositions.
   (이브와 캅랜드는 작품에 민요와 대중음악을 활용했다)

* 이 문항은 내용일치로 맞는 문항이다. 하지만, 예시에 해당하는 내용으로 주제문으로는 적절하지 않다.

③ A variety of explanations exist as to why a composer might use traditional sources of music.
   (다양한 설명이 존재한다, 작곡가들이 전통적인 음악을 활용한 이유에 대해서는)

* 이 문항 또한 내용일치로 맞는 문항이다. 하지만 주제문으로는 적절하지 않다.

④ Traditional music is composed of various types of folk and popular music.
   (전통적인 음악은 다양한 민요와 대중음악으로 구성되어 있다)

해석

미국 20세기 음악에 또 하나의 주목할 만한 경향은 보다 진지한 작곡을 위한 토대로서 민요와 대중음악을 사용했다는 것이다. 이렇게 전통음악으로부터 차용하게 된 동기는 작곡가 입장에서는 더 간단한 형태로 돌아가겠다는, 애국적인 느낌을 고양시키겠다는, 또는 청중들과 밀접한 관계를 맺겠다는 소망일 수 있다. 그 어떤 이유 때문에 찰스 아이비스와 아론 캅랜드 같은 작곡가들은 전통적인 아메리카 풍물에서 유래한 후렴구로 맛을 낸 새로운 음악 형태로 특징지어지는 곡을 내놓았다. 아이비스는 애국적인 노래, 찬송가, 재즈, 대중음악의 모든 영역을 그의 곡에 이용했고, 반면 캅랜드는 민속음악을 이용했는데, 특히 Billy the kid, Rodeo, 그리고 Appalachian Spring과 같은 발레를 위한 음악을 작곡하는 토대로 삼았다.

8. Choose one which agrees with the passage

Many students, even some of those who receive good grades regularly, spend a great deal more time in study than is necessary. They have developed study techniques that are hard and time-consuming. Other students put in many hours in study but seem to get little out of the time spent. They frequently complain about difficulties in certain courses. The only remedy they can suggest is to put in more time on that subject. In both circumstances the students probably are unaware of some fundamental principles about effort and span of interest. Instead of spending more time in study, they need to make better use of time they do spend. They need to get the most possible good out of each hour spent on a course. This is what is meant by effective study. A person who has effective study habits will spend less time on the material and will understand it better than one who has not learned effective methods.

① Students who receive good grades regularly always spend more time in study than the other students do.
② When there are difficulties in a certain course, the only thing we can do is to put in more time on that subject.
③ The more time you spend in study, the better use of time you make.
④ Students who do not have effective study habits get little out of the time spent in study.

voca   time-consuming a. 시간을 낭비하는   remedy n. 치료법
fundamental a. 근본적인   span n. 기간, 범위

MEMO

8. ④ ★★

> **Many students, even some of those who receive good grades regularly, spend a great deal more time in study than is necessary.** They have developed study techniques that are hard and time-consuming. Other students put in many hours in study but seem to get little out of the time spent. They frequently complain about difficulties in certain courses. The only remedy they can suggest is to put in more time on that subject. **In both circumstances the students probably are unaware of some fundamental principles about effort and span of interest.** Instead of spending more time in study, they need to **make better use of time** they do spend. They need to get the most possible good out of each hour spent on a course. **This is what is meant by effective study.** A person who has **effective study** habits will spend less time on the material and will understand it better than one who has not learned effective methods.

Rudy's 해설

본문은 미괄식 구성의 글로, 많은 시간을 투자하는 비효율적인 학습방법을 지적하고, 효과적인 학습방법을 가져야만 한다는 내용이다. 본문보다 보기문항이 길어서 보기문항들을 꼼꼼하게 독해해야 하는 문제유형이다.

① Students tho receive good grades regularly always spend more time in study than the other students do.
(성적이 꾸준히 좋은 학생들은 항상 다른 학생들보다 많은 시간을 투자한다)

* always는 언제나 오답 문항에 빈출하는 부사이다. 주의하자.

② When there are difficulties in a certain course, the only thing we can do is to put in more time on that subject.
(특정 과목에 어려움들이 있을 때, 유일한 방법은 해당 과목에 더 많은 시간을 투자하는 것이다)

* only 또한 오답에 빈출하는 부사이다.

③ The more time you spend in study, the better use of time you make.
(학습에 시간을 많이 투자하면 할수록, 시간을 더 잘 이용하게 된다)

④ Students who do not have effective study habits get little out of the time spent in study.
(효과적인 학습 습관이 없는 학생들은 학습에 투자한 시간에 적은 것을 얻는다)

해석

많은 학생들. 심지어 항상 좋은 점수를 받는 일부 학생들조차 공부에 필요 이상으로 많은 시간을 보낸다. 그들은 힘들고 시간이 많이 드는 공부 방법을 개발한 것이다. 또 다른 학생들은 많은 시간을 공부에 투자하지만 그 시간 동안에 얻는 것은 거의 없는 것 같다. 그들은 어떤 과목들의 어려움에 대해 자주 불평을 한다. 그들이 제시할 수 있는 유일한 해결책은 그 과목에 대해 더 많은 시간을 쏟아 붓는 것이다. 이 두 가지 경우 아마도 학생들은 노력과 흥미의 지속성에 대한 어떤 중요한 원리들을 모르고 있는 것 같다. 공부에 더 많은 시간을 소비하는 대신. 그들은 자신이 사용하는 시간을 더욱 잘 이용해야 할 필요가 있다. 그들은 한 과목에 투자되는 시간에 가능한 최대의 효과를 거두어야 한다. 이것이 바로 효과적인 학습을 의미한다. 효과적인 학습 습관을 지닌 사람은 그렇지 못한 사람보다 교재에 적은 시간을 투자하고도 그것을 더욱 잘 이해한다.

9. Choose one which agrees with the passage.

A work of literature may be studied in relation to its author, the culture from which it springs, and the text itself. One may study a writer's work for the information it gives about the character of the writer or his world view. A reader must be careful, however, in judging a man from his writings: the attitudes and values of the hero of a novel do not necessarily reflect these of the author. Because a literary work is the product of an age, a knowledge of the political and economic conditions and the philosophic and religious ideas of that age is useful. But however interesting and helpful, concern for the author or his background is essentially secondary. The study of the work itself is primary. To get at the heart of a novel, a play, or a poem, he must focus on its content and structure. He must concern himself with the experience the author communicates and the form in which he communicates it.

① The study of its author is the most important for the better understanding of a work of literature.
② In considering a work of literature one must study its cultural background more than anything else.
③ In your attempt to understand a work of literature you must put the greatest emphasis on the study of the text itself.
④ The only way to understand a work of literature is the examination of its content and structure.

 a work of literature n. 문학작품   relation n. 관련   do not necessarily v. 반드시 ~것은 아니다
reflect v. 반영하다   product n. 산물   concern n. 관심   primary a. 주요한

MEMO

9. ③ ★★

A work of literature may be studied in relation to its author, the culture from which it springs, and the text itself. One may study a writer's work for the information it gives about the character of the writer or his world view. A reader must be careful, however, in judging a man from his writings: the attitudes and values of the hero of a novel do not necessarily reflect these of the author. Because a literary work is the product of an age, a knowledge of the political and economic conditions and the philosophic and religious ideas of that age is useful. But however interesting and helpful, concern for the author or his background is essentially secondary. The study of the work itself is primary. To get at the heart of a novel, a play, or a poem, he must focus on its content and structure. He must concern himself with the experience the author communicates and the form in which he communicates it.

Rudy's 해설

미괄식 구성의 영문으로, 작품을 이해하기 위해서는 작가, 문화, 작품 자체에 대한 다양한 연구가 필요하지만, 가장 중요한 것은 작품 자체에 대한 연구가 가장 중요하다는 것이 주제이다. 'The study of the work itself is primary' 주제문으로 확보하면 전반적인 내용을 쉽게 독해할 수 있다.

① The study of its author is **the most important** for the better understanding of a work of literature.
(작가에 대한 연구는 문학작품의 이해에 있어서 가장 중요하다)

* 최상급은 언제나 유의하자. 함정문항으로 빈출되는 구조 중 하나이다.

② In considering a work of literature one must study its cultural background **more than anything else.**
(문학작품을 연구함에 있어서, 우리는 다른 어떤 것보다 문화적 배경을 연구해야 한다)

* more than anything else 자체가 최상급 형식이다. 이 또한 최상급 형식으로 유의하자.

③ In your attempt to understand a work of literature you must **put the greatest emphasis on the study of the text itself.** (작품을 이해함에 있어서, 우리는 작품 자체에 대한 연구를 가장 중요시해야 한다)

* 최상급 표현으로 유의하자. 본문에서 작품 자체의 연구가 제일 중요하다고 했기에 정답으로 선별할 수 있다.

④ The **only way** to understand a work of literature is the examination of its content and structure.
(작품에 대해 이해할 수 있는 유일한 방법은 내용과 구조를 연구하는 것이다)

* only가 있어 틀린 내용이다.

해석

문학 작품은 작가, 그것이 생성된 문화, 그리고 작품 자체와 연계하여 연구된다. 사람들은 작가와 그의 세계관에 대해 그 작품이 주는 정보를 얻기 위해 한 작가의 작품을 연구한다. 그러나 독자는 작품으로부터 한 인간을 판단함에 있어 주의를 기울여야 한다. 어떤 소설의 영웅이 갖고 있는 태도와 가치가 반드시 작가의 가치와 태도를 반영하는 것은 아니기 때문이다. 문학 작품이란 한 시대의 산물이기 때문에, 그 시대의 정치적, 경제적 상황과 철학적, 종교적 이념들에 대한 지식이 필요하다. 그러나 아무리 흥미롭고 유익하다 할지라도, 작가와 그의 배경은 2차적인 것이다. 작품 그 자체에 대한 연구가 가장 중요하다. 한 소설이나, 연극, 시의 핵심에 이르려 한다면, 반드시 그것은 내용과 구성에 초점을 맞추어야 한다. 작가가 전달하는 경험과 작가가 그 경험을 전달하는 형식에 관심을 두어야만 하는 것이다.

10. Why did some critics doubt the antiquity of the inscriptions?

An archaeological discovery in 1979 revealed that the Priestly Benediction appeared to be the earliest biblical passage ever found. Two tiny strips of silver, each wound tightly like a miniature scroll and bearing the inscribed words, were initially dated from the late seventh century B.C. But doubts persisted. The silver was cracked and corroded, and many words and lines were unreadable. Some critics contended that the artifacts were only from the third century B.C., and of less importance. So USC archaeologists have now re-examined the inscriptions using new photographic and computer imaging techniques. The words still do not exactly leap off the silver. But the researchers said they could be read fully and analyzed with far greater precision, and that they were indeed the earliest. The research team concluded that the improved reading of the inscriptions confirmed their greater antiquity. The script, the team wrote, is from the period just before the destruction of Jerusalem in 586 B.C.

① The scrolls preserved the earliest known citations of texts.
② Early biblical inscriptions were a rarity.
③ The silver scrolls were fractured and illegible
④ New technology was used to re-examine the inscriptions.
⑤ The inscriptions were not affirmed by researchers.

voca			
archaeological a. 고고학적인	reveal v. 보여주다	priestly a. 성직자의	benediction n. 감사기도
biblical a. 성서의	passage n. 구절, 통과	strip n. 조각	scroll n. 두루마기
inscribed a. 새겨진	cracked a. 깨진	corroded a. 부식된	artifact n. 모조품, 인공품
leap off v. 모습을 드러내다	antiquity n. 오래됨		

MEMO

10. ③ ★★

An archaeological discovery in 1979 revealed that the Priestly Benediction appeared to be the earliest biblical passage ever found. Two tiny strips of silver, each wound tightly like a miniature scroll and bearing the inscribed words, were initially dated from the late seventh century B.C. **But doubts persisted. The silver was cracked and corroded, and many words and lines were unreadable.** Some critics contended that the artifacts were only from the third century B.C., and of less importance. So USC archaeologists have now re-examined the inscriptions using new photographic and computer imaging techniques. The words still do not exactly leap off the silver. But the researchers said they could be read fully and analyzed with far greater precision, and that they were indeed the earliest. The research team concluded that the improved reading of the inscriptions confirmed their greater antiquity. The script, the team wrote, is from the period just before the destruction of Jerusalem in 586 B.C.

Rudy's 해설

Why did some critics doubt the antiquity of the inscriptions?
(왜 비평가들은 그 비문들이 오래 되었다는 것에 대해서 의심했는가)
전형적인 specific 문제로 'critics doubt the antiquity of the inscriptions' 표현을 keyword로 본문에서 해당 내용을 빠르게 찾을 수 있다.

① The scrolls preserved the earliest known citations of texts.
　(그 두루마기들은 가장 오래되었다고 알려진 글귀들을 보존하고 있었다)
② Early biblical inscriptions were a rarity. (초기의 성경 구절들은 희귀한 것이었다)
③ The silver scrolls were fractured and illegible (은 두루마기들은 균열되고 읽을 수 없었다)

* 본문의 cracked and corroded 표현을 동의어로 표현한 문항이다. 이처럼 내용일치에서는 본문의 표현을 동의어, 유의어로 변경하는 경우가 매우 빈번하다.

④ New technology was used to re-examine the inscriptions. (새로운 기술이 비문들을 재검사하는데 활용되었다)

⑤ The inscriptions were not affirmed by researchers. (그 비문들은 연구자들에게 확인되지 않았다)

해석

1979년의 한 고고학 발견으로 제사장의 축복기도(Priestly Benediction)가 이제껏 발견된 가장 오래된 성경구절로 보인다는 것이 드러났다. 각각이 마치 축소모형 두루마리 책처럼 단단히 감겨져 있고 새겨진 문구를 담고 있는 두 개의 작은 은으로 된 가늘고 긴 조각들은 처음에는 기원전 7세기 후반의 것으로 보였다. 그러나 의구심이 지속되었다. 은이 깨지고 부식되었으며, 많은 문구들과 행들을 읽을 수가 없었다. 일부 비평가들은 그 유물들이 기원전 3세기의 것이고 중요성이 덜하다고 주장했다. 그래서 남가주대(USC) 고고학자들은 현재 새로운 사진술과 컴퓨터 이미징 기술들을 사용해서 그 새겨진 문구를 재조사해왔다. 그 문구들은 아직도 정확하게 은 조각 위로 드러나지 않는다. 그러나 연구가들은 문구들이 완전히 읽혀질 수 있었고, 훨씬 더 정확하게 분석될 수 있었으며 그것들이 실제로 가장 오래된 문구라고 말했다. 연구팀은 새겨진 문구들을 더 잘 읽게 되어 문구가 더 오래된 것임을 확인했다고 결론 내렸다. 그 문구는 기원전 578년에 예루살렘의 멸망 바로 직전 시기의 것이라고 연구팀은 썼다.

11. Do you have problems trying to figure out how to entertain the children you baby-sit for? Try this simple dance game: First, find some music on the radio or play a record. To begin, you start with a simple movement, such as jumping to the right, putting your hands on your hips, or doing a simple spin. Teach the children your movement until they feel comfortable with it. Then, ask them to choose a different movement and teach it to you. Now, they must put the two steps together. Next, it's your turn to add a step, and then theirs. Once you link a few steps together smoothly, try them with different kinds of music. This game teaches coordination and aids in memory development. It is also good exercise. If you need a rest, turn on the television set. It's easy to help young children learn from the programs they watch. You can help them to develop critical-viewing skills by asking questions about the programs. Find out why they like a show, for example, or whether they think it is realistic. Discuss the answers and encourage them to think about what they see. That way, they will discover the difference between fantasy and reality for themselves.

(1) The writer believes that baby-sitting is ___________.

① the best way to earn money   ② a chance to teach some skills
③ a job that requires little effort   ④ not a good job

(2) According to the writer, children can learn dance steps by _______.

① watching them on TV   ② feeling them
③ imitating them   ④ imagining them

(3) What TV shows does the writer recommend?

① variety shows   ② comedies
③ quiz shows   ④ no particular shows

(4) How does the dance game develop children's memories?

① Several dance steps are set to music.
② New steps are combined with those already learned.
③ Songs from records are memorized.
④ Children are encouraged to dance.

voca   baby-sit v. 돌보다 spin n. 회전 turn on v. 켜다 coordination n. 협동 critical-viewing 비판적으로 시청하기 realistic a. 현실적인

MEMO ____

11. (1) ② (2) ③ (3) ④ (4) ② ★★

> **Do you have problems trying to figure out how to entertain the children you baby-sit for?** Try this simple dance game: First, find some music on the radio or play a record. To begin, you start with a simple movement, such as jumping to the right, putting your hands on your hips, or doing a simple spin. **Teach the children your movement until they feel comfortable with it.** Then, ask them to choose a different movement and teach it to you. Now, they must put the two steps together. Next, it's your turn to add a step, and then theirs. Once you link a few steps together smoothly, try them with different kinds of music. **This game teaches coordination and aids in memory development.** It is also good exercise. If you need a rest, turn on the television set. It's easy to help young children learn from the programs they watch. You can help them to develop critical-viewing skills by asking questions about the programs. Find out why they like a show, for example, or whether they think it is realistic. Discuss the answers and encourage them to think about what they see. That way, they will discover the difference between fantasy and reality for themselves.

Rudy's 해설

전형적인 두괄식 구조의 영문으로 본문의 첫 문장을 통해서 쉽게 주제를 선별할 수 있다.

(1) The writer believes that baby-sitting is __________.

아이를 돌보는 것에 대한 전반적인 의미를 묻는 문항으로, 아이들을 즐겁게 하기 위한 다양한 예시들을 통해서 정답을 유추할 수 있다.

① the best way to earn money (돈을 벌 수 있는 최고의 방법)　② a chance to teach some skills (몇몇 기술들을 가르칠 수 있는 기회)

③ a job that requires little effort (별 노력이 들지 않는 일)　④ not a good job (좋은 일이 아니다)

(2) According to the writer, children can learn dance steps by __________.
(아이들은 __________ 통해서 춤 동작을 배울 수 있다)

본문의 'Teach the children your movement until they feel comfortable with it' 통해서 춤동작을 모방한다는 것을 알 수 있다.

(3) What TV shows does the writer recommend?

본문에서 'turn on the television set'만을 언급했을 뿐, 특정한 프로그램을 추천하고 있지는 않다.

(4) How does the dance game develop children's memories?
(댄스게임은 어떻게 아이들의 기억력을 증진시키는가)

본문의 'This game teaches coordination and aids in memory development.' 통해서 정답을 선별할 수 있다.

① Several dance steps are set to music. (몇몇 댄스 동작들이 음악과 결합된다)
② New steps are combined with those already learned. (새로운 동작들이 기존에 배운 동작들과 결합된다)
③ Songs from records are memorized. (음반에서 나온 노래들을 기억하다)
④ Children are encouraged to dance. (아이들은 춤을 추도록 고무 받는다)

해석

당신이 돌보는 아이들을 즐겁게 해 주는 방법을 궁리하려고 애쓰느라 어려움을 겪지는 않습니까? 이 간단한 댄스 게임을 해 보십시오. 우선, 라디오에서 나오는 몇 개의 음악을 고르거나 녹음기를 켜세요. 맨 먼저, 간단한 움직임으로 시작합니다. 이를테면 오른쪽으로 점프하거나, 양손을 엉덩이 위에 올리거나, 혹은 간단한 회전 같은 것 말입니다. 아이들이 쉽사리 동작을 따라 할 때까지 아이들에게 당신의 동작을 가르치십시오. 그리고 나서, 그들에게 다른 동작을 스스로 선택하도록 한 뒤 그 동작을 당신에게 가르치도록 부탁해 보세요. 자, 아이들이 두 발을 함께 모았을 겁니다. 다음에, 당신 차례이니 한 스텝을 추가하시고, 그 다음은 아이들 차례입니다. 일단 몇 스텝을 부드럽게 연결해 출 수 있다면, 다른 종류의 음악에 맞추어 추어보세요. 이 게임은 공동작업을 가르치고 기억력 발달에도 도움을 줍니다. 또 좋은 운동도 됩니다. 당신이 쉬고 싶으면, 텔레비전을 켜세요. 아이들이 보는 프로그램을 통해 아이들이 공부하는 것을 도와주는 것은 쉽습니다. 프로그램에 관한 질문을 함으로써 당신은 그들이 비판적으로 사물을 보는 능력을 발달시키도록 도울 수 있습니다. 예를 들어, 그들이 이떤 프로그램을 왜 좋아하는지 혹은 그 프로그램이 현실성이 있다고 생각하는지를 물어보세요. 답변에 대해 토론하고 그들이 본 것에 관해 생각하도록 격려해 주세요. 그런 식으로 하면, 아이들은 스스로 한상과 현실의 차이를 발견하게 될 것입니다.

12. Man is always mysterious. Primordial forces hidden in the recesses of his soul, not the economic causes that are measured by statistics or in the laboratory, determine today as they have for thousands, perhaps millions, of years the crucial acts of his life: struggles and wars, procreation, religious awe, provision of shelter, the search for leaders in peace and in war, satisfaction for his hunger. Thought , modern science, is but a slender taper burning in the depths of the night. But with this tiny flame, the fire of Prometheus or Lucifer, man begins the ordering of his world and the fabrication of those objects that sometimes help him, sometimes enslave him and with ever-fresh interest, he ponders his origin and his destiny.

(1) According to the passage, the writer thinks of 'a slender taper' as __________

    ① it physically lit the darkness at night
    ② it functioned just as Primordial forces
    ③ it could be a thing men have been longing for through the history
    ④ it developed the ordering of the world

(2) Man's behavior has been controlled by ______________.

    ① thought   ② hidden influence
    ③ economic forces   ④ history

(3) The sentence "thought, modern science, is but a slender taper," is an illustration of

    ① metaphor   ② simile
    ③ allusion   ④ exaggeration

(4) The title that best expresses the ideas of this passage is __________.

    ① the function of Primordial Forces
    ② The Mystery of Man
    ③ the Value of Thought
    ④ the thing man tried to naturally achieve

voca   primordial a. 근원적인   recess n. 후미진 곳, 구석자리   statistics n. 통계   crucial a. 중요한
         procreation n. 출산   provision n. 제공   slender a. 가느다란
         taper n. 심지   fabrication n. 구성, 조립   ponder v. 숙고하다

12. (1) ④ (2) ② (3) ① (4) ③ ★★

> Man is always mysterious. Primordial forces hidden in the recesses of his soul, not the economic causes that are measured by statistics or in the laboratory, determine today as they have for thousands, perhaps millions, of years the crucial acts of his life: struggles and wars, procreation, religious awe, provision of shelter, the search for leaders in peace and in war, satisfaction for his hunger. **Thought , modern science, is but a slender taper burning in the depths of the night.** **But** with this tiny flame, the fire of Prometheus or Lucifer, **man begins the ordering of his world** and the fabrication of those objects that sometimes help him, sometimes enslave him and with ever-fresh interest, he ponders his origin and his destiny.

Rudy's 해설

미괄식 구성의 영문으로 상당히 난이도 있는 내용이다.

인류는 오랫동안 본능적인 힘에 지배를 받았지만, 어둠 속에 빛나는 작은 심지를 가지고 세상의 질서를 정립하기 시작했다는 내용이다. 문맥상 작은 심지는 근대 과학을 의미한다. 아주 오랫동안 본능적인 힘에 지배를 받았던 인간이 작고 미약하지만 하나의 등불이 되는 과학적 사고를 지니고 자신의 운명을 개척해가기 시작했다는 것이 주제에 해당한다.

(1) 본문에서 이 작은 불꽃을 가지고 세상의 질서를 정립하기 시작했다는 진술을 통해서 정답을 선별할 수 있다.

　① it physically lit the darkness at night (밤의 어둠을 물리적으로 밝혀준다)

　② it functioned just as Primordial forces (근원적인 힘의 역할을 했다)

　③ it could be a thing men have been longing for through the history (역사를 통해서 인류가 열망했던 것)

　④ it developed the ordering of the world (세상의 질서를 발전시킨다)

(2) 본문의 Primordial forces hidden in the recesses of his soul를 통해서 정답을 선별할 수 있다.

(3) "thought, modern science, is but a slender taper" - 주어 동사 보어 (2형식)

　　2형식은 언제나 은유법이 된다. 보어를 통해서 주어의 속성이나 특징을 설명하는 방법이 은유법이다.

(4) 두괄식 구성으로 오인하면 함정문항에 빠지기 쉽다. 본문은 미괄식 구성으로 과학, 즉 이성의 역할을 강조하는 글이다.

　① the function of Primordial Forces (근원적인 힘들의 역할)

　② The Mystery of Man (인류의 신비로움)

　③ the Value of Thought (사고의 가치)

　④ the thing man tried to naturally achieve (인간이 본능적으로 성취하려고 하는 것)

해석

인간은 늘 신비스런 존재다. 통계나 실험을 통해 측정되는 경제적 요인들이 아니라 인간의 영혼 깊숙이 숨어있는 원초적인 힘들이 아마도 수천 년 또는 수백만 년 동안 그러해왔듯이 오늘 날도 인생의 핵심적 행동들, 즉 투쟁과 전쟁, 생식, 종교적 경외심, 쉴 곳의 제공, 평화 시와 전시의 지도자에 대한 희구, 굶주림에 대한 충족 등을 결정한다. 사고, 즉 현대과학은 깊은 밤 타오르는 가느다란 심지에 지나지 않다. 하지만 이 작은 불꽃, 프로메테우스나 루시퍼의 불로 인간은 자신의 세계의 질서를 정립하고 때로는 자신을 돕기도 하고, 구속하기는 하는 그러한 대상들을 조직하기 시작하고, 늘 신선한 관심으로 자신의 기원과 운명에 대해 사고한다.

13. The value of philosophy is to be sought largely in its very uncertainty. He who has no tincture of philosophy goes through life imprisoned in the prejudices derived from common sense, from the habitual beliefs of his age or his nation and from convictions that have grown up in his mind without the cooperation or consent of his deliberate reason. As soon as we begin to philosophize, on the contrary, we find that even the most everyday things lead to problems to which only very incomplete answers can be given. Philosophy, though unable to tell us with certainty what is the true answer to the doubts that are raised, is able to suggest many possibilities that enlarge our thoughts and free them from the tyranny of customs.

(1) A person who does not allow philosophy to help shape his life lacks ________.

    ① convictions based on prejudices
    ② ability to think about the social issues of his time
    ③ beliefs of his age as reflected in the principles of his nation
    ④ opinions arrived at by his independent thinking

(2) Philosophy allows us to __________.

    ① question our doubts in the terms of our certainties
    ② doubt man's efforts through the ages
    ③ follow the true thinking of our leader
    ④ have faith in our own ability to think

voca			
uncertainty n. 불확실성	tincture n. 색상, 성향	go through v. 경험하다	prejudice n. 편견
conviction n. 확신	cooperation n. 협력	consent n. 동의	incomplete a. 불완전한
enlarge v. 증가시키다	tyranny n. 폭정, 독재	philosophize v. 철학적으로 생각하다	

MEMO

13. (1) ④ (2) ② ★★

> **The value of philosophy is to be sought largely in its very uncertainty.** He who has no tincture of philosophy goes through life imprisoned in the prejudices derived from common sense, from the habitual beliefs of his age or his nation and from convictions that have grown up in his mind without the cooperation or consent of his deliberate reason. As soon as we begin to philosophize, on the contrary, we find that even the most everyday things lead to problems to which only very incomplete answers can be given. Philosophy, though unable to tell us with certainty what is the true answer to the doubts that are raised, is able to suggest many possibilities that enlarge our thoughts and free them from the tyranny of customs.

Rudy's 해설

(1) A person who does not allow philosophy to help shape his life lacks _________.
(철학이 자신의 삶에 도움을 주지 않는 사람은 ____ 부족하다)

두 번째 문장의 'He who has no tincture of philosophy goes through ~' 정답을 선별할 수 있다. 철학적 사고가 부족한 사람은 독립적, 주체적인 생각이 부족하다는 것이 요점이다.

① convictions based on prejudices (편견에 토대를 둔 확신들)
② ability to think about the social issues of his time (시대의 사회적 문제들을 생각하는 능력)
③ beliefs of his age as reflected in the principles of his nation (사람들의 믿음이 반영된 자신이 살고 있는 시대의 믿음들)
④ opinions arrived at by his independent thinking (독립적 사고를 통해 형성된 의견들)

(2) Philosophy allows us to _________.

철학의 역할을 묻는 문제로, 철학이 ____ 가능하게 해 준다는 문제이다.

① question our doubts in the terms of our **certainties** (확실성의 관점에 의심들을 제기한다)

　* 함정문항이 될 수 있는데, 확실성이 아니라 불확실성이라는 관점이 맞는 표현이다.

② doubt man's efforts through the ages (과거부터 이루어진 인간의 노력에 의문을 제기한다)

　* 본문의 'we find that even the most everyday things lead to problems to which only very incomplete answers can be given' 통해 정답을 선별할 수 있다.

③ follow the true thinking of our leader (리더들의 진실한 사상을 추종한다)
④ have faith in our own ability to think (우리의 사고 능력에 확신을 가지다)

해석

철학의 가치는 바로 철학의 불확실성에서 주로 찾아볼 수 있을 것이다. 철학적인 색조가 전혀 없는 사람은 상식이나, 자신의 시대나 국가의 인습적인 믿음이나, 자신의 신중한 이성과의 협력 또는 동의 없이 자신의 마음속에서 형성된 신념에서 비롯된 편견들에 갇혀있는 삶을 살아간다. 이에 반해 우리가 철학적으로 사색하기 시작하면, 가장 일상적인 일들조차도 매우 불완전한 답만을 겨우 얻을 수 있는 문제들이라는 것을 알게 된다. 철학은, 비록 그것이 제기하는 의문에 대해 무엇이 진정한 답인지를 확실히 우리에게 말해줄 수는 없지만, 우리의 사고를 넓혀주고 우리의 사고가 관습에 지배되는 것을 막아주는 많은 가능성들을 제시해 준다.

14. All living languages are characterized by sound changes that have occurred and will continue to occur in the course of their history. Some linguists choose to consider the sound change processes something that operates with the regularity of physical laws. "Sound law" is a term devised by linguist August Leskien to describe the supposed absolute regularity of this kind of structural change in language. The term "sound law" means that, in a given area and at a given period, if a sound changes, the change will be universal and will have no exceptions. This rule loses some of its inflexibility by amendments to the effect that, if apparent exceptions are found, they are due to some extraneous factor, such as learned influence, foreign or dialectal borrowing or analogy.

(1) It can be inferred from passage that ______________.

   ① linguists cannot observe sound change in languages today
   ② linguists feel that language laws have changed more in recent years than in the past
   ③ a language will sound different in five centuries
   ④ all languages eventually die out

(2) The author of the passage implies that regular sound change is caused by ____________ .

   ① influence from foreign languages
   ② knowledge of linguistic and physical laws
   ③ new pronunciations being proposed by linguists
   ④ structural forces within language

voca   characterize v. 특징을 나타내다   operate v. 작동하다   regularity n. 규칙성   devised a. 만들어진
a given area n. 특정한 지역   inflexibility n. 불가변성   amendment n. 수정, 개정   extraneous a. 외부적인
learned a. 후천적인   dialectal a. 방언의

MEMO

14. (1) ③ (2) ④ ★★

All living languages are characterized by sound changes that have occurred and will continue to occur in the course of their history. Some linguists choose to consider the sound change processes something that operates with the regularity of physical laws. **"Sound law" is a term devised by linguist August Leskien to describe the supposed absolute regularity of this kind of structural change in language.** The term "sound law" means that, in a given area and at a given period, if a sound changes, the change will be universal and will have no exceptions. This rule loses some of its inflexibility by amendments to the effect that, if apparent exceptions are found, they are due to some extraneous factor, such as learned influence, foreign or dialectal borrowing or analogy.

Rudy's 해설

두괄식 구조의 영문으로 sound law = sound change를 topic으로 하는 글이다.
sound law에 대한 명칭의 유래와 그것에 대한 내용, 예외적인 조항들을 설명하고 있다.

(1) It can be inferred from passage that ____________.

본문 첫 줄의 '~ and will continue to occur in the course of their history' 통해서 정답을 선별할 수 있다.

① linguists cannot observe sound change in languages today (언어학자들을 오늘날 언어에서 음운 변화를 관찰할 수 없다)

② linguists feel that language laws have changed more in recent years than in the past
(언어학자들은 과거보다 최근에 언어법칙들이 더 변한다고 느낀다)

③ a language will sound different in five centuries (하나의 언어는 5세기 후에는 다르게 발음될 것이다)

　* 역사를 통해서 계속해서 음운변화가 일어날 것이라고 했기에 정답으로 적절하다.

④ all languages eventually die out (모든 언어는 결국엔 사멸한다)

(2) The author of the passage implies that regular sound change is caused by ___________.
(음운변화는 ________ 야기된다)

본문의 'the supposed absolute regularity of this kind of structural change'를 통해서 정답을 선별할 수 있다.

① influence from foreign languages (외래어의 영향)
② knowledge of linguistic and physical laws (언어적, 물리적 법칙들에 대한 지식)
③ new pronunciations being proposed by linguists (언어학자가 제안하는 새로운 발음)
④ structural forces within language (언어에 내재하는 구조적 힘들)

해석

모든 현대 언어는, 그 역사 과정에서 이미 일어났고 또 앞으로도 계속 일어날 음운 변화에 의해 특징 지워진다. 일부 언어학자들은 음운 변화 과정을 물리적 법칙의 규칙대로 움직이는 것으로 간주하고 싶어 한다. '음운법칙'이란 이와 같은 언어의 구조적 변화를 가정한 절대 규칙을 설명하기 위하여 언어학자 오거스트 레스킨에 의해 고안된 용어이다. '음운법칙'이라는 용어는 일정 지역에서 그리고 일정 시기에 만일 어떤 음이 변하면 그 변화는 보편적으로 되어 예외가 없다는 것을 의미한다. 이 법칙은, 만일 명백한 예외가 발견된다면, 그 예외는 남에게서 배워 얻어진 영향이나 외국어에 차용된 것 또는 방언에서 따온 것, 또는 유추와 같은 어떤 외래적인 요인 때문이라는 취지의 수정안에 의하여 그 불가변성의 일부를 상실하게 된다.

15. The complete science of politics falls into two parts which may for convenience be called ethics and politics. Aristotle's ethics, no doubt, are social, and his politics are ethical; he does not forget in the Ethics that the individual man is essentially a member of society, nor in the Politics that the good life of the state exists only in the good lives of its citizens. Still, he has no doubt that there is a difference between the two inquiries. But about the nature of the relationship between them, he is not so clear. At the outset of the Ethics, he describes the good of the state as 'greater and more perfect' than that of the individual, and the latter as merely something with which we may have to put up if we cannot attain the former. But his sense of value of the individual life appears to grow as he discusses it, and at the end of the work he speaks as if the state were merely ancillary to the moral life of the individual, supplying the element of compulsion which is needed if man's desires are to be made subservient to his reason.

(1) According to the passage, which of the following statements is true?

① Aristotle wrote the Ethics, but not the Politics.
② Aristotle didn't distinguish between ethics and politics which constitute social science.
③ Aristotle didn't specify the nature of the relationship between ethics and politics.
④ Aristotle criticized politicians in the Politics for pursuing a policy of conciliation.
⑤ Aristotle was the only scholar who considered ethics and politics are both social.

(2) According to the passage, what does Aristotle think at the end of the Ethics about the relationship between the state and the individual?

① Man's desires are more important than the state's future
② The individual must work hard to build up the power of the state.
③ The state must provide the individual with wealth and power.
④ The moral life of the individual is secondary to the good of the state.
⑤ The state is subsidiary to the moral life of the individual.

---

voca fall into v. ~ 되다   ethics n. 윤리학   outset n. 시작   ancillary a. 보조적인
compulsion n. 강제, 강요   subservient a. 보조적인

해석

'정치학'이라는 완전한 학문은 편의상 윤리학과 정치학으로 불리는 두 부분으로 나눠진다. 아리스토텔레스의 윤리학은 의심할 것 없이 사회적인 것이며, 정치학은 윤리적인 것이다. 즉, 그는 윤리학에서 개인이 본질적으로 사회의 구성원이라는 점을 잊지 않으며, 또한 정치학에서 국가의 행복이란 그 구성원인 시민의 행복 속에만 존재함도 잊지 않는다. 그러나 그는 그 두 가지 문제 사이에 차이가 있다는 것을 의심하지 않는다. 그들 관계의 본질에 대해서는 아리스토텔레스도 그리 분명하지 않다. 윤리학의 초기에는 국가의 행복을 개인의 행복보다 더 크고, 더 완전한 것으로 기술하고, 개인의 행복은 국가가 행복을 얻지 못하는 경우에는 우리가 견뎌야 하는 어떤 것으로 설명한다. 그러나 개인의 삶의 가치에 대한 그의 생각은 그것에 관하여 논의를 해가면서 점점 발전하는 것 같다. 그래서 윤리학의 마지막에서는 결국 국가가 개인의 도덕적 삶에 단지 보조적이기만 한 것처럼 말한다. 즉 인간의 욕망이 이성에 종속되고자 할 경우에 필요시 되는 강제적 요소(제도, 법률)등을 제공하는 역할을 국가는 하게 된다.

15. (1) ③　(2) ⑤　★★

The complete science of politics falls into two parts which may for convenience be called ethics and politics. Aristotle's ethics, no doubt, are social, and his politics are ethical; he does not forget in the Ethics that the individual man is essentially a member of society, nor in the Politics that the good life of the state exists only in the good lives of its citizens. Still, he has no doubt that there is a difference between the two inquiries. **But about the nature of the relationship between them, he is not so clear.** At the outset of the Ethics, he describes the good of the state as 'greater and more perfect' than that of the individual, and the latter as merely something with which we may have to put up if we cannot attain the former. But his sense of value of the individual life appears to grow as he discusses it, and **at the end of the work he speaks as if the state were merely ancillary to the moral life of the individual,** supplying the element of compulsion which is needed if man's desires are to be made subservient to his reason.

Rudy's 해설

(1) general 문제로 전반적인 본문의 내용을 토대로 해결해야 한다.

본문의 'But about the nature of the relationship between them, he is not so clear.' 통해서 정답을 선별할 수 있다.

① Aristotle wrote the Ethics, but not the Politics. (아리스토텔레스는 윤리학은 집필했지만, 정치학은 쓰지 않았다)

② Aristotle didn't distinguish between ethics and politics which constitute social science.
(아리스토텔레스는 사회과학을 구성하는 윤리학과 정치학을 구분하지 않았다)

③ Aristotle didn't specify the nature of the relationship between ethics and politics.
(아리스토텔레스는 윤리학과 정치학의 본질을 구체적으로 설명하지 않았다)

④ Aristotle criticized politicians in the Politics for pursuing a policy of conciliation.
(아리스토텔레스는 화해 정책을 추구한다는 이유로 정치학에서 정치인들을 비판했다)

⑤ Aristotle was the only scholar who considered ethics and politics are both social.
(아리스토텔레스는 윤리학과 정치학 둘 다 사회적이라고 생각했던 유일한 학자였다)

(2) According to the passage, what does Aristotle think **at the end of the Ethics about the relationship between the state and the individual?**
(음운변화는 _______ 야기된다)

보기문항을 토대로 본문의 특정 부분에서 정답을 유추할 수 있다.

본문의 'at the end of the work he speaks as if the state were merely ancillary to the moral life of the individual' 토대로 정답을 선별할 수 있다.

① Man's desires are more important than the state's future. (인간의 욕망이 국가의 미래보다 중요하다)

② The individual must work hard to build up the power of the state.
(개인들은 국가의 힘을 키우기 위해서 열심히 일해야만 한다)

③ The state must provide the individual with wealth and power. (국가는 개인들에게 부와 힘을 제공해야만 한다)

④ The moral life of the individual is secondary to the good of the state.
(개인들의 윤리적 삶은 국가의 선에 대해서 부수적인 것이다)

⑤ The state is subsidiary to the moral life of the individual. (국가는 개인들의 윤리적 삶에 대해서 부수적인 것이다)

16. On the Internet, nothing travels faster than a tip on how to score a bargain. Especially in an economic downturn. Internet merchants are offering steep discounts to anyone willing to punch in a secret coupon code or visit a rebate site for a "referral" before loading up their virtual cart. Shoppers obsessed with finding these bargains share the latest intelligence on dozens of sites with quirky names like RetailMeNot.com, FatWallet.com and the Budget Fashionista. And more consumers than ever are scanning the listings before making a purchase at their favorite website. Some online shoppers are so good at this game that they almost never buy anything at full price, making them the digital era's version of bargain hunters who used to spend hours clipping coupons to shrink their grocery bills.

(1) 윗글의 제목으로 가장 적절한 것은?

① Scoring a Bargain Is the Latest Trend for Consumers
② Retailers Have Mixed Feelings about Online Consumers
③ In Lean Times Online Coupons Are Catching On
④ Online Shoppers Are Clipping Coupons to Save Money
⑤ Merchants Are Gaining a New Level of Populraity

(2) 다음 중 윗글의 내용과 부합하는 것은?

① Some online shoppers like to play games on the Internet.
② Some online shoppers keep clipping coupons to balance the budget.
③ Online shoppers recently purchase airplane tickets on quirky web sites to travel.
④ The digital era forces consumers to be hunters for the game of survival.
⑤ On the Internet online shoppers get the latest information on how to purchase goods at low price.

---

voca

tip n. 정보, 조언	score a bargain v. 깎다	downturn n. 경기 침체	steep discount n. 많은 할인
punch in v. 쳐 넣다, 기록하다	referral n. 소개, 위탁	load up v. 채워 넣다	virtual cart n. 가상의 장바구니
obsess v. 사로잡다	intelligence n. 정보	quirky a. 기발한	clip v. 오리다
shrink v. 줄이다	catch on v. 인기를 끌다	rebate n. 리베이트, 보조금	referral n. 추천
at full price av. 정가로	clip coupon v. 쿠폰을 오리다		
bargain hunter n. 싸고 질 좋은 물건을 찾아다니는 사람			

해석

인터넷에서, 물건 값을 깎는 정보만큼 빠르게 돌아다닌 것도 없다. 특히 경기 침체기에는 더욱 그렇다. 인터넷 상인들은 기꺼이 쿠폰 비밀 번호를 쳐 넣거나, 할인 사이트를 방문하여 '추천'을 해서 가상 장바구니를 채우는 사람들에게 많은 할인을 제공하고 있다. 이러한 할인을 찾는데 혈안이 되어 있는 쇼핑객들은 예를 들어 RetailMeNot.com, FatWallet.com, the Budget Fashionista과 같이 희한한 이름을 가지고 있는 수십 개 사이트에 대한 최신 정보를 공유하고 있다. 그리고 어느 때보다 많은 소비자들이 그들이 좋아하는 웹 사이트에서 구매를 하기 전에 이러한 목록을 훑어보고 있다. 몇몇 온라인 쇼핑객들은 이 게임에 워낙 능수능란해서 거의 어떠한 물건도 제 가격을 다 주고 사지 않을 정도이다. 이는 이들이 예전엔 식료품 값을 줄이기 위해 몇 시간에 걸쳐 쿠폰을 오리곤 했던 싸고 질 좋은 물건을 찾아다니는 사람의 디지털 시대 버전이라는 것을 보여 주고 있다.

16. (1) ③ (2) ⑤ ★★★

> **On the Internet, nothing travels faster than a tip on how to score a bargain.** Especially in an economic downturn. Internet merchants are offering steep discounts to anyone willing to punch in a secret coupon code or visit a rebate site for a "referral" before loading up their virtual cart. **Shoppers obsessed with finding these bargains share the latest intelligence** on dozens of sites with quirky names like RetailMeNot.com, FatWallet.com and the Budget Fashionista. And more consumers than ever are scanning the listings before making a purchase at their favorite website. Some online shoppers are so good at this game that they almost never buy anything at full price, making them the digital era's version of bargain hunters who used to spend hours clipping coupons to shrink their grocery bills.

Rudy's 해설

(1) 두괄식 구조의 영문으로 인터넷에서 할인을 받기 위한 방법들이 빠르게 공유되고 있다는 내용이다. 온라인 쿠폰이 대표적인 방법으로 제시되고 있으며, 다양한 웹 사이트들도 예시로 제시되고 있다.

  ① **Scoring a Bargain Is the Latest Trend** for Consumers (가격을 깎는 것이 소비자들의 최근의 흐름이다)

  * 함정문항인데, 가격을 깎는 것이 최근의 흐름이라는 표현은 과거에는 그렇지 않았다는 의미로, 본문의 마지막 내용을 토대로 예전에도 소비자들은 가격을 깎는데 관심이 많았다는 것을 알 수 있다.

  ② Retailers Have **Mixed Feelings** about Online Consumers
  (소매상인들은 온라인 고객들에 대해서 복합적인 감정을 가지고 있다)

  ③ In Lean Times **Online Coupons Are Catching On**
  (경제적으로 어려운 시기에 온라인 쿠폰은 인기를 얻고 있다)

  ④ Online Shoppers Are **Clipping Coupons to Save Money**
  (아리스토텔레스는 화해 정책을 추구한다는 이유로 정치학에서 정치인들을 비판했다)

  ⑤ **Merchants** Are Gaining a New Level of **Popularity**
  (상인들이 새로운 형태의 인기를 얻고 있다)

(2) general 문제로 본문의 전반적인 내용을 토대로 해결해야 한다.

  ① Some online shoppers like to play games on the Internet. (몇몇 온라인 고객들은 인터넷에서 게임들을 즐긴다)

  ② Some online shoppers keep clipping coupons to balance the budget.
  (몇몇 온라인 고객들은 예산의 균형을 맞추기 위해서 쿠폰을 오려둔다)

  ③ Online shoppers recently purchase airplane tickets on quirky web sites to travel.
  (최근에 온라인 고객들은 여행을 위해 특이한 사이트에서 항공권을 구매한다)

  ④ The digital era forces consumers to be hunters for the game of survival.
  (디지털 시대는 소비자들에게 생존게임을 위해 사냥꾼이 되기를 강요한다)

  ⑤ On the Internet online shoppers get the latest information on how to purchase goods at low price.
  (인터넷에서 온라인 소비자들은 낮은 가격으로 제품을 구매하는 최신의 정보를 수집한다)

Unit 04 추론영역

01 유형별 풀이 전략을 숙지해서 적용하자. ★★★

◉ 추론영역이란?

추론이란 '제시된 내용을 토대로 직접적으로 언급되지 않은 다른 내용을 예측'해 보는 것을 의미한다. 독해문제에서 가장 많은 유형에 해당하는 것이 추론 영역인데, 대표적인 유형은 다음과 같다.

01 Blank

빈칸 넣기로 대표되는 blank 문제는 특정 표현을 찾는 문제와 절, 구 등의 상대적인 긴 표현을 찾는 유형으로 나누어 볼 수 있다. 가시적인 문제 유형은 상이해 보일지라도 실제적인 문제 접근 방식에 있어서 두 유형은 동일하다.

◆ Blank의 통일적인 문제풀이 전략은 다음과 같다.

(1) 본문의 첫줄 또는 마지막 줄에 빈칸에 있다면 빈칸에 적절한 표현은 주제와 깊은 관련성이 있다. 따라서 본문의 주제, 요지를 살펴본다.

(2) 가급적 본문 전체를 읽지 말고, 빈칸 앞뒤 문장들만을 정독하고, 답을 유추할 수 있는 keyword를 찾아본다.

(3) 빈칸 전후에 연결어(접속사, 부사, 전치사)가 있는 경우에는 연결어가 keyword가 될 가능성이 높다.

02 순서배열

복수의 보기문항들의 논리적인 순서를 찾는 문제유형이다. 순서배열 문제 유형들은 다음과 같은 유형들로 확장되기도 한다.

① 특정 문장의 본문에서의 올바른 위치 찾기 - 문장삽입 문제
② 본문의 흐름상 불필요한 문장 찾기 - 불필요한 문장 문제
③ 본문 앞 또는 뒤에 이어질 적절한 문장 찾기 - 전후문장 문제

◆ **순서배열 문제 유형들의 통일적인 문제풀이 전략은 다음과 같다.**

첫 문항 찾자! 소거! 동일어구 접대일구

(1) 첫 문항으로 가장 적절한 것을 선택한다. - 첫 문항 찾기

(2) 선택한 첫 문항이 아닌 다른 문항들이 첫 문항으로 나오는 보기들을 소거한다.
   - 소거

(3) 두 문장에 동의어, 유의어가 있다면 자연스럽게 연결될 수 있다. - 동일어구

(4) 언제나 접속사, 대명사에 유의하자. - 접속사, 대명사

(5) 일반적 진술이 구체적 진술 보다는 앞에 나오는 경우가 빈번하다. - 일반 > 구체

➡ (1)~(2)는 순서배열에만 적용되는 풀이전략. (3)~(5) 공통의 풀이전략.

◆ 순서배열 문제에 능숙해지면, 나머지 유형들은 자연스럽게 해결능력이 신장된다.
   순서배열에서 핵심적인 첫 문항을 선별하는 방법은 다음과 같다.

1. 도입부에 제시문이 등장하는 경우.

   (1) 제시문의 마지막 문장에 등장하는 내용, 표현들과 유사한 표현, 내용이 등장하는
      문항.

   (2) 대명사로 시작하는 보기문항 중 대명사의 선행사가 제시문에 있는 문항.

   (3) 접속사나 연결어로 시작하는 문항이 있을 때, 제시문의 마지막 문장과 호응하는
      문항.

2. 도입부에 제시문 없이 해당 보기문항들만을 가지고 순서를 배열하는 경우.

　(1)　도입부에 제시문이 없기에 대명사로 시작하는 문항은 첫 문항이 될 수 없다.

　(2)　연결어로 시작하는 문항들 또한 첫 문항으로는 대부분 어색하다.

　(3)　구체적인 동작이나 사건보다는 그것들의 배경이 되는 일반적인 내용이 먼저 온다.

3. 첫 문항을 통해서 소거하고 남은 보기문항들 중에서 혼동이 있을 경우

　(1)　개별 보기문항들의 첫 문장과 마지막 문장 비교를 통해서 동의어를 찾는다.

　(2)　연결어가 있는 문항이 있다면 연결어를 통해 전후 문항들의 흐름을 파악한다.

03　추론적용

1. Individualism, self-reliance, and equality of opportunity have perhaps been the values most closely associated with the frontier heritage of America. Throughout their history, Americans have tended to view the frontier settler as the model of the free individual. This is probably because there was ________ over the individual on the frontier than anywhere else in the United States.

① less happiness
② less freedom
③ less fortune
④ less control

voca　self-reliance n. 자립　　equality n. 평등　　　frontier n. 변방, 국경지역　　　heritage n. 유산

MEMO

1. ④ ★

> Individualism, self-reliance, and equality of opportunity have perhaps been the values most closely associated with the frontier heritage of America. Throughout their history, Americans have tended to view the frontier settler as the model of the **free individual. This is probably because** there was __________ over the individual on the frontier than anywhere else in the United States.

Rudy's 해설

'this is because 주어+동사'는 전형적인 인과의 표현이다. this는 결과(앞 문장의 내용을 의미)를 의미하며, because 이하의 내용이 원인이 된다. free individual(결과)을 찾으면, 쉽게 원인에 해당하는 어구를 찾을 수 있다.

해석

개인주의, 자립, 그리고 기회의 균등은 아마도 미국 국경지대의 유산과 가장 밀접하게 연관되어 있는 가치들이었다. 역사를 통해 미국인들은 국경지대의 정착민들을 자유로운 개인의 모델로 여기는 경향이 있었다. 이것은 아마도 미국의 어느 곳에서보다 국경지대에서 개인에 대한 통제가 더 적었기 때문이다.

Unit. 04

2. In the past, any absence of food led to famine or migration. Hardly any food was traded across long distances and a great number of people died without most of the world knowing about it. But in the 19th century, North American grain, Argentinean beef and Southeast Asian rice were traded in increasing quantities. The coming of steamships and refrigeration made food transport more economic. Some states, such as Britain, abandoned the policy of selfsufficiency in food and ___________ .

① suffered a great famine
② encouraged emigration
③ relied on cheap food imports
④ tried new methods of farming

> **voca**　famine n. 배고픔, 기근　　grain n. 곡물　　steamship n. 증기선　　refrigeration n. 냉장
> abandon v. 폐지하다

MEMO

3. Of all the targets of government wrath in American industry, none have been scorched more severely or more often than the U.S. tobacco companies. But despite being hit with everything from health-warning labels to smoking bans in buildings to Vice President Al Gore's tale last year of his sister's fatal lung cancer, cigarette makers have survived and prospered. The industry's profits have been healthy for a decade, and in spite of countless lawsuits, no tobacco company has ever paid out a single penny to ___________ anyone for damaged health.

① present
② regulate
③ cause
④ compensate

> **voca**　wrath n. 분노　　scorch v. 비판하다　　ban n. 금지　　pay out v. 지불하다　　regulate v. 조절하다
> compensate v. 보상하다

MEMO

2. ③ ★

> In the past, any absence of food led to famine or migration. Hardly any food was traded across long distances and a great number of people died without most of the world knowing about it. But in the 19th century, North American grain, Argentinean beef and Southeast Asian rice were traded in increasing quantities. The coming of steamships and refrigeration made **food transport more economic.** Some states, such as Britain, **abandoned the policy of selfsufficiency in food** and __________ .

Rudy's 해설

빈칸 앞의 and를 기준으로 전형적인 인과구조이다. 자급자족을 포기했다는 내용 뒤에 이어질 내용으로 가장 적절한 것을 선별하는 것이 요점이다. 자급자족을 포기했기에, 식량에 관련된 내용이 정답으로 가장 적절하다.

① suffered a great famine (대두하는 도시 문화는 교역에 관심이 많았다)
② encouraged emigration (이민을 장려하다)
③ relied on cheap food imports (저렴한 수입 식량에 의존하다)
④ tried new methods of farming (새로운 농경기법을 시도하다)

해석

과거에는 식량 부족이 기아나 이주를 초래했다. 오늘날과 같이 멀리 떨어진 지역에서 식량을 가져올 수 없었기에 상당수의 사람들이 아무도 모르게 굶주려 죽어갔던 것이다. 그러나 19세기에는 북미산 곡물, 아르헨티나산 쇠고기 및 아시아산 쌀이 엄청난 양으로 교역되었다. 게다가 대형 상선과 냉동시설의 발달로 식량 수송은 더욱 효율적이게 되었다. 마침내 영국을 비롯한 몇몇 국가들은 식량의 자급자족 정책을 포기하고 저렴한 가격의 수입 식량에 의존하게 되었다.

3. ④ ★

> Of all the targets of government wrath in American industry, none have been scorched more severely or more often than the U.S. tobacco companies. But despite being hit with everything from health-warning labels to smoking bans in buildings to Vice President Al Gore's tale last year of his sister's fatal lung cancer, cigarette makers have survived and prospered. The industry's profits have been healthy for a decade, and **in spite of countless lawsuits, no tobacco company has ever paid out a single penny to** ________ anyone for damaged health.

Rudy's 해설

빈칸 앞의 'in spite of countless lawsuits'와 빈칸 뒤의 anyone을 통해서 빈칸에는 피해를 보상한다는 표현이 가장 적절하다.

해석

미국업계에서 정부의 비난 대상 가운데 미국의 담배 회사보다 더 심하게, 혹은 더 자주 비난받은 것은 없었다. 그러나 건강을 해친다는 경고문에서부터 공공건물 내에서 금연, 그리고 자신의 누이가 치명적인 폐암에 걸렸다는 앨 고어 부통령의 작년의 발언에 이르기까지 모든 것으로 타격을 받았음에도 담배 제조업자들은 살아남았고 번성했다. 담배업계의 이윤은 지난 10년 동안 상당했다. 수 없는 소송에도 불구하고 어느 담배 회사도 건강을 해친 것에 대해 어느 누구에게 보상하기 위해 돈을 단 한 푼도 지불하지 않았다.

4. Next to mental failure, blindness is surely the worst of afflictions. By far the greater part of our contacts with the external world comes to us through sight. When people say, as they do sometimes, the total deafness must be worse than blindness, they forget that the deaf man forget his infirmity when he is alone, and that there are sadly few things that __________.

① the blind man wants to do when he is alone
② the deaf man is able to do in solitude
③ the deaf man cannot do by himself
④ the blind man can do in solitude

voca　affliction n. 고통, 불행　　by far av. 훨씬 더　　sight n. 시야　　infirmity n. 병, 결점

MEMO

5. Ho Chi Minh went to France for a series of conferences in 1946, and concluded an agreement with the French government. But the peace was broken by an incident at Haiphong when a French cruiser opened fire on the town after a clash between French and Vietnamese soldiers. Almost 6,000 Vietnamese were killed, and hope for a __________ settlement ended.

① amicable
② accessible
③ irresponsible
④ irresistible

voca　series n. 연속, 계속됨　conference n. 협의, 회의　amicable a. 친절한, 우호적인　accessible a. 접근하기 쉬운
irresponsible a. 무책임한, 책임을 물을 수 없는　irresistible a. 저항할 수 없는, 꼼짝 못하게 하는

MEMO

4. ④ ★

> Next to mental failure, **blindness is surely the worst of afflictions.** By far the greater part of our contacts with the external world comes to us through sight. When people say, as they do sometimes, the total deafness must be worse than blindness, **they forget** that the deaf man forget his infirmity when he is alone, and that **there are sadly few things** that __________.

Rudy's 해설

결국 빈칸에는 첫 줄의' blindness is surely the worst of afflictions'에 대한 부합된 내용이 적절하다. 청각 장애보다 시각장애가 더 고통스럽다는 내용이 적절한데, 선행사로 few things가 왔기에 빈칸에는 '할 수 있다'는 표현이 와야, 결론적으로 '할 수 있는 것이 거의 없다'는 부정적 내용이 된다.

① the blind man wants to do when he is alone (시각 장애인이 하고 싶은, 혼자 있을 때)

② the deaf man is able to do in solitude (청각 장애인이 혼자서 할 수 있는)

③ the deaf man cannot do by himself (청각 장애인이 혼자서 할 수 없는)

④ the blind man can do in solitude (시각 장애인이 혼자서 할 수 있는)

해석

정신질환 다음으로 실명이 최악의 고통이라는 것은 확실하다. 외부 세계와의 접촉은 주로 시각을 통해서 이루어진다. 사람들이 때때로 말하듯이 완전히 귀먹는 것이 실명보다 훨씬 더 나쁨에 틀림없다고 말할 때. 사람들은 귀먹은 사람은 혼자 있을 때 자신의 질병을 잊는다는 것과 눈먼 사람이 혼자서 할 수 있는 일이란 슬프게도 거의 없다는 것을 망각한다.

5. ① ★

> Ho Chi Minh went to France for a series of conferences in 1946, and concluded an **agreement with the French government. But the peace was broken** by an incident at Haiphong when a French cruiser opened fire on the town after a clash between French and Vietnamese soldiers. Almost **6,000 Vietnamese were killed**, and hope for an _______ settlement ended.

Rudy's 해설

평화협정을 체결했으나, 포격 사건으로 깨졌다는 내용이다. 빈칸 앞에 많은 사상자가 발생했다는 내용을 원인으로 이해하면, 빈칸에는 논리적인 결과가 적절하다.

해석

호치민은 1946년 일련의 회담을 가지기 위해 프랑스에 방문해서 프랑스 정부와 합의를 결론지었다. 그러나 그 평화는 프랑스 크루저 함정이 프랑스와 베트남 병사들 사이의 충돌이 있은 후 시내에 함포 사격을 한 하이퐁(Haiphong) 사건으로 깨졌다. 대략 6000여명의 베트남인들이 사망했고 우호적인 화해의 희망도 끝나버렸다.

6. Infants, despite their inability to speak, are excellent communicators. (A) Their primary means of communication is crying. Several things could be wrong with the baby to make him cry: he may be hungry, cold, tired, or want to be held. (B) Parents learn quickly that their baby has different cries for different needs. For example, his hungry cry may be short and low-pitched. Babies are also receptive to speech, even if they cannot understand the words. (C) They can distinguish between a human voice and other noises and tend to listen attentively to their parent's voices. (D).

Where would the sentence below best fit? Choose the blank where the sentence should be inserted in the passage.

In fact, many parents report that when their baby is crying, he begins to calm down as he hears his parent's voice approaching.

① (A)　　　② (B)　　　③ (C)　　　④ (D)

voca　infant n. 영유아　　　inability n. ~하지 못함　　　primary a. 주된, 주요한
low-pitched a. 낮은 목소리로　　attentively ad. 주의 깊게　　receptive a. 수용적인, 잘 받아들이는

MEMO

7. The political elite gets to play by a different set of rules than the rest of us. Political party and political philosophy matter a lot less than we think. Washington is a company town, and politics is a business. People wonder why we don't get more change in Washington, and the reason is that the permanent political class is very _______. Business is good.

① comfortable
② dangerous
③ predictable
④ generous

voca　elite n. 엘리트, 고위층　permanent a. 영원한, 변함없는　predictable a. 예견할 만한　generous a. 관대한, 너그러운

MEMO

6. ④ ★

> Infants, despite their inability to speak, are excellent communicators. (A) Their primary means of communication is crying. Several things could be wrong with the baby to make him cry: he may be hungry, cold, tired, or want to be held. (B) Parents learn quickly that their baby has different cries for different needs. For example, his hungry cry may be short and low-pitched. Babies are also receptive to speech, even if they cannot understand the words. (C) They can distinguish between a human voice and other noises and tend to listen attentively to their **parent's voices**. (D).

Rudy's 해설

제시문의 parent's voice와 본문 마지막 문장의 parent's voices가 동일어구이다. 따라서 제시문은 마지막 문장 전후에 위치해야 하는데, ③을 중심으로 전후 문장은 babies에 대한 내용으로 논리적으로 연결되어 있다. 따라서 제일 마지막 위치가 적절하다.

해석

비록 말은 못하지만 영유아들은 의사 전달에 있어 뛰어나다. 주요한 의사소통 수단은 우는 것이며, 여러 가지 이유로 불편해서 울게 된다. 배가 고프거나, 춥거나, 피곤하든지, 아니면 안아달라고 할 수도 있다. 부모들은 아기들이 요구하는 바에 따라 울음소리가 달라진다는 것을 곧 알게 된다. 예를 들어, 배고파서 우는 경우는 짧고 낮은 톤의 울음소리를 낸다. 아기들은 또한 단어를 이해하지는 못하지만 언어를 잘 수용하는 편이다. 사람 목소리와 소음을 구분할 수 있으며, 부모 목소리에 경청하는 경향이 있다. 사실, 많은 부모들이 얘기하듯, 아기가 울다가도 부모의 목소리가 가까이 들려오면 울음을 그치기도 한다.

7. ① ★

> The political elite gets to play by a different set of rules than the rest of us. **Political party and political philosophy matter a lot less** than we think. Washington is a company town, and **politics is a business.** People wonder why we don't get more change in Washington, and the reason is that the permanent political class is very _______. **Business is good.**

Rudy's 해설

워싱턴에서는 정치가 이념이 아니라 사업이라는 것이 핵심이다. 빈칸 뒤에 사업이 잘 되고 있다는 내용은 앞 문장에 대한 재진술이다. 따라서 빈칸 또한 정치계급들이 편안하게 느낀 표현이 뒤의 재진술 문장과 호응한다.

해석

정치적 엘리트는 나머지 우리들과는 다른 규칙들에 의해서 움직이게 된다. 정당이나 정치 철학은 우리가 생각하는 것보다 훨씬 덜 중요하다. 워싱턴은 기업도시이고 정치는 사업이다. 사람들은 왜 우리가 워싱턴에서 더 많은 변화를 얻지 못하는지 궁금해 한다. 그런데 그 이유는 영속적 정치 계급은 매우 편하기 때문이다. 사업이 잘 되고 있다.

8. (A), (B), (C)를 하나의 글로 구성할 때 가장 적절한 순서는?

(A) While their attempt to protect young minds from being harmed is praiseworthy, it does seem a bit misguided in this case. Yes, Rowling's books do contain supernatural creatures. And, yes, there are such things as witchcraft and magic. But such fantasy elements are part of long tradition of children's literature. Rowling rightly belongs in the superb company of writers, all of whom used supernatural elements to attract their youthful readers.

(B) It also needs to be mentioned that the author teaches an important moral lesson. In her fictional world, good almost always triumphs over evil. In fact, it is the characters who lie, cheat, or hurt others that are routinely punished by the end of the story. Those who want to ban Rowling's books seem to have missed the point. They need to read them more carefully.

(C) Libraries in at least fourteen states have banned the Harry Potter series written by J. K. Rowling. Claiming that her books contain unnecessary violence and references to satanic worship, several library officials and religious leaders have joined forces. They argue that this remarkably popular and imaginative series is somehow not appropriate for children.

① (A) - (C) - (B) ② (B) - (A) - (C)
③ (B) - (C) - (A) ④ (C) - (A) - (B)
⑤ (C) - (B) - (A)

voca
harmed a. 유해한   praiseworthy a. 칭찬 받을 만한   misguided a. 잘못 인도된
supernatural a. 초자연적인   witchcraft n. 마법   superb a. 최고의
moral a. 윤리의   ban v. 금지하다   appropriate a. 적절한

MEMO

8. ④ ★

(A) While **their attempt** to protect young minds from being harmed is praiseworthy, it does seem a bit misguided in this case. Yes, Rowling's books do contain supernatural creatures. And, yes, there are such things as witchcraft and magic. But such fantasy elements are part of long tradition of children's literature. Rowling rightly belongs in the superb company of writers, all of whom used supernatural elements to attract their youthful readers.

(B) **It also needs to be mentioned** that the author teaches an important moral lesson. In her fictional world, good almost always triumphs over evil. In fact, it is the characters who lie, cheat, or hurt others that are routinely punished by the end of the story. Those who want to ban Rowling's books seem to have missed the point. They need to read them more carefully.

(C) **Libraries in at least fourteen states have banned** the Harry Potter series written by J. K. Rowling. Claiming that her books contain unnecessary violence and references to satanic worship, several library officials and religious leaders have joined forces. They argue that this remarkably popular and imaginative series is somehow not appropriate for children.

Rudy's 해설

A는 대명사로, B는 also로 시작되기에 둘 다 첫 문항으로 부적절하다. 따라서 C가 첫 문항으로 가장 적절하다. A와 B의 내용을 비교해 보면, A가 먼저 나오고, also에 해당하는 B가 연결되는 것이 논리적이라는 것을 추론할 수 있다. C와 같이 일반명사로 시작하는 문항들은 대체로 첫 문항으로 등장하는 것이 일반적이다.

해석

(C) 최소한 14개 주에 있는 도서관에서 J. K. Rowling이 쓴 해리포터 시리즈가 금지되었다. 그녀의 책이 불필요한 폭력성과 악마적 숭배에 관한 언급을 담고 있다고 주장하면서, 여러 도서관 관리들과 종교 지도자들이 힘을 모았다. 그들은 이 엄청나게 인기가 있고 상상력이 풍부한 시리즈가 여하튼 아이들에게 적절하지 않다고 주장한다.

(A) 아이들의 정서를 해치는 것을 막아보려는 그들의 시도는 칭찬받아 마땅하지만, 이 경우에는 다소의 오해가 있는 듯하다. 물론 Rowling 의 책이 초자연적인 생명체들을 담고 있는 것은 사실이다. 그리고 마법이나 요술 같은 것들이 등장하기도 한다. 하지만 그와 같은 공상적 요소는 아동 문학의 오랜 전통의 일부이다. Rowling이 최고의 작가 대열에 속하는 것은 지극히 당연한 일인데, 그들은 모두 어린 독자들의 마음을 사로잡기 위해 초자연적인 요소들을 이용하였다.

(B) 저자가 중요한 도덕적 교훈을 가르쳐준다는 것 또한 언급될 필요가 있다. 그녀의 가상 세계에서 선은 거의 항상 악을 누르고 승리한다. 사실 이야기의 말미에 전형적으로 벌을 받는 것은 거짓말을 하거나, 속임수를 쓰거나, 남을 해친 등장인물들이다. Rowling의 책을 금지하고 싶어 하는 사람들은 그러한 핵심을 놓친 듯하다. 그들은 그 책을 좀 더 주의 깊게 읽어볼 필요가 있다.

9. 다음 편지 글의 빈칸 (A)에 쓸 내용으로 가장 적절한 것은?

> Dear Sally,
> I'm so excited to hear that you're finally going to visit me here in Seoul. I've really missed you since I moved away from Australia and I've been waiting for you to come for so long. I've made an arrangement to take off a couple of weeks from work, so I'll be able to spend a lot of time with you. (A) If you want to go somewhere outside of Seoul, just let me know and I'll be happy to rent a car. I hope that I'll be able to do many things with you. I can't wait to see you.
> Bye for now, Suzanne

① Unfortunately, I can't spare time for you at all. My mother is sick and I need to take care of her.

② I hope you have a good time in Korea. You can tell me all about it when you get back to Australia.

③ I'd really like to go to Australia as I've never been there before. Please let me know if we can make it.

④ Please let me know what you want to do here and I'll prepare everything for it. You should check out the highlights of Korea online.

⑤ Thank you for your invitation. I've heard many good things about Australia. Why don't we talk about our schedule through the telephone?

voca

MEMO

9. ④ ★

> Dear Sally,
> I'm so excited to hear that you're finally going to visit me here in Seoul. I've really missed you since I moved away from Australia and I've been waiting for you to come for so long. **I've made an arrangement to take off a couple of weeks from work, so I'll be able to spend a lot of time with you. (A) If you want to go somewhere outside of Seoul, just let me know and I'll be happy to rent a car.** I hope that I'll be able to do many things with you. I can't wait to see you.
> Bye for now, Suzanne

Rudy's 해설

장문의 보기문항을 통해서 개별적인 문장에 대한 해석을 묻고 있다. 빈칸을 중심으로 많은 시간을 보낼 것이라는 것과 뒤에 이어지는 서울 밖으로 나가고 싶은지를 묻는 내용을 통해 빈칸 또한 sally의 의사나 소망을 묻는 내용이 적절하다.

① Unfortunately, I can't spare time for you at all. My mother is sick and I need to take care of her.
　(아쉽게도 난 너와 시간을 보낼 수 없다. 어머니가 아프셔서 간호해야 돼)

② I hope you have a good time in Korea. You can tell me all about it when you get back to Australia.
　(한국에서 좋은 시간을 보냈으면 좋겠다. 호주로 돌아갔을 때, 한국에 대해서 나에게 이야기를 해줘)

③ I'd really like to go to Australia as I've never been there before. Please let me know if we can make it.
　(난 정말 호주에 가보고 싶다, 전에 가본 적이 한 번도 없으니까. 우리가 함께 갈 수 있는지 알려줘)

④ Please let me know what you want to do here and I'll prepare everything for it.
　You should check out the highlights of Korea online.
　(여기서 뭘 하고 싶은지 알려줘. 그것에 대한 준비는 다 해 놓을게. 온라인으로 한국의 명소들을 꼭 확인해 보렴)

⑤ Thank you for your invitation. I've heard many good things about Australia.
　Why don't we talk about our schedule through the telephone?
　(초대해줘서 고맙다. 난 호주에 대해서 멋진 이야기들을 들었다. 통화해서 일정을 상의하는게 어때?)

해석

Sally에게

드디어 네가 날 보러 서울에 온다는 소식을 들으니 정말 기뻐. 호주에서 떠나온 이후 얼마나 너를 그리워했는데. 정말 오랫동안 네가 오기만을 기다려왔어. 2주간 휴가를 내었으니 함께 많은 시간을 보낼 수 있을 거야. 여기서 뭘 하고 싶은지 알려줘. 그것에 대한 준비는 다 해 놓을게. 온라인으로 한국의 명소들을 꼭 확인해 보렴. 만일 네가 서울 밖으로 나가고 싶으면 미리 알려줘. 기꺼이 차를 빌려놓을게. 너와 함께 많은 일을 할 수 있으면 좋겠다. 정말 보고 싶어.

잘 있어. Suzanne

10. 다음 글을 읽고 물음에 답하시오.

A number of recent books focus on the same issue: Today's teenage boys are feeling more anxiety than ever before about their physical (A). They are constantly bombarded by advertising featuring well-muscled young men. The result is that teenage boys are experiencing what teenage girls have been coping with for years. Young boys are afraid that they cannot possibly live up to the media's idealized image of their gender. Boys below the average in height, weight, or both suffer the most. Often, they are brutally teased by their brawnier peers. Some react to the (B) by heading for the gym and lifting weights. Other teens, convinced that no amount of bodybuilding can help, withdraw from social contact with their peers. This is their way of (C) insulting remarks about their size or shape. Still, these youths are understandably angry at being badly treated because of their body type. Although school psychologists generally recognize that boys are having these problems, they don't know what to do about it.

(1) 위 글의 제목으로 가장 적절한 것은?

① Effect of the Ads on Teenagers
② Youngsters' Pressure from Tests
③ Body Image Problems of Teenage Boys
④ How Teenagers Become Mature Adults
⑤ Differences Between Teenage Boys and Girls

(2) 위 글의 빈칸 (A), (B), (C)에 들어갈 말을 짝지은 것 중 가장 적절한 것은?

	(A)	(B)	(C)
①	health	favor	accepting
②	appearance	favor	ignoring
③	health	ridicule	accepting
④	appearance	ridicule	avoiding
⑤	education	support	ignoring

voca

bombard v. 폭격, 공격하다	featuring a. 특징으로 하는	well-muscled a. 멋진 몸매의
cope with v. 대처하다, 극복하다	live up to v. ~ 기대에 부응하다	tease v. 놀리다
brawnier a. 건장한	peer n. 또래 집단	withdraw v. 움츠리다

MEMO

10. (1) ③ (2) ④ ★★

A number of recent books focus on the same issue: Today's teenage boys are feeling more anxiety than ever before about their physical (A). They are constantly bombarded by advertising featuring **well-muscled young men**. The result is that teenage boys are experiencing what teenage girls have been coping with for years. Young boys are afraid that they cannot possibly live up to **the media's idealized image** of their gender. Boys below the average in height, weight, or both suffer the most. Often, **they are brutally teased** by their brawnier peers. Some react to the (B) by heading for the gym and lifting weights. Other teens, convinced that no amount of bodybuilding can help, **withdraw from social contact with their peers**. This is their way of (C) insulting remarks about their size or shape. Still, these youths are understandably angry at being badly treated because of their body type. Although school psychologists generally recognize that boys are having these problems, they don't know what to do about it.

Rudy's 해설

(1) 전형적인 두괄식 구성의 영문이다. 십대 소년들이 외모에만 관심을 가질 수밖에 없는 다양한 이유들이 제시되어 있다. 첫 문장을 주제문으로 선정해서, 본문에 등장하는 주요 keyword 중심으로 속독하면 주제를 쉽게 추론할 수 있다.

① **Effect of the Ads** on Teenagers (십대들에게 광고가 미치는 영향)
② Youngsters' **Pressure from Tests** (시험으로부터 받는 십대들의 압박감)
③ **Body Image Problems** of Teenage Boys (십대 소년들의 신체 용모 문제)
④ **How** Teenagers Become **Mature Adults** (십대들이 성숙한 어른이 되는 방법)
⑤ **Differences** Between Teenage Boys and Girls (십대 소년들과 소녀들의 차이점)

(2) (A) 빈칸 앞의 physical과 바로 뒤에 등장하는 well-muscled young men 통해서 정답을 유추할 수 있다.
(B) 빈칸 앞의 they are brutally teased를 통해서 정답을 추론할 수 있다.
(C) 빈칸 뒤에 insulting remarks가 등장했고, 바로 앞에 사회적 접촉을 피한다는 내용이 등장했기에 빈칸에는 소극적, 회피적 태도가 적절하다.

해석

최근의 많은 책들이 동일한 문제에 대해 초점을 맞추고 있는데, 그것은 오늘날의 십대 소년들은 자신들의 신체적 용모에 관해 그 어느 때보다 걱정을 많이 하고 있다는 것이다. 잘 발달된 근육질의 젊은 남성을 주인공으로 내세우는 광고가 끊임없이 그들에게 퍼부어진다. 그 결과 십대 소년들은 십대 소녀들이 오랫동안 맞서왔던 문제를 경험하고 있다. 어린 소년들은 대중 매체가 이상화한 남성 이미지에 어쩌면 부응하지 못할까봐 걱정을 한다. 신장이나 몸무게 또는 그 둘 다에서 평균치에 못 미치는 소년들이 가장 고통을 겪는다. 종종 그들은 억센 동료들로부터 모질게 놀림을 당한다. 일부는 그런 조롱에 대한 반응으로(운동을 하러) 체육관으로 향하거나 역기를 든다. 아무리 보디빌딩을 해도 소용이 없다고 확신한 또 다른 십대들은 동료들과의 사회적 접촉을 피하게 된다. 이것은 자신들의 키나 용모에 대한 모욕적인 언사들을 그들 나름으로 피하는 방식이다. 하지만, 이들 젊은이들이 자신들의 신체 형태로 인해 부당하게 대접받는 것에 화를 내는 것은 당연한 일이다. 소년들이 이런 문제를 겪고 있다는 것을 학교 심리학자들은 일반적으로 인식하고 있으면서도 그것에 대해 어떻게 해야 할지는 모르고 있다.

11. 주어진 글 다음에 이어질 글의 순서로 가장 적절한 것은?

> A little boy was telling his mother how "everything" was going wrong. He failed algebra, his girlfriend broke up with him and his best friend moved away.
>
> (A) To which the mother replied: "Yes, all those things seem bad all by themselves. But, when they are put together in the right way, they make a wonderfully delicious cake!"
>
> (B) Life works in the same way. Many times we wonder why we go through such bad and difficult times. But when everything is put together, the result could be very different! We just have to be patient and try to piece everything together.
>
> (C) Meanwhile, his mother was baking a cake. She asked the child if he would like a snack, which of course he did. "Here. Have some cooking oil." "Yuck," said the boy. "How about a couple of raw eggs?" "Gross, Mom." "Would you like some flour then?" "Mom, those are all yucky!"

① (A) - (B) - (C)　　　　② (B) - (A) - (C)
③ (B) - (C) - (A)　　　　④ (C) - (A) - (B)
⑤ (C) - (B) - (A)

voca   break up with v. 헤어지   delicious a. 맛있는   go through v. 경험하다   snack n. 간식, 과자
   yuck 웩, 윽(감탄사)   gross a. 역겨운   yucky a. 매우 싫은

MEMO

11. ④ ★★

Rudy's 해설

도입문은 소년에게 안 좋은 일이 일어나고 있다는 내용이다.

(A) 어머니가 그것(to which)에 대답했다고 했기에, A는 그 앞에 대답할 수 있는 내용이 등장해야 한다. 따라서 도입문 바로 뒤에는 등장할 수 없고, C 뒤에 아들의 대답과 반응이 등장하기에 C 뒤에 이어지는 것이 적절하다.

(B) the same way에서 정관사 the가 등장했기에, 대명사와 동일한 역할을 한다. 즉, the same way가 의미하는 선행사가 먼저 등장해야 한다. B 또한 의미상 도입문 뒤에 바로 등장하기에 어색하고, 문맥상 A의 in the right way를 의미한다. 따라서 B는 A뒤에 이어지는 것이 적절하다.

(C) A, B 둘 다 도입문 뒤에 등장하기에 어색하기에 C가 도입문 뒤에 이어지는 것이 자연스럽다.

해석

한 어린 소년이 '모든 것'이 어떻게 잘못되어 가고 있는지 그의 어머니에게 말하고 있었다. 그는 대수학에서 낙제하고, 여자 친구와 헤어졌으며, 그의 가장 친한 친구가 이사를 갔다고 말했다.

(C) 그러는 동안에 그의 어머니는 케이크를 굽고 있었다. 그녀는 아이에게 간식을 먹겠느냐고 물어보았는데 물론 그는 간식을 좋아한다. "자, 요리용 기름을 먹어라." "왝."하고 소년이 말했다. "날달걀 몇 개는 어떠니?" "구역질나요. 엄마" "그렇다면 밀가루를 먹겠니?" "엄마, 그것들은 모두 구역질나요!"

(A) 그 말에 어머니는 대답했다. "그렇단다. 그 모든 것들이 완전히 혼자라면 나쁘게 보이지. 그러나 그것들이 올바른 방식으로 함께 모이면 아주 맛있는 케이크를 만든단다."

(B) 인생도 마찬가지이다. 우리는 왜 그렇게 나쁘고 어려운 시기를 겪는가에 대해 종종 의아해 한다. 그러나 모든 것이 합쳐졌을 때 그 결과는 아주 다를 수 있다. 우리는 인내심을 갖고 모든 것을 종합하려고 해야 한다.

12. Since the women's movement of the 1960s, we seem to have become even more preoccupied with being slim and trim. Playboy centerfolds and contestants in Miss America pageant have become increasingly thin. Leading women's magazines publish more and more articles about dieting. In the face of all this, signs of an incipient cultural rebellion against crash dieting and irrational thinness have emerged. Recently several best sellers have taken place in bookstores alongside the diet manuals. ______________ , these books expose dangers to physical and mental health of rapid and repeated weight loss.

① Focusing on faithfully describing an increasing trend of dieting
② Promising miraculous methods of weight reduction among females
③ Proposing to conform to some arbitrary standards of beauty
④ Rather than urging obedience to the conventional standards of beauty

voca　preoccupied a. 몰두하고 있는　　slim a. 마른　　　　trim a. 깔끔한　　　　centerfold n. 섹시한 여성
incipient a. 시작의　　　　rebellion n. 반란　　crash a. 집중적인 v. 박살나다
manual n. 소책자

MEMO

12. ④ ★★

Since the women's movement of the 1960s, we seem to have become even more preoccupied with being slim and trim. Playboy centerfolds and contestants in Miss America pageant have become increasingly thin. Leading women's magazines publish more and more articles about dieting. In the face of all this, signs of an incipient cultural rebellion against crash dieting and irrational thinness have emerged. Recently several best sellers have taken place in bookstores alongside the diet manuals. _____________ , **these books expose dangers** to physical and mental health of rapid and repeated weight loss.

> **Rudy's 해설**

보기문항에 대한 해석과 빈칸 뒤에 이어지는 구조를 묻는 문제이다. 보기문항들은 모두 분사구문이기에 의미상 주어는 'these books'이다. 따라서 빈칸의 내용 또한 기존의 다이어트를 반대하는 these books의 내용과 호응을 해야 한다.

① Focusing on faithfully describing an increasing trend of dieting
  (증가하는 다이어트 추세를 성실하게 기술하는데 집중하면서)

② Promising miraculous methods of weight reduction among females
  (여성들에게 기적적인 체중 감량 방법들을 약속하면서)

③ Proposing to conform to some arbitrary standards of beauty
  (가변적인 미의 기준을 따르라고 제안하면서)

④ Rather than urging obedience to the conventional standards of beauty

> **해석**

1960년대 여성운동 이래로, 우리는 날씬하고 흐트러짐 없는 몸매에 더욱 마음을 빼앗긴 것처럼 보인다. 「플레이보이」 잡지의 여성모델과 미스 아메리카 선발대회의 경쟁자들은 점점 더 마른 체격이 되었다. 일류 여성 잡지들은 다이어트에 대한 더 많은 기사를 싣는다. 이 모든 것에도 불구하고, 단기 속성 다이어트와 분별없이 마른 것에 대한 최초의 문화적 반란의 징후가 나타났다. 최근에 몇몇 베스트셀러들이 서점에서 다이어트 소책자와 나란히 진열되었다. 이 베스트셀러 책들은 전통적인 미의 기준에 순응하는 것을 촉구하기 보다는, 급격하고 반복되는 체중 감량이 신체적, 정신적 건강에 초래하는 위험을 폭로하고 있다.

13. (A), (B), (C)를 이어 하나의 글로 구성할 때, 가장 적절한 순서는?

(A) I had to decide on a place for the furniture and every mug, platter, photograph, baseball bat, sweater, CD, toothbrush, sock, cat food, everything we owned. The task felt too big, and I was paralyzed. While I accomplished next to nothing, Audrey opened one box at a time and dealt with the contents, one item at a time. If a box had dishes in it, she carried it to the kitchen, decided on a likely shelf, cleaned it, rinsed and dried the dishes, and put each away.

(B) Years ago, we moved to Cazenovia, a beautiful little town in western New York. My sons unloaded piles of boxes from the rental truck while my friend Audrey and I began unpacking and putting things away. I found myself opening one box, then another, picking up one thing, then, unable to decide what to do with it, putting it down again and picking up something else.

(C) She noticed my aimlessness. "Lucy," she said. "You've got to put blinders on. You can't do everything all at once, and you don't need to. Look straight ahead of you, pick up a box, and take care of it. Don't look anywhere else. When you're done with that box, choose another." This turned out to be great advice that I've used a thousand times since. When I feel overwhelmed because I have too much to do, I tell myself to put blinders on.

① (A) - (B) - (C)   ② (B) - (A) - (C)
③ (B) - (C) - (A)   ④ (C) - (A) - (B)
⑤ (C) - (B) - (A)

voca upsurge n. 정점, 고조   contribution n. 공헌, 기여   reconcile v. 화해시키다
urban a. 도심의   run against v. 상충되다

MEMO

13. ② ★★

(A) **I had to decide** on a place for the furniture and every mug, platter, photograph, baseball bat, sweater, CD, toothbrush, sock, cat food, everything we owned. The task felt too big, and I was paralyzed. **While I accomplished next to nothing**, Audrey opened one box at a time and dealt with the contents, one item at a time. If a box had dishes in it, she carried it to the kitchen, decided on a likely shelf, cleaned it, rinsed and dried the dishes, and put each away.

(B) Years ago, we moved to Cazenovia, a beautiful little town in western New York. My sons unloaded piles of boxes from the rental truck while my friend Audrey and I began unpacking and putting things away. I found myself opening one box, then another, picking up one thing, then, **unable to decide what to do with it**, putting it down again and picking up something else.

(C) **She noticed my aimlessness**. "Lucy," she said. "You've got to put blinders on. You can't do everything all at once, and you don't need to. Look straight ahead of you, pick up a box, and take care of it. Don't look anywhere else. When you're done with that box, choose another." This turned out to be great advice that I've used a thousand times since. When I feel overwhelmed because I have too much to do, I tell myself to put blinders on.

Rudy's 해설

도입부에 제시문이 없는 경우에는 언제나 보기문항들에서 대명사를 중심으로 첫 문장이 될 수 없는 것들을 소거하는 것이 중요하다. C의 She가 첫 문장에 등장하기 위해서는 she의 선행사가 먼저 등장하는 것이 논리적이다. 따라서 C를 제외한 A와 B를 통해서 첫 문장으로 무엇이 더 적절한지를 고민해 봐야 한다.

B에서 무엇인가를 결정하지 못했다는 표현을 통해서 뒤에는 A의 무엇인가를 결정해야만 한다는 표현이 이어지는 것을 유추할 수 있다. 또한 A의 accomplish nothing 통해서, C의 도입부에 있는 aimlessness가 이어지는 것을 추론할 수 있다.

해석

(B) 몇 년 전에 우리는 누욕 서부의 아름다운 작은 마을인 Cazenovia로 이사를 갔다. 내 아들들은 상자더미들을 임대한 트럭에서 내리는 동안 내 친구 Audrey와 나는 짐을 풀고, 물건들을 치우기 시작했다. 나는 한 상자를 열고 그 다음에 다른 상자를 열어 물건 하나를 집어 들고서 그것을 가지고 어떻게 해야 할지를 결정하지 못해 다시 내려놓고 다른 것을 집어 들었다.

(A) 나는 가구 그리고 모든 머그잔, 큰 접시, 사진, 야구 방망이, 스웨터, CD, 칫솔, 양말, 고양이 먹이, 우리가 소유하고 있던 모든 것을 놓을 자리를 결정해야 했다. 그 일은 너무 벅차게 느껴져서 나는 어떻게 해야 할지 몰랐다. 내가 거의 어떤 것도 처리하지 못하고 있을 때 Audrey가 상자를 한 번에 하나씩 열고 내용물을 한 번에 하나씩 처리했다. 만일 한 상자 속에 접시들이 들어 있으면 그녀는 그것을 부엌으로 가져가서 적당한 선반을 결정하고 그것을 닦고 접시를 헹구고 말려서 하나씩 치웠다.

(C) 그녀는 내가 목표도 없이 있는 것을 알아차리고 말했다. "Lucy, 너는 곁눈 가리개를 써야겠구나. 너는 모든 것을 한꺼번에 할 수 없고 그렇게 할 필요도 없어. 곧장 네 앞만 보고 상자를 하나 들고 그것을 처리해. 다른 어떤 곳도 보지 마. 네가 그 상자를 끝냈을 때 다른 상자를 선택하도록 해." 이것은 내가 그 이후로 몇 번이고 이용했던 대단한 조언으로 밝혀졌다. 나는 할 일이 너무 많아서 어찌할 바를 모를 때 내 사신에게 곁눈 가리개를 쓰라고 말한다.

14. I don't know what's happened to our standards. I fear that we in the mass media are creating such a market for (1) that we've diminished the incentive for excellence. We celebrate notoriety as though it were an achievement. Fame has come to mean being recognized by more people who don't know anything about you. In politics, we have encouraged the displacement of thoughtfulness by the artful cliche.

What is largely missing in American life today is a sense of context, of saying or doing anything that is intended or even expected to live beyond the moment. There is no culture in the world that is so obsessed as ours with (2). In our journalism, the trivial displaces the momentous because we tend to measure the importance of events by how recently they happened. We have become so obsessed with facts that we have lost all touch with truth.

(1) 빈칸 (1)에 들어갈 가장 적절한 말을 고르시오.

① mediocrity
② prodigality
③ conspiracy
④ creativity

(2) 빈칸 (2)에 들어갈 가장 적절한 말을 고르시오.

① companionship
② efficacy
③ faith
④ immediacy

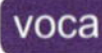 diminish v. 축소하다   incentive n. 동기   notoriety n. 익명성   displacement n. 이동, 대체
momentous a. 중요한   mediocrity n. 평범함   prodigality n. 낭비   conspiracy n. 음모
immediacy n. 즉각성, 긴급성

MEMO

14. (1) ① (2) ④ ★★

I don't know what's happened to our standards. I fear that we in the mass media are **creating such a market for** (1) that we've **diminished the incentive for excellence.** We celebrate notoriety as though it were an achievement. Fame has come to mean being recognized by more people who don't know anything about you. In politics, we have encouraged the displacement of thoughtfulness by the artful cliche.
What is largely missing in American life today is a sense of context, of saying or doing anything that is intended or even expected **to live beyond the moment.** There is no culture in the world that is so obsessed as ours with (2). In our journalism, the trivial displaces the momentous because we tend to measure the importance of events by how recently they happened. We have become so obsessed with facts that we have lost all touch with truth.

Rudy's 해설

(1) 'such 명사 that 주어 동사'로 인과관계의 구조이다. 뛰어난 것을 추구하는 동기가 감소했다는 것이 결과이기에, 이에 합당한 원인을 찾으면 된다.

(2) 빈칸의 문장은 앞 문장을 재진술한 문장이다. 따라서 앞 문장과 동일한 내용이 등장해야 하고, 앞 문장의 'missing in American life today', 'to live beyond the moment'란 내용을 통해 빈칸을 유추할 수 있다.

해석

나는 우리의 기준에 무슨 일이 일어났는지 모르겠다. 나는 대중매체 속에 파묻혀 있는 우리가 평범한 것들에 대한 수요를 창출하여, 보다 더 뛰어나게 되려는 동기를 감소시킨 것이 아닌지 염려된다. 우리는 악명(惡名)을 마치 그것이 업적인 양 찬양한다. 명성은 당신에 대해 전혀 알지 못하는 많은 사람들로부터 인정받는 것을 의미하게 되었다. 정치에 있어서, 우리는 기교를 부린 진부한 표현이 깊이 생각하는 것을 대신하게 해 왔다.
오늘날 미국인의 삶에서 크게 사라져 버린 것은 어떤 일의 정황에 대한 판단력, 다시 말해 현재를 지나서까지 남아 있을 무언가를 말하거나 행동하는 것에 대한 판단력이다. 우리만큼 즉시성에 사로잡혀 있는 문화는 세계에 없다. 우리의 언론에서는, 사건의 중요성을 얼마나 최근에 발생했는가로 판단하는 경향이 있어서 사소한 것들이 중요한 것들을 대체한다. 우리는 사실에 너무 사로잡혀서 진실과의 모든 접촉을 상실하고 말았다.

15. In new Wal-Mart stores in the United States, the baseboards and moldings are made of plastic leftover from diaper manufacturing. Chipotle, the burrito chain, has installed an energy-producing wind turbine outside a new store in the Chicago suburbs. And a Florida chain called Pizza Fusion reuses the draft from its ovens to heat water. Across the U.S., a race is under way among stores and fast-food restaurants to ___________.

① use energy more efficiently
② provide more diverse range of products
③ attract more customers with cheap products
④ build environmentally friendly outlets

voca   baseboard n. 벽 아랫도리의 굽도리널   leftover n. 나머지   diaper n. 기저귀

burrito n. 부리토(육류 · 치즈를 tortilla로 싸서 구운 멕시코 요리)

wind turbine n. 풍력발전 터빈   under way a. 진행 중

MEMO

15. ④ ★★

Rudy's 해설

전형적인 미괄식 구조로, 대표적인 예시들을 제시하고, 마지막 문장에서 이를 종합한 주제문을 제시하고 있다. 빈칸에는 앞에 등장한 예시들을 포괄할 수 있는 내용이 적절하다.

① use energy more efficiently
   (좀 더 에너지를 효율적으로 사용하다)

* 함정문항인데, 본문의 leftover, reuses를 통해서 효율성 보다는 재활용, 즉 환경친화적인 측면을 더 부각하고 있다는 것을 알 수 있다.

② provide more diverse range of products
   (보다 다양한 제품군을 제공하다)

③ attract more customers with cheap products
   (저렴한 제품들로 많은 고객을 유치하다)

④ build environmentally friendly outlets
   (환경 친화적인 매장을 건설하다)

해석

미국의 새로 짓는 월마트에서는 기저귀 제조업에서 남은 플라스틱으로 굽도리널과 몰딩을 만들고 있다. 부리토 체인인 치포틀(Chipotle)은 시카고 교외의 새로운 상점 밖에 에너지를 생산하는 풍력발전 터빈을 설치했다. 피자 퓨전(Pizza Fusion)이라는 한 플로리다의 체인은 오븐에서 나오는 뜨거운 공기를 재활용하여 물을 데우고 있다. 미국 전역에서 상점과 패스트푸드 레스토랑들 사이에 환경 친화적인 매장을 만들려는 경쟁이 진행 중이다.

16. Money has not always been made of metal or paper. In many parts of the world people have used other materials. Precious stones, valuable cloth (silk), and rare spices (saffron) have all been used as money at times. But people have also given special value to other kinds of objects. For example, in Ethiopia, blocks of salt have been used as money. In Malaysia, people have used large bronze drums. In India and in North America, special kinds of shells have been used. In fact, anything can become money if it ___________.

① is a rare and precious material
② has some considerable value
③ is accepted by everyone as money
④ does not decay

voca   precious a. 귀한, 귀중한 rare a. 드문 considerable a. 상당한 decay v. 부식하다, 부패하다

MEMO

16. ③ ★

> Money has **not always been made of metal or paper.** In many parts of the world people have **used other materials.** Precious stones, valuable cloth (silk), and rare spices (saffron) have all been used as money at times. But people have also given special value to other kinds of objects. For example, in Ethiopia, blocks of salt have been used as money. In Malaysia, people have used large bronze drums. In India and in North America, special kinds of shells have been used. In fact, **anything can become money if** it __________.

Rudy's 해설

미괄식 구조로, 금속이나 종이가 아닌 다양하게 돈으로 사용되는 예시들을 제시하고 있다. 어떤 물질이든 돈이 될 수 있다는 것이 결론으로, 빈칸에는 사람들이 돈으로 활용하기만 한다면 이라는 의미가 가장 적절하다.
A와 B가 함정문항이 될 수 있는데, 본문에 제시된 조개껍질, 청동 북 등은 귀중품이나 큰 가치가 나가는 것이 아니기 때문에 정답으로 적절하지 않다.

① is a rare and precious material (희귀하고 귀중한 물질)

② has some considerable value (커다란 가치를 지니고 있다)

③ is accepted by everyone as money (돈으로 모든 사람들에게 받아들여지다)

④ does not decay (부패하지 않는다)

해석

돈은 항상 금속이나 종이로 만들어 지는 것은 아니다. 세계의 많은 지역에서 사람들은 다른 재료를 사용한다. 보석, 귀한 천(실크), 그리고 희귀 향신료(샤프란)등은 때로 돈으로 사용되어져 왔다. 그러나 사람들은 또한 다른 물건에 대해서도 특별한 가치를 부여해 왔다. 예를 들어, 에티오피아에서는 소금덩어리가 돈으로 사용되어져 왔다. 말레이시아에서 사람들은 커다란 청동 북을 사용해 왔다. 인도와 북미에서는 특별한 종류의 조개껍질이 사용되어져 왔다. 사실상, 모든 사람들이 돈으로서 받아들인다면 무엇이든지 돈이 될 수 있다.

17. 주어진 글 다음에 이어질 글의 순서로 가장 적절한 것은?

"I'm a company man." This was something many workers were accustomed to saying with pride for most of this century.

(A) But with the loss of thousands of manufacturing jobs in the 1960s and 1970s and of thousands more white collar jobs in 1980s and 1990s, this expression has become a memory.

(B) It meant that the worker was proud of working for a particular company throughout adulthood. Both blue collar workers and white collar workers often felt loyal to a company and the company returned this loyalty.

(C) In the late 1990s, employees felt it was foolish to be loyal to a company that could fire them at any moment.

① (A) - (B) - (C) 　　　　② (B) - (A) - (C)
③ (B) - (C) - (A) 　　　　④ (C) - (A) - (B)
⑤ (C) - (B) - (A)

voca　be accustomed to v. 익숙하다 white collar job n. 사무직 loyal a. 충성스런 return v. 보답하다 fire v. 해고하다

MEMO ────────────────────────────────

17. ② ★★

"I'm a company man." This was something many workers were accustomed to **saying with pride** for most of this century.

(A) **But** with the loss of thousands of manufacturing jobs in the 1960s and 1970s and of thousands more white collar jobs in 1980s and 1990s, **this expression has become a memory**.

(B) It meant that **the worker was proud of working** for a particular company throughout adulthood. Both blue collar workers and white collar workers often felt loyal to a company and the company returned this loyalty.

(C) In the late 1990s, employees felt **it was foolish to be loyal to a company** that could fire them at any moment.

Rudy's 해설

도입문에 saying with pride는 B의 proud of working와 동의어 표현으로 B가 첫 문장으로 가장 적절하다. B는 회사에 대한 충성심이 높았다는 내용이지만, A와 C는 반대의 내용이기에 전환에 해당하는 But이 등장하는 A가 B 다음에 이어지는 것이 논리적이다.

해석

"나는 회사원입니다."라는 이 말은 근로자들이 금세기 대부분 동안 긍지를 가지고 말하는 데 익숙했던 표현이다.
(B) 그 말은 근로자가 성인이 된 이후로 어떤 특정한 회사를 위해서 일하는 것을 자랑스러워했음을 의미했다. 노동직 근로자와 사무직 근로자 모두 종종 회사에 대해서 충성심을 느꼈고, 회사는 이러한 충성심에 보답을 했다.
(A) 그러나 1960년대와 1970년대에 수많은 제조업 일자리의 상실과 1980년대와 1990년대에 이르러 더 많은 수의 사무직 일자리의 상실로 인해, 이러한 표현은 추억거리가 되었다.
(C) 1990년대 후반에, 고용자들은 언제든지 그들을 해고시킬 수 있는 한 회사에 충성하는 것이 어리석은 일이라고 느꼈다.

18. What happened over the past decade across the world was legal. Bankers did what they were allowed to do under the law. Politicians did what they thought the system asked of them. Bureaucrats were not exchanging cash for favors. But very few people acted responsibly, honorably, or nobly. This might sound like a small point, but it is not. No system — capitalism, socialism, whatever — can work without a sense of ①___________ at its core. No matter what reforms we put in place, without a moral standard, they will prove ②__________.

(1) Which best fits into the blank ①?

① ethics
② approval
③ suspicion
④ mortality

(2) Which best fits into the blank ②?

① triumphant
② proper
③ helpful
④ inadequate

voca   honorably ad. 명예롭게, 훌륭하게   core n. 핵심, 중심부   suspicion n. 의심, 혐의

triumphant a. 승리를 얻은, 성공한

MEMO

18. (1) ① (2) ④ ★★

> What happened over the past decade across the world was legal. Bankers did what they were allowed to do under the law. Politicians did what they thought the system asked of them. Bureaucrats were not exchanging cash for favors. **But very few people acted responsibly, honorably, or nobly. This might sound like a small point, but it is not.** No system — capitalism, socialism, whatever — can work without a sense of ①__________ at its core. No matter what reforms we put in place, without a moral standard, they will prove ②__________.

But 이하에서 주장이 부각되는 중괄식 구조의 영문이다. 책임감 있게, 명예롭게 행동하는 것이 사소해 보이지만, 실상은 전혀 그렇지 않다는 것이 주제이다. 따라서 주제 뒤에 등장하는 영문은 재진술에 해당하기에 주제문과 호응하는 내용이 적절하다.

(1) 빈칸 없이는 어떤 시스템도 작동하지 않는다는 의미이기에, 빈칸에는 책임감, 명예를 포괄하는 표현이 적절하다.
(2) moral standard가 없다는 내용이 앞에 등장했기에, 빈칸에는 부정적인 의미의 표현이 적절하다.

지난 10년간 세계에 일어났던 일은 합법적인 것이었다. 은행가들은 합법적으로 그들에게 허용되는 일들을 했다. 정치인들은 그들이 생각하기에 제도가 그들에게 요구하는 것들을 했다. 관료들은 청탁의 대가로 돈을 받지 않았다. 그러나 책임감 있게, 명예롭게, 고결하게 행동한 사람은 거의 없었다. 이것은 사소한 것처럼 들리겠지만, 사소한 것이 아니다. 자본주의이든, 사회주의이든, 무엇이 되었든 간에, 어떤 제도도 그 중심에 도덕성이 없이는 성공할 수 없다. 우리가 그 어떤 개혁을 계획하든지, 도덕규범이 없다면 이러한 개혁들은 적절치 못한 것으로 판명될 것이다.

19. Giovanni Papini said when he was nearly blind, "I prefer martyrdom to imbecility." After writing sixty books, including his famous Life of Christ, he was at work on two huge projects when he was stricken with a form of muscular atrophy. He lost the use of his left leg, then of his fingers, so that he couldn't hold a pen. The two big books, though never to be finished, moved forward slowly by dictation; that in itself was a triumph. Toward the end, when his voice had become incomprehensible, he spelled out a word, tapping on the table to indicate letters of the alphabet. One hopes never to be faced with the need for __________.

① the muscular disorder
② the use of such precious letters
③ unnecessarily extravagant devices
④ such heroic measures

voca		
martyrdom n. 순교	imbecility n. 저능, 어리석음	stricken a. 상처 입은, 병에 걸린
atrophy n. 위축증	disorder n. 병	incomprehensible a. 이해할 수 없는
heroic a. 영웅적인, 용감한	spell v. 철자를 말하다, 단어를 부르다	extravagant a. 사치스러운, 터무니없는

MEMO

19. ④ ★★

Giovanni Papini said when he was nearly blind, "I prefer martyrdom to imbecility." After writing sixty books, including his famous Life of Christ, he was at work on two huge projects when he was stricken with a form of **muscular atrophy. He lost the use of his left leg, then of his fingers, so that he couldn't hold a pen.** The two big books, though never to be finished, moved forward slowly by **dictation**; that in itself was a triumph. Toward the end, when **his voice had become incomprehensible, he spelled out a word, tapping on the table to indicate letters** of the alphabet. One hopes never to be faced with the need for _________.

Rudy's 해설

다양한 예시들을 통한 주제문 추론의 구조이다. 지오바니의 초인적인 노력이 주제에 해당한다. 마지막 문장 또한 앞의 예시들과 호응하는 내용이 적절하기에, 초인적, 영웅적이란 의미의 문항이 가장 적절하다.

① the muscular disorder
　　(근육성 질병)

② the use of such precious letters
　　(그런 소중한 글자들을 활용하는 것)

③ unnecessarily extravagant devices
　　(불필요하게 사치스러운 장치들)

④ such heroic measures
　　(그런 영웅적 행위들)

해석

지오바니 파피니(Giovanni Papini)는 거의 눈이 멀게 되었을 때 다음과 같이 말했다. "나는 우둔하게 사느니 차라리 순교를 원한다." 유명한 '그리스도전'(Life of Christ)을 포함하는 60권의 책을 저술한 후에 그는 근위축증에 걸린 채 두 개의 큰 프로젝트 작업을 하고 있었다. 그는 자신의 왼쪽 다리를 잃었고 그 후 손가락을 잃었다. 그래서 펜을 잡을 수 없게 되었다. 비록 완성이 될 수는 없었지만, 그 두 대단한 저작물들은 구술에 의해서 서서히 진행되었다. 그것은 그 자체로서 승리였다. 그의 목소리가 들리지 않을 정도로 마지막을 향해가고 있을 때에도, 그는 탁자를 두드려 알파벳 철자를 지시하면서 한 단어씩 내뱉었다. 어느 누구도 결코 그러한 초인적 행위의 필요성을 직면할 일이 없기를 바랄 것이다.

20. 다음 글을 읽고 물음에 답하시오.

(A) Most of this stress related with time can be eliminated from your life forever. All it takes is your willingness to see that the problem is self-created. Hard as it is to admit, it's usually not a lack of time that is the problem. Instead, the problem is not giving yourself quite enough time. It's not getting all the way ready early enough.

(B) In the other instance, however, they see themselves as empowered, as having the capacity to give themselves additional time. Sometimes they do allow themselves enough time, but instead of getting all the way 100 percent ready, they get what I like to call "almost ready". Then, at the last minute, they scramble and feel pressured. This feeling of pressure can affect their entire day, encouraging them to feel uptight and to sweat the small stuff.

(C) It's interesting to listen to the excuses of people when they are late. "I didn't have enough time" is the number-one excuse. Number two is "I had too much to do." Seldom do you hear the truth, which is "I didn't give myself enough time." See the difference? In one instance they see themselves as a victim of time. They'll probably continue to do the same thing often because they see the problem as being out of their control.

(1) 위의 (A), (B), (C)를 하나의 글로 구성할 때, 가장 적절한 순서는?

① (A) - (B) - (C)　　　　　　② (B) - (A) - (C)
③ (B) - (C) - (A)　　　　　　④ (C) - (A) - (B)
⑤ (C) - (B) - (A)

(2) 위 글의 요지로 가장 적절한 것은?

① Get ready early.　　　　　② Keep your promise.
③ Volunteer your time.　　　④ Don't worry, and be happy.
⑤ Don't exaggerate your troubles.

---

voca　eliminate v. 제거하다　　　willingness n. 의지, 기꺼이 하기　　get ready v. 준비하다

all the way av. 처음부터 끝까지　　empowered a. 권한이 있는　　　scramble v. 허둥지둥 하다

uptight a. 초조한　　　　　　　sweat the small stuff v. 작은 일로 고생하다

(MEMO)

20. (1) ⑤　(2) ① ★★★

(A) Most of **this stress** related with time can be eliminated from your life forever. All it takes is your willingness to see that the problem is self-created. Hard as it is to admit, it's usually not a lack of time that is the problem. Instead, the problem is not giving yourself quite enough time. It's not getting all the way ready early enough.

(B) **In the other instance, however, they see themselves as empowered,** as having the capacity to give themselves additional time. Sometimes they do allow themselves enough time, but instead of getting all the way 100 percent ready, they get what I like to call "almost ready". Then, at the last minute, they scramble and feel pressured. This feeling of pressure can affect their entire day, encouraging them to feel uptight and to sweat the small stuff.

(C) It's interesting to listen to the excuses of people when they are late. "I didn't have enough time" is the number-one excuse. Number two is "I had too much to do." Seldom do you hear the truth, which is "I didn't give myself enough time." See the difference? In one instance they see themselves as a victim of time. They'll probably continue to do the same thing often because they see the problem as being out of their control.

Rudy's 해설

(1) A는 대명사 this stress, B는 in the other instance (다른 경우에)가 있기에 첫 문항으로 적절하지 못하다. C의 마지막 문장은 사람들이 통제력을 상실한다는 내용이다. B의 첫 문장은 스스로를 empowered라고 생각한다는 내용이기에, however을 중심으로 C 뒤에 B가 연결되는 것이 적절하다.

(2) C-B-A의 흐름을 순서를 파악하면, 제시문은 미괄식 구성임을 알 수 있다. C와 B는 예시의 역할을, A는 예시들을 종합해서 결론을 도출하고 있다. C의 마지막 문장에서 주제를 알 수 있다. 항상 시간을 충분히 투자하지 않는 것이 문제이기에, 미리 충분한 시간을 투자, 준비하라는 것이 주제이다.

① Get ready early. (미리 준비해라)　　② Keep your promise. (약속을 지켜라)

③ Volunteer your time. (시간을 투자해서 자원 봉사하라)　　④ Don't worry, and be happy. (걱정 말고, 낙관적으로 생각해라)

⑤ Don't exaggerate your troubles. (어려움을 과장하지 마라)

해석

(C) 약속 시간에 늦는 사람의 변명을 듣는 것은 아주 흥미롭다. 제1의 변명은 "시간이 너무 없었어!"이고, 그 다음이 "할 일이 너무 많았어!"이다. 당신은 진실된 대답. 즉 "충분한 시간을 배정하지 않았어."라는 말을 거의 들을 수 없다. 그 대답의 차이는? 전자는 자신이 시간의 희생자라고 생각한다. 그런 사람은 문제가 자신의 통제 밖에 있다고 생각하기 때문에 같은 실수를 반복한다.

(B) 하지만 또 다른 실수의 유형에서는 자기 스스로 충분한 시간을 배정할 능력이 있다고 생각하여 때때로 충분한 시간을 배정한다. 그러나 모든 것을 100 퍼센트 완벽 하게 준비하기보다는 '거의 준비된 상황'에서 멈춘다. 그리하여 마지막 순간에 허둥지둥하며 압박감을 느낀다. 그게 그만 하루 종일 사람을 지치게 함으로써 결국 마음의 평정이 무너져 사소한 일에도 목숨을 걸게 만드는 것이다.

(A) 이런 시간과 관련된 스트레스를 완전히 몰아낼 수 있다. 여러분이 당면한 문제는 스스로 자초한 것이라는 점을 인정하려는 의지만 있으면 된다. 비록 인정한다는 것이 힘들지 모르겠지만, 문제는 시간이 부족해서가 아니다. 충분한 시간을 할애하지 않는 것이 문제일 뿐이다. 즉 매사에 미리미리 준비할 수 있도록 충분한 시간을 들이지 않는다는 것이다.

21. Social stratification is a system in which people are divided into layers according to their relative power, property, and prestige. Functionalists take the position that the patterns of behavior that characterize a society exist because they are functional for that society. They conclude that _________ because: (i) society must make certain that its positions are filled; (ii) some positions are more important than others; (iii) the more important positions must be filled by the more qualified people; (iv) to motivate the more qualified people to fill these positions, society must offer them greater rewards.

① stratification is inevitable
② stratification is the outcome of conflict between different social classes
③ stratification will disappear in societies
④ stratification is dysfunctional for society

voca stratification n. 계층화　　　　layer n. 표층, 계층　　prestige n. 명성　　　qualified a. 자격 있는, 적합한

fill v. 만족시키다, 요구를 채워주다　inevitable a. 필연적인 conflict n. 다툼, 갈등

dysfunctional a. 기능 장애의, 역기능적인

MEMO

21. ① ★

> Social stratification is a system in which people are divided into layers according to their relative power, property, and prestige. Functionalists take the position that the patterns of behavior that characterize a society exist because they are functional for that society. They conclude that _________ **because**: (i) society must make certain that **its positions are filled**; (ii) some positions are **more important** than others; (iii) the more important positions must be filled by the **more qualified people**; (iv) to motivate the more qualified people to fill these positions, society must offer them **greater rewards**.

Rudy's 해설

because에 이어지는 내용이 원인, 빈칸은 그에 따른 결과로 파악하면 쉽게 정답을 유추할 수 있다. because 뒤에서 사회는 다양한 지위가 필요하고, 그에 따른 다른 보상을 지급한다는 내용이기에 계층화 또한 필연적인 결과라는 것을 추론할 수 있다.

① stratification is inevitable
   (사회적 계층화는 불가피하다)

② stratification is the outcome of conflict between different social classes
   (사회적 계층화는 다른 계급들 사이에서의 갈등의 결과이다)

③ stratification will disappear in societies
   (사회적 계층화는 사회에서 사라질 것이다)

④ stratification is dysfunctional for society
   (사회적 계층화는 제 기능을 발휘하지 못한다)

해석

사회적 계층화란 사람들이 자신들의 상대적 권력, 재산 그리고 위신에 따라서 계층화로 분화되어지는 체계를 말한다. 기능주의자들은 사회를 특징짓는 행동의 패턴들이 존재하는 이유는 이 행동의 패턴들이 사회에서 나름대로 하고 있는 역할이 있기 때문이라는 입장을 가지고 있다. 그들은 계층화는 불가피하다고 결론짓고 있는데, 그 이유는 첫째, 사회는 반드시 사회 속의 지위들이 채워지도록 하기 때문이고, 둘째, 어떤 지위들은 다른 지위들보다 더 중요하기 때문이고, 셋째, 더 중요한 지위들은 더 능력 있는 사람들에 의해서 채워져야만 하기 때문이고, 넷째, 이러한 지위들을 더 능력 있는 사람들이 차지하도록 동기를 부여하기 위해서 사회는 그들에게 더 큰 보상을 주어야 하기 때문이다.

22. Solitude is out of fashion. Our companies, our schools and our culture are in thrall to an idea I call the New Groupthink, which holds that creativity and achievement come from an oddly gregarious place. Most of us now work in teams, in offices without walls. Lone geniuses are out. Collaboration is in. But there's a problem with this view. Research strongly suggests that people are more creative when they enjoy privacy and freedom from interruption. And the most spectacularly creative people in many fields are often introverted, according to studies by the psychologist Gregory Feist. They're extroverted enough to exchange and advance ideas, but see themselves as __________. They're not joiners by nature.

① sociable and companionable
② innovative and revolutionary
③ contemplative and thoughtful
④ independent and individualistic

voca

solitude n. 고독; 쓸쓸함
creativity n. 창의성; 독창력
collaboration n. 협동
extroverted a. 외향적인
revolutionary a. 혁명적인
independent a. 독립적인

out of fashion 유행하지 않는, 한물간
oddly ad. 기묘하게
interruption n. 중단, 단절
companionable a. 동무로 사귈 만한
contemplative a. 심사숙고하는, 사색하는
individualistic a. 개인주의의

thrall n. 노예, 속박
gregarious a. 군거하는, 군집성의
introverted a. 내향적인
innovative a. 혁신적인, 새로운
thoughtful a. 사려 깊은; 신중한

MEMO

22. ④ ★

olitude is out of fashion. Our companies, our schools and our culture are in thrall to an idea I call the New Groupthink, which holds that creativity and achievement come from an oddly gregarious place. Most of us now work in teams, in offices without walls. Lone geniuses are out. Collaboration is in. But there's a problem with this view. Research strongly suggests that people are more creative when they enjoy privacy and freedom from interruption. And the most spectacularly creative people in many fields are often introverted, according to studies by the psychologist Gregory Feist. **They're extroverted enough to exchange and advance ideas, but see themselves as** ________. They're not joiners by nature.

Rudy's 해설

빈칸 전후의 정보만을 토대로 정답을 추론할 수 있는 구조이다. extroverted but ~ 의 구조로 빈칸에는 extroverted와 반대되는 의미의 표현이 적절하다. C가 함정문항이 될 수 있지만, 외향적이라는 의미는 사교적이라는 의미로, 이것과 반대되는 의미는 생각이 깊은 것이 아니라 독립적, 개인주의적이라는 의미가 적절하다.

① sociable and companionable
　(사교적이며 붙임성이 있는)

② innovative and revolutionary
　(독창적이며 혁신적인)

③ contemplative and thoughtful
　(사색적이며 생각이 깊은)

④ independent and individualistic
　(독립적이며 개인주의적인)

해석

혼자 일하는 방식은 고리타분한 방식이다. 우리의 회사들, 학교들 그리고 문화는 소위 새로운 집단사고(New Groupthink)라고 부르는 개념에 사로잡혀 있다. 이 개념은 창의성과 성취는 기이하게 군집적인 장소로부터 나온다고 주장한다. 우리 대부분은 지금 팀별로 벽이 없는 사무실에서 작업을 하고 있다. 고립된 천재들은 사라졌고 협업이 유행하고 있다. 그러나 이러한 견해에는 문제가 있다. 연구들이 강하게 주장하는 것은 사람들이 사적영역과, 간섭으로부터의 자유를 누릴 때 더욱 창의적이 된다는 사실이다. 그리고 심리학자 그레고리 페이스트(Gregory Feist)의 연구에 따르면 많은 분야에서 가장 현격한 창의력을 나타내는 사람들은 흔히 내향적이다. 그들은 생각을 교환하고 개진할 정도까지는 외향적이지만, 자신들에 대해 독립적이고 개인주의적이라고 생각한다. 그들은 천성적으로 어울리는 것을 좋아하는 사람들이 아니다.

23. Language symbolizes reality; it's not the reality itself. Of course, this is obvious. But consider: have you ever reacted to the way something was labeled or described rather than to the actual item? Have you ever bought something because of its name rather than because of the actual object? If so, you were probably responding as if language was the reality, a distortion called intensional orientation. Intensional orientation refers to the tendency to view people, objects, and events in terms of how they are talked about or labeled rather than in terms of how they actually exist. It occurs when you act as if the words and labels are more important than the things they represent. In its extreme form, intensional orientation is seen in the person who is afraid of dogs and begins to sweat when __________.

① hearing a dog barking far away
② they turn out to be docile
③ shown a picture of a dog
④ they are out of sight

 **voca**

symbolize v. 상징하다   labeled a. 꼬리표가 붙여진, 이름 지어진   distortion n. 왜곡

intensional a. 내재적인   docile a. 온순한, 순종적인   out of sight av. 보이지 않는

intensional orientation n. 내포적 방향성, 언어 규정적 정향, 언어 연상적 정향(사람, 사물, 사건을 그 자체로서 보기보다는 그들이 말해지고 이름 지어진 방식으로 보려는 경향)

MEMO

23. ③ ★★

Language symbolizes reality; it's not the reality itself. Of course, this is obvious. But consider: have you ever reacted to the way something was labeled or described rather than to the actual item? Have you ever bought something because of its name rather than because of the actual object? If so, **you were probably responding as if language was the reality, a distortion called intensional orientation.** Intensional orientation refers to the tendency to view people, objects, and events in terms of how they are talked about or labeled rather than in terms of how they actually exist. **It occurs when you act as if the words and labels are more important than the things they represent.** In its extreme form, **intensional orientation is seen in the person who is afraid of dogs and begins to sweat** when _________.

언어가 현실을 그대로 재현할 수 있다는 내포적 방향성에 대한 글이다. 빈칸은 예시에 해당하는 내용으로, 실제 강아지가 아니라, 그것을 상징하는 표현, 그림 등의 내용이 적절하다.

① hearing a dog barking far away
  (멀리서 짖는 강아지 소리를 듣다)

② they turn out to be docile
  (온순한 것으로 드러나다)

③ shown a picture of a dog
  (강아지 그림을 보여주었을 때)

④ they are out of sight
  (그들이 시야에서 사라지다)

해석

언어는 현실을 상징화한다. 그것이 현실 자체는 아니다. 물론 이것은 명백하다. 그러나 생각해보자. 여러분들은 어떤 실제 물건이 아닌, 어떤 것이 이름 붙여지고 묘사되어지는 방식에 반응한 적이 있는가? 여러분은 실제 물건이 아니라 그 물건의 이름 때문에 무엇을 샀던 경험이 있는가? 만약 그렇다면, 여러분은 마치 언어가 실체인 것처럼 반응하는 것인데, 이러한 왜곡을 내포적 방향성이라고 부른다. 내포적 방향성이란 실제로 그것이 어떻게 존재하느냐의 관점에서가 아니라, 그것이 어떻게 이야기되어지고 명명되어지는지의 관점에서 사람과 사물과 사건을 바라보는 경향성을 나타낸다. 그것은 언어나 이름들이 나타내는 것보다, 언어나 이름들이 더욱 중요한 것처럼 당신이 행동할 때 나타난다. 내포적 방향성의 극단적인 형태를 들자면 개를 두려워하는 사람이 개의 사진을 보여주면 땀을 흘리기 시작하는 경우이다.

24. Just as males and females may find different ways to express emotions themselves, the process of partner selection also show distinctly different patterns. For both males and females, more than just chemical and psychological processes influence the choice of partners. One of these factors is proximity, or being in the same place at the same time. The more you see a person in your home town, at social gatherings, or at work, __________.

① the more likely it is that an interaction will occur
② the more responsible your relationship with the partner becomes
③ the more contented you become in the relationship with the partner
④ the more unpredictable the final outcome becomes

voca partner selection n. 배우자 선정   proximity n. 근접성   gathering n. 모임, 행사

MEMO

24. ① ★★

> Just as males and females may find different ways to express emotions themselves, **the process of partner selection also show distinctly different patterns.** For both males and females, more than just chemical and psychological processes influence the choice of partners. **One of these factors is proximity, or being in the same place at the same time. The more you see a person** in your home town, at social gatherings, or at work, ________.

파트너 선정에 있어 남녀 모두에게 영향을 끼치는 요소로 거리의 근접성을 제시하고 있다. 빈칸 앞에 주변에서 자주 보면 볼수록 이라는 내용이 왔기에, 빈칸에는 이것의 논리적 결과에 해당하는 남녀 간에 교류가 더 많이 일어난다는 표현이 적절하다.

① the more likely it is that an interaction will occur
  (남녀 간에 교류가 일어날 가능성이 더 높다)

② the more responsible your relationship with the partner becomes
  (파트너와 관계에 더 많은 책임을 지게 된다)

③ the more contented you become in the relationship with the partner
  (파트너와의 관계에 더 큰 만족을 느낀다)

* 함정문항인데, C에서는 이미 Partner가 되었다는 것이 전제로 되어 있기에 적절하지 않다. 본문의 내용은 파트너를 찾는 과정에 대한 것이기 때문이다.

④ the more unpredictable the final outcome becomes
  (최종 결과가 더 예측 불가능해진다)

해석

남녀가 스스로의 감정을 표출하는 서로 상이한 방법을 찾아내는 것처럼, 짝을 고르는 과정 또한 극명하게 상이한 패턴을 보인다. 남녀 둘 다에게 있어서, 단지 조화나 심리적인 과정 이상의 것이 짝의 선택에 영향을 준다. 이러한 요소 중 하나가 인접성. 즉 같은 시간에 같은 장소에 있다는 것이다. 당신이 어떤 이를 당신의 고향, 사교모임, 직장에서 자주 보면 볼수록, 그 만큼 상호작용이 일어날 가능성이 더욱 커진다.

25. The meadow was wet with dew and Paul wanted to catch grasshoppers ①__________. He found plenty of good grasshoppers. They were at the base of the grass stems. Sometimes they clung to a grass stem. They were cold and wet with the dew, and could not jump until the sun warmed them. Paul picked them up, taking only the medium-sized brown ones, and put them into the bottle.

   Without dew in the grass it would take him all day to catch a bottle full of good grasshoppers and he would have to crush many of them with his hat. He went to the stream to wash his hands. He put them in the cold water and was excited to feel cold. Then he walked up to the tent. The hoppers were already jumping stiffly in the grass. Paul put in a pine stick as a cork. It plugged the mouth of the bottle enough, so they could not get out but left plenty of air passage.

(1) According to the passage, which best fits into the blank ①?

    ① if it was still warm
    ② before the sun dried the grass
    ③ regardless of their size and color
    ④ as far away as possible from the stream

(2) Which is true according to the passage?

    ① He caught nothing but small-sized colorful grasshoppers.
    ② He put into a bottle the grasshoppers he had caught.
    ③ With his hat he caught grasshoppers easily.
    ④ He replaced the old cork with a new one.

voca meadow n. 목초지, 초원   dew n. 이슬   grasshopper n. 메뚜기 cling v. 달라붙다, 매달리다

crush v. 눌러 부수다, 밟아 으깨다   stiffly ad. 뻣뻣하게   pine n. 소나무   cork n. 코르크 마개

plug v. 틀어막다, 마개를 하다

MEMO

25. (1) ② (2) ② ★

The meadow was wet with dew and Paul wanted to catch grasshoppers ① _________. He found plenty of good grasshoppers. They were at the base of the grass stems. Sometimes they clung to a grass stem. They were cold and wet with the dew, and could not jump until the sun warmed them. Paul picked them up, taking only the medium-sized brown ones, and put them into the bottle.

Without dew in the grass it would take him all day to catch a bottle full of good grasshoppers and he would have to crush many of them with his hat. He went to the stream to wash his hands. He put them in the cold water and was excited to feel cold. Then he walked up to the tent. The hoppers were already jumping stiffly in the grass. Paul put in a pine stick as a cork. It plugged the mouth of the bottle enough, so they could not get out but left plenty of air passage.

Rudy's 해설

(1) 빈칸 앞에 초원이 젖어 있었다는 내용과 해가 뜨기 전까지 메뚜기들은 높이 점프할 수 없다는 내용을 토대로 정답을 추론할 수 있다.

① if it was still warm (만약 여전히 따뜻하다면)

② before the sun dried the grass (태양이 풀들을 건조하게 하기 전까지)

③ regardless of their size and color (크기와 색깔과 상관없이)

④ as far away as possible from the stream (냇물로부터 가능한 한 멀리)

(2) general 문제로 본문의 전반적인 내용을 파악하고 해결해야 한다.

① He caught nothing but small-sized colorful grasshoppers. (그는 단지 작은 크기의 화려한 메뚜기들만을 잡았다)

② He put into a bottle the grasshoppers he had caught. (그는 잡은 메뚜기들을 병 안에 집어넣었다)

③ With his hat he caught grasshoppers easily. (모자를 이용해서 메뚜기들을 쉽게 잡았다)

④ He replaced the old cork with a new one. (그는 오래된 마개를 새 것으로 교체했다)

해석

초원은 이슬로 젖어있었고 폴은 태양이 풀을 마르게 하기 전에 메뚜기를 잡고 싶었다. 그는 충분히 많은 메뚜기를 찾아냈다. 그들은 풀줄기 밑동에 있었다. 때로는 그들은 풀줄기에 달라붙어 있었다. 그들은 이슬로 차가워지고 젖어, 태양이 그들을 따뜻하게 할 때까지 뛰어오를 수 없었다. 폴은 그들을 잡으며, 중간 크기의 갈색 메뚜기만 잡아서 병에 넣었다.

이슬이 없었다면 그가 한 병 가득한 많은 메뚜기를 잡는데 하루 종일이 걸렸을 것이고 그들 중 많은 수를 모자로 눌러 찌부러뜨렸을 것이다. 그는 개울로 가서 손을 씻었다. 그는 손을 찬물에 넣고 차가움을 느끼자 신이 났다. 그러고 나서 그는 텐트로 걸어 올라갔다. 메뚜기들은 벌써 뻣뻣하게 풀에서 뛰어오르고 있었다. 폴은 소나무 가지를 코르크 마개삼아 꽂았다. 이 나뭇가지는 병의 입구를 충분히 틀어막아서 메뚜기들이 밖으로 나오지 못하게 하면서도 많은 통풍구를 남겨놓았다.

26. (A), (B), (C)를 하나의 글로 구성할 때 가장 적절한 순서는?

(A) He thought little about it until he dropped one of the balls and it cracked open on a rock. Inside was a beautiful, precious stone. Excited, the man broke open the rest. Each contained a similar gem. He had thrown maybe 50 or 60 of the clay balls with their hidden treasure into the ocean waves. Instead of a few gems, he could have taken all of them home, but he just threw them away.

(B) A man was exploring some caves by the seashore. In one of the caves he found a canvas bag with a bunch of hardened clay balls. It was like someone had rolled up some clay into balls and left them out in the sun to bake. They didn't look like much, but he took them. As he strolled along the beach, to pass the time, he would throw the clay balls one at a time out into the ocean as far as he could.

(C) It's like this with people. We look at someone, and we see the external clay vessel. It doesn't look like much from the outside. It isn't always beautiful or sparkling, so we discount it ; we see that person as less important than someone more beautiful or stylish. But each person holds a gem inside. Look past the clay vessel. Take the time to get to know a person, then the clay begins to peel away and the gem shines forth.

① (A) - (B) - (C)　　　　　② (B) - (A) - (C)
③ (B) - (C) - (A)　　　　　④ (C) - (A) - (B)
⑤ (C) - (B) - (A)

voca　crack v. 갈라지다　　gem n. 보석, 보물　　bunch n. 무리, 다발　　stroll v. 산책하다
sparkling a. 반짝이는　discount v. 무시하다　peel away v. 껍질을 벗다

MEMO

26. ① ★

(A) **He thought little about it until he dropped one of the balls and it cracked open on a rock.** Inside was a beautiful, precious stone. Excited, the man broke open the rest. Each contained a similar gem. He had thrown maybe 50 or 60 of the clay balls with their hidden treasure into the ocean waves. Instead of a few gems, he could have taken all of them home, but he just threw them away.

(B) **A man was exploring some caves by the seashore.** In one of the caves he found a canvas bag with a bunch of hardened clay balls. It was like someone had rolled up some clay into balls and left them out in the sun to bake. They didn't look like much, but he took them. As he strolled along the beach, to pass the time, he would throw the clay balls one at a time out into the ocean as far as he could.

(C) **It's like this with people.** We look at someone, and we see the external clay vessel. It doesn't look like much from the outside. It isn't always beautiful or sparkling, so we discount it ; we see that person as less important than someone more beautiful or stylish. But each person holds a gem inside. Look past the clay vessel. Take the time to get to know a person, then the clay begins to peel away and the gem shines forth.

Rudy's 해설

A와 C는 모두 대명사로 시작하기에 첫 문항으로 어색하다. B의 마지막 문장과 A의 첫 문장의 내용이 호응한다. C의 it은 A의 전반적인 내용을 의미한다.

해석

(B) 한 남자가 바닷가에 있는 동굴 몇 개를 탐험하고 있었다. 그 동굴들 하나에서 그는 단단해진 진흙공이 많이 들어 있는 캔버스천 가방을 하나 발견했다. 그것은 누군가가 진흙을 둥글게 말아서 공들을 만든 다음 굽기 위해서 그것들을 햇볕에 내놓은 것 같았다. 그것들은 대단한 것처럼 보이지 않았지만 그는 그것들을 가지고 갔다. 해변을 따라 산책을 하면서 시간을 보내기 위해 그는 한 번에 하나씩 그 진흙 공들을 할 수 있는 한 멀리 바다 속으로 던지곤 했다.

(A) 그 공들 중 하나를 떨어뜨려 그것이 바위 위에서 깨져 열릴 때까지 그는 그것에 대해 거의 생각하지 않았다. 안에는 아름다운 보석이 있었다. 신이 나서 그 남자는 나머지를 깨뜨려 열었다. 각각의 공 안에는 비슷한 보석이 들어 있었다. 그는 숨겨진 보물이 있는 진흙 공 아마 50개 내지 60개를 바다의 파도 속으로 던졌을 것이다.

(C) 사람들의 경우도 이와 같다. 우리는 어떤 사람을 보고 외부의 진흙 그릇을 본다. 밖에서 볼 때 그것은 대단한 것처럼 보이지 않는다. 그것이 반드시 아름답거나 빛나지는 않는다. 그래서 우리는 그것을 무시한다. 우리는 그 사람을 더 아름답거나 멋진 사람보다 덜 중요한 사람으로 간주한다. 그러나 각 개인은 그 안에 보석을 지니고 있다. 진흙 그릇을 넘어서서 보아라. 한 사람을 알게 될 시간을 내라. 그러면 진흙은 벗겨지기 시작하고 보석은 밖으로 빛이 난다.

27. Wherever you decide to have your holiday, you can't have it without getting there, and you can take your choice of road, rail, air, or water. The great trouble with going by road, I always find, is ever ____________. People talk about the man with a car being his own master, and not being a slave to timetables and so on, but the fact is that being a slave to a timetable is about the only reliable way of getting off on time. If you've got to catch the eight-forty train from Paddington Station, then you go to Paddington at eight-forty and catch it. What could be simpler? It's nearly the same with airplanes and boats. But when it comes to cars it's entirely different. You can make all the plans you like about starting at 6 a.m. prompt, while the dew is still wet on the hedgerows, but if you get off six hours later you'll do well. Every morning this summer it'll be the same story in a million homes. Have a look as you go by and you'll see a man sitting at the wheel, biting his lips and muttering. And what he's muttering is the old, familiar first-day-of holiday refrain: <u>"We should have been there by now."</u>

(1) What is the most suitable expression for the blank?

① getting started
② getting ahead
③ getting around
④ getting somewhere

(2) What is the most suitable word that can replace the underlined word refrain?

① resolution ② complaint
③ testimonial ④ endorsement

(3) Which of the following is NOT true according to the passage?

① The worst way to get off on time is going by car.
② The man who gets off by car is a slave to timetables.
③ Going by train is a reliable way of getting off on time.
④ Going by car often turns out to be a bad idea.

voca take a holiday v. 휴가 가다 when it comes to ~에 관해 말하자면 prompt ad. 정확히 hedgerow n. 관목 mutter v. 중얼거리다 refrain n. 후렴구, 상투어

해석

휴가를 가기로 결심을 할 때마다, 그 목적지에 가지 않고는 휴가를 가질 수 없다. 그리고 당신은 차를 이용할 건지, 기차를 탈지, 비행기를 탈지 선택할 수 있다. 차를 이용할 때의 커다란 문제는 출발이라는 걸 늘 발견하게 된다. 사람들은 차를 타고 있는 사람들이 자신의 주인이고, 계획표 등등의 노예가 아니라고들 말하지만. 사실은 제시간에 출발하는 유일한 믿음직한 방법은 계획표의 노예가 되는 것이다. 예를 들어 패딩턴 역에서 8시 40분 기차를 타야 하다면, 8시 40분에 패딩턴 역으로 가서 타야 한다. 이보다 단순한 게 무엇이 있겠는가? 비행기나 배의 경우에도 거의 마찬가지이다. 하지만 차에 대해 말하자면, 완전히 다르다. 당신은 아직도 관목에 이슬이 촉촉한 오전 6시 정각에 출발하는, 당신이 마음에 드는 모든 계획을 할 수 있다. 하지만 6시간 후에 출발해도 괜찮다. 올 여름 모든 아침마다 수백만 가구들에서 다 마찬가지 일들을 볼 수 있을 것이다. 지나다니면서 살펴보면, 여러분들은 운전석에 앉아서 입술을 깨물며 중얼거리고 있는 사람들을 볼 수 있을 것이다. 그가 중얼거리고 있는 말은 오래된, 휴가 첫날이면 들을 수 있는, 친숙한 상투어일 것이다. "지금쯤이면, 도착해 있어야 하는데."

27. (1) ① (2) ② (3) ② ★★

> Wherever you decide to have your holiday, **you can't have it without getting there**, and you can take your choice of road, rail, air, or water. The great trouble with going by road, I always find, is ever ________________. People talk about the man with a car being his own master, and not being a slave to timetables and so on, **but the fact is that being a slave to a timetable is about the only reliable way of getting off on time.** If you've got to catch the eight-forty train from Paddington Station, then you go to Paddington at eight-forty and catch it. What could be simpler? It's nearly the same with airplanes and boats. But when it comes to cars it's entirely different. You can make all the plans you like about starting at 6 a.m. prompt, while the dew is still wet on the hedgerows, but if you get off six hours later you'll do well. Every morning this summer it'll be the same story in a million homes. Have a look as you go by and you'll see a man sitting at the wheel, biting his lips and muttering. And what he's muttering is the old, familiar first-day-of holiday refrain: <u>"We should have been there by now."</u>

Rudy's 해설

(1) 첫줄에 목적지에 도착해야 한다는 표현과 but the fact에서 제 시간에 출발하는 것이 중요하다는 내용을 통해서 정답을 추론할 수 있다.

① getting started (출발하다)

② getting ahead (앞서 가다)

③ getting around (우회하다)

④ getting somewhere (성공하다)

(2) 밑줄 친 후렴구의 의미를 묻는 것으로 출발이 늦어져서 도착시간이 늦어지게 된 것에 대한 불만, 아쉬움에 대한 의미이다. 'should have p.p.(~했어야만 했는데)'는 아쉬움을 표현한다.

(3) general 문제로 전반적인 본문의 내용을 토대로 해결해야 한다. 본문의 내용을 토대로 그릇된 내용을 찾는 문제로 본문의 내용에 대한 꼼꼼한 독해를 전제로 하기에 까다로운 문제가 될 수 있다.

① The worst way to get off on time is going by car. (제시간에 출발하는 가장 나쁜 방법은 차를 이용하는 것이다)

* 본문에서는 자동차로 이동할 때 자주 일정에서 벗어난다는 내용을 강조하기에 적절하다.

② The man who gets off by car is a slave to timetables. (차를 통해 이동하는 사람은 일정표의 노예이다)

* is를 should be로 수정하면 적절하다. 차로 이동하는 사람은 일정의 노예가 되어야 한다는 것이 글쓴이의 주장이고, 실제로 많은 이들은 이것을 지키지 않는다는 것이다. 따라서 보기문항을 '~ 노예가 되어야만 한다'로 수정하면 적절하다.

③ Going by train is a reliable way of getting off on time. (기차를 이용하는 방법은 제시간에 출발할 수 있는 좋은 방법이다)

* 기차나 버스를 이용하는 방법은 불가피하게 시간을 지킬 수밖에 없기에 권장할 만한 방법으로 제시되어 있다.

④ Going by car often turns out to be a bad idea. (자동차로 이동하는 것은 흔히 좋지 않은 방법이 된다)

* A와 유사한 내용으로 자동차로 이동하는 것은 일정에서 벗어나는 경우가 많기에 권장되지 않고 있다.

28. Our faces play an important role in making a first impression. Some researchers have found that people with baby faces are frequently perceived, at first sight, to be innocent, naive, and helpless. ____________, people with sharper, more mature, and more angular faces are often thought to be strong and domineering. No one really knows why this is so, but there are three theories. One theory is that human beings are genetically programmed to treat with care those who have childlike faces. Another theory says that we are used to treating babies in a certain way, and we then apply that same behavior to grown-ups who happen to have baby faces. And finally, there really may be a connection between how people look and how they behave.

(1) Which of the following is the best title for the passage?

① Facial Impressions
② Social Reputation
③ Functions of Faces
④ Physical Appearance

(2) What is the most suitable expression for the blank?

① In contrast　　② Otherwise
③ For example　　④ In consequence

(3) Which of the following is true according to the passage?

① Our faces do not affect people's perception of our personalities.
② We presuppose that people do not want to have childlike faces.
③ People with angular faces are often perceived as friendly.
④ We hardly expect someone with a baby face to commit a violent crime.

voca　play an important role v. 중요한 역할을 하다 first impression n. 첫인상 at first sight 첫눈에 naive a. 천진난만한, 잘 속는 helpless a. 무력한 in contrast 이와는 반대로 domineering a. 오만한 genetically ad. 유전적으로 happen to 우연히 ~하다

해석

우리의 얼굴은 첫인상을 만드는 데 중요한 역할을 한다. 몇몇 과학자들에 따르면, 아기얼굴을 가진 사람은 흔히 첫 눈에 볼 때 순진하고, 천진난만하고, 무력한 것으로 인식된다고 한다. 이와는 대조적으로 날카롭고, 성숙해 보이고, 좀 더 각진 얼굴을 가진 사람은 흔히 강하고 오만한 사람으로 생각된다. 왜 그런지 알고 있는 사람은 아무도 없지만, 세 가지 이론이 있다. 하나의 이론에 따르면, 인간들은 유전적으로 아이 같은 얼굴을 가진 사람들을 조심스레 다루도록 프로그램화되어 있다고 한다. 또 다른 이론에 따르면, 우리가 아기들을 어떤 특정한 방식으로 다루는 데 익숙해진 나머지, 우연히도 아기 얼굴을 가진 어른들에게도 똑같은 행동을 적용한다는 것이다. 그리고 마지막으로, 정말 사람들이 보이는 방식과 그들이 행동하는 방식 사이에는 관련이 있을 수 있다는 것이다.

28. (1) ① (2) ① (3) ④ ★★

> **Our faces play an important role in making a first impression.** Some researchers have found that people with baby faces are frequently perceived, at first sight, to be innocent, naive, and helpless. ________, people with sharper, more mature, and more angular faces are often thought to be strong and domineering. **No one really knows why this is so, but there are three theories.** One theory is that human beings are genetically programmed to treat with care those who have childlike faces. Another theory says that we are used to treating babies in a certain way, and we then apply that same behavior to grown-ups who happen to have baby faces. And finally, there really may be a connection between how people look and how they behave.

Rudy's 해설

(1) 전형적인 두괄식 구조의 영문이다. 사람의 얼굴이 첫인상으로 큰 영향을 끼친다는 것이 주제이고, 이것에 대한 예시로서 아기 같은 얼굴, 좀 더 날카로운 얼굴 등에 대한 내용들이 제시되어 있다.

* 제목을 찾는 문제는 제시문에서 가장 대표적이고, 핵심적인 표현을 의미한다. 따라서 얼굴과 관련된 표현이 제목으로 적절하다. 만약 main idea, 글의 요지에 대한 문제가 등장했다면, 첫줄과 중간부터 제시된 3가지 이론들이 함께 제시되는 것이 적절하다. 즉, '얼굴이 첫 인상에 영향을 끼치는 3가지 이론'이 글의 요지에 해당한다.

A와 C 둘 중에서 선택의 기로에 놓일 수 있을 때, keyword 분석을 통해서 쉽게 정답을 선별할 수 있다. 제시문은 얼굴이 사람들에게 첫 인상을 준다는 내용이지, 역할, 기능에 대한 내용이 아니기 때문이다.

① Facial **Impressions** (인상)

② Social **Reputation** (토마스 아퀴나스는 대토지 소유자들을 반대했다)

③ **Functions** of Faces (얼굴들의 기능들)

④ Physical **Appearance** (외모)

(2) 빈칸을 중심으로 대조적인 얼굴들이 열거되어 있기에, 빈칸에는 대조적인 의미의 연결어가 적절하다.

(3) general 문제로 전반적인 본문에 대한 내용을 토대로 해결해야 한다.

① Our faces do not affect people's perception of our personalities.
   (우리의 얼굴은 우리의 성격에 대한 사람들의 인상에 영향을 미치지 않는다)

② We presuppose that people do not want to have childlike faces.
   (사람들은 아기 같은 얼굴을 원하지 않을 것이라 우리는 생각한다)

③ People with angular faces are often perceived as friendly. (각진 얼굴을 가진 사람들은 흔히 친근하다고 인식된다)

④ We hardly expect someone with a baby face to commit a violent crime.
   (우리는 아기 같은 얼굴을 가진 사람이 폭력적인 범죄를 저지를 것이라고 생각하지 않는다)

29. I would like to speak tonight in defense of a much-maligned subject, elitism. The past decades have seen a steady withering away of our commitment to excellence and the growth of egalitarianism. This philosophy believes that it is somehow evil to distinguish between people on the basis of their performance by giving grades and the like. I do not refer to equal opportunity programs, in which disadvantaged people get compensatory advantage, but instead to colleges and graduate schools, which have been content simply to give a "pass" or a "fail" to a student, thus guaranteeing that most will work less hard. Pass-fail decreases competition, and I see that as bad. This country was founded on the principle that free men should compete on equal terms, ___________①.

(1) Which of the following is the best for the blank space ①.

    ① but it was always assumed that the results of the competition would vary between people
    ② and elitism and competition are not contradictory
    ③ but competition is harmful in many ways
    ④ and it was expected that everyone would end equally

(2) The writer of this passage would be most likely to agree with ___________.

    ① that equal opportunity programs unfairly promote those with lesser achievements
    ② that pass-fail grading in un-American
    ③ that it is good to make students work hard
    ④ that people who advocate egalitarianism are probably underachievers

> **voca**　much-maligned a. 강하게 비판받는 elitism n. 엘리트주의 withering a. 활기를 잃는 commitment n. 노력, 헌신
> egalitarianism n. 평등주의 compensatory a. 보상, 보충의

해석

나는 오늘밤 비난을 많이 받고 있는 주제인 엘리트주의에 대해 옹호하는 발언을 하고 싶다. 지난 몇 십 년 동안 우리는 탁월에 대한 헌신이 점점 시들해져 가고 평등주의가 성장하는 것을 보아왔다. 이 평등의 철학은 점수들을 줌으로써 행동을 근거로 사람들을 구별하는 것은 무언가 나쁜 일이라고 믿고 있다. 나는 불이익을 받는 사람들이 그에 대한 보상으로 이익을 얻게 되는 평등 기회 프로그램에 대해서는 말하지 않겠지만, 그 대신에 단지 "통과"나 "낙제"를 학생에게 부여하는 것으로 만족함으로써 대부분의 학생들이 공부를 열심히 하지 않게 하도록 보장하는 대학이나 대학원에 대해 말하겠다. 통과–낙제 제도는 경쟁을 감소시키며 그래서 나쁘다고 본다. 우리나라는 사람들이 자유롭게 평등한 조건 위에서 경쟁하는 원칙 위에 수립되었으나 경쟁의 결과가 사람들마다 같을 것이라는 가정은 한 적이 없다.

29. (1) ① (2) ③ ★★★

I would like to speak tonight in defense of a much-maligned subject, elitism. The past decades have seen a steady withering away of our commitment to excellence and the growth of egalitarianism. This philosophy believes that it is somehow evil to distinguish between people on the basis of their performance by giving grades and the like. I do not refer to equal opportunity programs, in which disadvantaged people get compensatory advantage, but instead to colleges and graduate schools, which have been content simply to give a "pass" or a "fail" to a student, thus guaranteeing that most will work less hard. **Pass-fail decreases competition, and I see that as bad.** This country was founded on the principle that **free men should compete on equal terms,** __________①.

Rudy's 해설

(1) 빈칸 앞의 주장을 재진술하는 문장이다. 절대평가에 대한 내용을 비판하는 것이 앞 내용이기에, 빈칸 또한 합격, 불합격의 절대평가가 아니라 사람마다 결과가 상이할 수 있다는 상대평가에 대한 내용이 등장해야 논리적이다.

① but it was always assumed that the results of the competition would vary between people
　(그러나 경쟁의 결과는 사람들마다 다를 수 있다는 것을 전제로 하고 있다)

② and elitism and competition are not contradictory
　(그리고 엘리트주의와 경쟁은 상호 모순적이지 않다)

③ but competition is harmful in many ways
　(그러나 경쟁은 많은 측면에서 유해하다)

④ and it was expected that everyone would end equally
　(그리고 모든 사람들은 동일하게 끝날 것이라고 예상된다)

(2) 글쓴이의 주장에 부합되는 내용을 선택하는 general 문제이다.

① that equal opportunity programs unfairly promote those with lesser achievements
　(균등한 기회보장 프로그램은 실력이 낮은 사람들을 부당하게 도와준다)
* 균등한 기회보장을 비판하는 것이 아니라 절대평가에 기반을 둔 평가방식을 비판하는 것이 글의 요지이다.

② that pass-fail grading in un-American (절대평가는 비미국적이다)
* 절대평가에 대한 문제점을 주장하는 것이지 비미국적이라는 주장은 아니다.

③ that it is good to make students work hard (학생들이 열심히 공부하게 만드는 것은 좋은 것이다)
* 절대평가의 단점이 학생들이 경쟁하도록 하지 않게 한다는 점이기에, 학생들이 경쟁하도록 열심히 공부해야 한다는 주장은 저자의 의견과 일치한다.

④ that people who advocate egalitarianism are probably underachievers
　(평등주의를 옹호하는 사람들은 실력이 낮은 사람들이다)

30. 주어진 문장 다음에 이어질 글의 순서로 가장 적절한 것은?

From his hilltop farm a rice farmer felt an earthquake and saw the distant ocean swiftly withdraw from the shoreline, like some prodigious animal crouching back for a leap.

(A) In a flash they knew not only who had saved them but what their salvation had cost their benefactor. They later erected a monument to his memory bearing the motto, "He gave us all he had, and gave gladly."

(B) He knew that there would be a tremendous tidal wave. In the valley below, he saw his neighbors working in low fields that would soon be flooded. They must run quickly to his hilltop or they would all die.

(C) So he set fire to his dry rice barns and soon the fire started roaring. His neighbors saw the smoke and rushed to help him. Then from their safe hilltop they saw the tidal wave wash over the fields they had just left.

① (A) - (B) - (C)　　　　　② (B) - (A) - (C)
③ (B) - (C) - (A)　　　　　④ (C) - (A) - (B)
⑤ (C) - (B) - (A)

voca　hilltop n. 언덕 꼭대기 withdraw v. 움츠리다 prodigious a. 거대한 crouching a. 웅크리는 salvation n. 구원, 구조 cost v. 희생을 치르다 erect v. 세우다 monument n. 기념물 bearing a. 포함하고 있는 tremendous a. 엄청난 tidal wave n. 해일

MEMO

30. ③ ★★

> From his hilltop farm **a rice farmer felt** an earthquake and saw the distant ocean swiftly withdraw from the shoreline, like some prodigious animal crouching back for a leap.
>
> (A) In a flash **they knew** not only who had saved them but what their salvation had cost their benefactor. They later erected a monument to his memory bearing the motto, "He gave us all he had, and gave gladly."
>
> (B) **He knew** that there would be a tremendous tidal wave. In the valley below, he saw his neighbors working in low fields that would soon be flooded. **They must run quickly to his hilltop or they would all die.**
>
> (C) So **he** set fire to his dry rice barns and soon the fire started roaring. His neighbors saw the smoke and rushed to help him. Then from their safe hilltop they saw the tidal wave wash over the fields **they** had just left.

Rudy's 해설

A는 they가 등장했기에 첫 문항으로 적절하지 못하다. 제시문에 he가 등장해서, he가 등장하는 B와 C가 적절한데, B의 끝 부분의 내용과 C의 첫 문장이 내용적으로 논리적으로 호응한다.

해석

대기에 있는 자신의 농장에서 쌀농사를 짓는 한 농부가 지진을 느꼈고 먼 바다가 엄청나게 큰 어떤 동물이 도약을 위해 뒤로 웅크리고 있는 것처럼 빠르게 해안선에서 뒤로 물러나는 것을 보았다.

(B) 그는 무시무시한 해일이 올 거라는 것을 알았다. 밑의 계곡에서 그는 그의 이웃들이 곧 범람할 저지대의 들판에서 일하고 있는 것을 보았다. 그들은 재빨리 그가 있는 언덕 꼭대기로 달려와야 한다. 그렇지 않으면 그들은 모두 죽을 것이다.

(C) 그래서 그는 그의 건조한 쌀광에 불을 질렀고 곧 그 불은 노호하기 시작했다. 그의 이웃들은 연기를 보고 그를 돕기 위해 달려갔다. 그 때 그들이 있는 안전한 언덕 꼭대기에서 그들은 해일이 그들이 방금 떠났던 들판을 덮치는 것을 보았다.

(A) 곧 그들은 누가 그들을 구했는지 뿐만 아니라 그들을 구조하기 위해 그들의 은인이 얼마의 대가를 치렀는가를 알았다. 그들은 나중에 그를 추모하여 "그는 그가 갖고 있던 모든 것을 우리에게 주었고 그리고 기꺼이 죽었다." 라는 표어가 새겨진 기념비를 세웠다.

모의고사 (Warming -Up)

모의고사 Warming – Up

Chapter 1에서는 일반&구체, 직진&전환, keyword 및 문단의 구성에 대해서 학습했다.
Chapter 2에서는 단문 속독법 및 Chunking 읽기, 어휘 추론에 대해서 학습했다.
Chapter 3에서는 문제 유형별 풀이 전략에 대해서 학습했다.

학습한 내용을 토대로 이제는 실전적인 문제풀이에 적용해 보자.

모든 문제에 적용되는 풀이 전략은 다음과 같다.

① 문제를 먼저 살피자.

문제에서 지문에 대한 정보를 얻을 수 있는 부분이 있거나, 반복적으로 등장하는 표현이 있다면 유의하자.

② 문제 유형에 따라서 속독과 정독을 병행하자.

일반적으로는 속독을 통해서 전반적인 지문의 요지를 파악하고, 2회독 때 문제 유형에 따라서 정독을 권한다.

③ 혼동문항이 있다면 반드시 keyword를 통해서 비교, 분석을 해 보자.

④ 끝으로 반드시 시간을 정해서 문제를 해결하자.

결국 입시라는 것은 제한된 시간 속에서 자신의 실력을 발휘하는 것이 핵심이다.

각 Chapter들을 충실히 소화한 독자라면 누구나 큰 어려움 없이 이번 chapter의 문제들을 해결할 수 있을 것이라 믿는다. 특히 chapter 3에서 지문 및 보기문항들에 대해 최대한 자세한 해설 및 요점을 담았기에, 이번 chapter에서는 핵심적인 해설만을 담았다.

이번 모의고사는 '중하' 난이도의 문제들을 주로 실었다. 내용일치나 주제 찾기 등 배운 내용을 쉽게 적응할 수 있는 문제 위주로 선정했다. 앞서 학습한 내용을 보다 실전적으로 적용해 보는 것을 목표로 했기 때문이다.

> '모의고사 Warming -Up'은 더독해 3.0으로 들어가기 위한 Intro 단계이다. Intro과정이기에 제한된 시간안에 문제를 해결하는 초급 Training으로 구성했다. 최신 기출 및 예상 문제 모의고사는 더독해 3.0 'Intensive Course'를 통해 집중적으로 다룰 것이다.

Warming - Up 1　　　[Time limited 20 mins]

1. 주어진 글 다음에 이어질 글의 순서로 가장 적절한 것은?

Every day each of us engages in many types of complex activities. We may go to school, participate in sports, drive cars, and sometimes become involved in conflicts.

(A) Why are some activities, such as eating and reproducing, common to all organisms, whereas other activities, such as nest-building, are limited to certain species? Why do some animals live in groups and others live alone?

(B) We also perform other, less complex activities such as eating and sleeping. Our nervous system determines the complexity of activities that we are able to perform. Animals with nervous systems similar to a worm's cannot play soccer, much less chess.

(C) Questions such as these are the focus of the study of behavior. In its simplest form, behavior is the conduct of an organism - the way it acts.

① (A) - (B) - (C)　　　　　　　② (B) - (A) - (C)
③ (B) - (C) - (A)　　　　　　　④ (C) - (A) - (B)

2.　Both tissue transplants and organ transplants are used in the treatment of disease. Tissue transplants include the transplanting of skin, bones, and the cornea of the eye ; whereas organ transplanting includes replacing a kidney, heart, lung or liver. Skin and cornea transplants are very common and successful, and have been performed for hundreds of years. In fact, there is evidence that skin transplants were done as early as 600 B.C. in India. Organ transplants, on the other hand, are quite recent. They are also more difficult to perform. Moreover it is not always easy to find a suitable donor. Even if a healthy organ is found, the receiver's body may reject it. This is the major reason for problem with organ transplants.

(1) Which of the following is a tissue transplant?

　① Liver　　　② Lung　　　③ Bone　　　④ Kidney

(2) In 600 B.C., there were ______.

　① organ transplants　② skin transplants　③ cornea replacements　④ artificial hearts

(3) The most common problem with organ transplants is ______ .

　① finding a donor　② replacing the organ　③ finding a healthy organ　④ rejection of the organ

3. My experience with Rudy was most interesting. In those days, he used only a small Kodak camera, but I think one of the secrets of his extraordinary success as a photographer is that he is an artist-turned photographer and he has always approached the camera from painter's point of view. It is the composition of Rudy's photographs that often makes them unusual and remarkable, and one has only to see his work to appreciate his genius for color and design.

(1) The composition of Rudy's photographs was ______.

① proved a very poor photographer
② was a successful photographer without any artistic sense
③ turned out to be a photographer's artist
④ approached the camera from an artistic point of view

(2) The composition of Rudy's photographs was ______.

① very unusual and remarkable   ② very plain to look at
③ as simple as possible   ④ as exact as a science

4. In 1964 a Supreme Court decision based on the First Amendment gave America the world's freest press; increasingly, Americans doubt whether this was sensible. The Court laid it down that, in order to win a libel case, a public figure had to prove that an allegation was not merely inaccurate; it had to be deliberately malicious. As a result, American journalists can print allegations about politicians without being required to prove that they are true. This makes for uncivil public debate.

According to the passage, an allegation in American law is a "libel" only if it is ______.

① true and accurate   ② accurate and intentionally malicious
③ uncivil and accurate   ④ intentionally malicious and untrue

5. IQ testing has had momentous consequences in our century. In this light, we should investigate Binet's motives, if only to appreciate how the tragedies of misuse might have been avoided if its founder had lived and his concerns been heeded. For American psychologists perverted Binet's intention and invented the hereditarian theory of IQ. They reified Binet's scores, and took them as measures of an entity called intelligence. They assumed that intelligence was largely inherited and developed a series of specious arguments confusing cultural differences with innate properties. They believed that inherited IQ scores marked persons, people and groups for an inevitable station in life. And they assumed that average differences in intelligence were largely the products of heredity, despite manifest and profound variation in quality of life.

(1) Choose the one which is not implied in the passage.

① American psychologists believed that IQ scores were inherited.
② Binet's intention was different from that of American psychologists.
③ American psychologists used Binet's scores as measures of intelligence.
④ American psychologists thought that differences in IQ were the products of the environment.

(2) According to the passage, Binet's IQ testing _______ .

① was only concerned with heredity theory
② was wrongly used by American psychologists
③ was originated from the station in life of people
④ was indifferent to manifest and profound variation in quality of life

6. What is the topic of this passage?

Chemistry is playing an important role in alleviating the growing shortage of food in the world. Agricultural production has been increased with the use of chemical fertilizers, pesticides and improved varieties of seeds. Chemical refrigerants make possible the frozen food industry, which preserves large amount of food that might otherwise spoil. Chemistry is also producing synthetic nutrients, but much remains to be done as the world population increases relative to the land available for cultivation. Chemists and other scientists are working diligently to solve air and water pollution problems, too.

① The job of chemists
② The contributions chemistry can make towards humans.
③ What chemistry can do to cleanse polluted air?
④ What chemistry can do in collaboration with other disciplines?

7. The science of evolution is taught in all advanced academies. That in another generation evolution will be regarded as uncontradictable as the Copernican system of astronomy, or the Newtonian doctrine of gravitation, can scarcely be doubted. Each of these passed through the same contradiction by theologians. They were charged by the church, as is evolution now, with fostering materialism and atheism.

(1) What does the author predict to be likely to occur?

① Evolution will never be accepted by the church.
② The heliocentric theory of Copernicus will contradict the Newtonian doctrine of gravitation.
③ Evolution will universally be accepted as has been the heliocentric theory of Copernicus.
④ The Church will forbid people to accept evolution.

(2) Who or what is the chief opponent of Evolution?

① the Church
② Newton
③ scientists
④ universities

8. Which of the following statements best describes the main idea of the passage?

It is so difficult for human beings to live together; it is difficult for them to associate, however transitorily, and even under the most favorable conditions, without some shadow of mutual offense. Consider the differences of task and of habit, the conflict of prejudices, and the divergence of opinions, which quickly reveal themselves between any two persons brought into more than casual contact and think how much self-control is implicit whenever, for more than an hour or two, they co-exist in seeming harmony. Man is not made for peaceful intercourse with his fellows; he is by nature self-assertive, commonly aggressive, and always critical toward any characteristic which seems strange to him.

① It is not easy for us to get on peacefully with our fellows.
② By instinct man is a peace-seeking creature.
③ Human beings do not offend one another in a favorable situation.
④ The differences of task and of habit often lead to close friendship.

9. **What is the topic of this passage?**

Psychologists have found that hope plays a surprisingly potent role in giving people a measurable advantage in academic achievement. They found that the level of hope in students beginning their first semester is a more accurate predictor of their school grades than are their entrance examination scores or their previous school averages.

Students with high levels of hope share several attributes. Unlike people who are low in hope, they turn to their friends for advice on how to achieve their goals. They tell themselves that they can succeed at what they need to do. Even in tight spots they tell themselves that things will get better as time goes on. They are flexible enough to find different ways to reach their goals. If hope for one goal fades, they aim for another. Those low in hope, on the other hand, just keep the same goal and become increasingly frustrated. Those high in hope show an ability to break down a formidable task into specific achievable chunks. People low in hope, however, see only the large goal and not the small steps along the way.

① Hopefulness is an inherited trait.
② Hope is a significant factor in success.
③ Parents should instill hope in their children.
④ People low in hope cannot succeed.

10. **다음 문장들을 가장 논리적인 글이 되도록 배열한 것은?**

(a) The early hunter could do little more than forage for berries, fruits, and edible animals.

(b) Later, agriculture emerged as man's dominant activity, and he learned to control and direct living matter around him

(c) Primitive man lived in bondage to nature.

(d) This complex and broad interaction between man and nature is still going on today.

(e) He did nothing to interfere with the course of natural processes.

① (a)-(b)-(c)-(d)-(e)
② (a)-(c)-(e)-(b)-(c)
③ (c)-(a)-(e)-(b)-(d)
④ (c)-(e)-(a)-(b)-(d)

(MEMO)

Warming - Up 2　　　[Time limited 20 mins]

1. Choose the best arrangement of the following sentences.

> (a) A budget is a plan of financial requirements during a given time period.
> (b) It necessarily is based upon analysis of the situation which faces the enterprise.
> (c) It develops a course of action to be followed.
> (d) The general uses of any budget are those of planning financial needs in advance and providing a basis for controlling current expenditures.

　① (a)-(b)-(c)-(d)
　② (c)-(b)-(d)-(a)
　③ (d)-(b)-(c)-(a)
　④ (b)-(d)-(c)-(a)

2. 다음 주어진 문장에 이어질 글의 순서로 가장 적절한 것은?

The stage of pre-writing includes any activity you do in order to start writing the composition. It may include freely discussing the topic in a group, making a list, or drawing a diagram or chart.

(a) The selections are intended both to model effective argument writing, as well as to cause the reader to agree or disagree.

(b) Your opinions, elicited by the selections, should form the basis for your own argument writing.

(c) It may also include reading about the topic. Each chapter in this book includes a selection from a major newspaper or magazine on a controversial topic.

　① (a)-(b)-(c)
　② (c)-(a)-(b)
　③ (c)-(a)-(b)
　④ (b)-(c)-(a)

3. Imagine a man who buttoned his coat and waistcoat down the back, so that he was dependent on someone else to help him to dress in the morning and unfasten him at night, or who relied on such abominations as hooks over unattainable places, in order to keep his garments in position. You cannot imagine such a man. Yet woman submit these incredible tyrannies of fashion without a murmur, and talk about them as though it was the hand of fate upon them. I have a good deal of sympathy with the view of a friend of mine who says that no woman ought to have the vote until she has won the enfranchisement of her own buttons.

(1) Who wears a garment with hooks over unattainable places?

① A woman　　　　　　② An intelligent person
③ A man　　　　　　　④ A child

(2) What does the writer think of women s clothes?

① They are credible.　　② They are practical.
③ They are silly.　　　　④ They are intelligent.

(3) What does the writer think about his friend's idea about women's garments?

① He agrees　　　　　　② He disagrees
③ He thinks of it as ridiculous.　④ He never thinks of it

4. 윗글의 내용과 일치하는 것은?

Anxiety produces somewhat the same effect. It partially blocks off the vitally necessary control by the forebrain. The lower, more primitive nerve centers take over. The whole body may become tense and rigid. You can see this, for example, in a man who is learning to drive a car. He is likely to hunch nervously forward, lunge at the brake or yank furiously at the wheel. His anxiety makes him throw every muscle in his body into the effort. After driving a few blocks he is worn-out and limp. An experienced driver, free of anxiety, using only the muscles he needs, could drive hundreds of miles with less cost in energy.

① The forebrain is responsible for the rigid body.
② Experienced drivers use lots of muscles while driving.
③ Driving a car is not an economical way of transportation.
④ Anxiety may cause us to use more muscles than needed.

5. What could be the subject of this passage?

The world's pollution does more than degrade the quality of life: it dramatically cripples and shortens the lives of human beings. Public-health biologists calculate that environmental pollutants have increasingly caused human beings to be ill. Now they die from environmentally induced causes. In order to avert the catastrophes that threaten the earth, immediate action must be taken. People must realize that environmental problems are not somebody else's. They are everybody's. Our approach, by and large, is utilitarian: preserving food, firewood and drinking water. We want the harmonious existence of man and nature - and their mutual survival - that is, to live in harmony with nature. We must fight against the pollution of our environment. The battle against pollution must begin now, or it will be too late.

① Reducing environmental pollution
② Catastrophes that threaten the earth
③ The harmonious existence of man and nature
④ Mutual survival

6. The title of the book from which the above passage is quoted should be ______.

The characteristic of the hour is that the commonplace mind, knowing itself to be commonplace, has the assurance to proclaim the rights of the commonplace and to impose them wherever it will. As they say in the United States : to be different is to be indecent. The mass crushes beneath it everything that is different, everything that is excellent, individual, qualified and select. Anybody who is not like everybody, who does not think like everybody, runs the risk of being eliminated.

① How to Live in the United States
② The War among the Commonplace
③ The Best Way of Living Individually
④ The Revolt of the Masses

7. 윗글의 주제로 가장 적절한 것은?

Primitive man never looked out over the world and saw 'mankind ' as a group. From the beginning, he was a provincial who raised the barriers high. Whether it was a question of choosing a wife or of taking a head, the first and important distinction was between his own human group and those beyond the pale. His own group, with all its ways of behaving, was unique.

① Primitive's stage of development
② Primitive's bigotry
③ Primitive's confidence
④ Primitive's technique

8. 다음 글의 문맥이 가장 잘 연결되도록 배열한 것은?

(a) There is a big difference between a liberal and conservative.
(b) On the other hand, a person may look back or want to return to the way things used to be.
(c) This person doesn't like progress and resents change.
(d) The person who favors new ideas, tries to change, and looks for new ways is freer or more liberated.

① (d)-(b)-(a)-(c)
② (a)-(d)-(b)-(c)
③ (a)-(c)-(b)-(d)
④ (d)-(c)-(b)-(a)

9. Choose the best arrangement of the following sentences.

> (a) And Picasso was afraid they would take his bronze statues and melt them to get the metal.
> (b) During the war Picasso stayed in Paris, which was under German control.
> (c) However, they often tried to frighten him by visiting him in his studio.
> (d) The Nazis hated his paintings, but did not harm him because he was already too famous.

① (b)-(d)-(c)-(a)
② (c)-(a)-(b)-(d)
③ (d)-(a)-(b)-(c)
④ (d)-(a)-(c)-(b)

10. Which of the following statements is probably true?

> An abbreviation is a shortened form of a word or phrase that is used to save space in written form. Certain types of abbreviations, such as some acronyms, may also facilitate memory and are spoken, if easily pronounced, as well as written. The use of abbreviations dates back to ancient times, but the proliferation of abbreviations has been most acute in the 20th century. This is directly related to the vast increase in information, especially in science and technology, and to the burgeoning number of agencies and organizations, both private and governmental.

① most acronyms are fairly easy to pronounce and remember
② the use of abbreviations has been steady throughout history
③ acute abbreviations did not appear until ancient times
④ proliferation of acronyms may not cease

Warming - Up 3   [Time limited 20 mins]

1. 다음 글의 문맥이 가장 잘 연결되도록 배열한 것은?

> (a) Hay fever is a kind of allergy.
> (b) Hay fever is generally caused by air-borne pollens, particularly ragweed pollen.
> (c) The amount of pollen in the air is largely dependent on geographical location, weather, and season.
> (d) In the eastern section of the United States, for example, there are generally three periods when pollen from various sources can cause intense hay fever suffering.
> (e) The term hay fever, however, is a less than adequate description since an attack of this allergy does not incur fever and since such an attack can be brought on by sources other than hay-producing grasses.

① (a)-(e)-(b)-(c)-(d)   ② (a)-(b)-(e)-(c)-(d)
③ (a)-(c)-(d)-(b)-(e)   ④ (a)-(d)-(b)-(e)-(c)

2. 다음 글의 문맥이 가장 잘 연결되도록 배열한 것은?

> (a) We live in an era where television is the national pastime.
> (b) I am sure that if you look long and hard enough, you can probably find some programs that are educationally motivating.
> (c) They even argue that people can learn a great deal watching television.
> (d) But, for the most part, I say that watching television is waste of time.
> (e) Many of the television addicts feel that this particular pastime isn't a bad one.

① (a)-(e)-(b)-(d)-(c)   ② (a)-(b)-(e)-(c)-(d)
③ (a)-(e)-(c)-(b)-(d)   ④ (a)-(b)-(d)-(c)-(e)

3. Which of the following best fills in the blank?

A student's ultimate aim in reading a foreign language is to be able to grasp ideas as quickly and easily as he would if he were reading his native language. Yet in early stages of language learning the first inclination of most students is to translate. Translation is a slow, laborious process. The thread of the idea may become lost, as well as the enjoyment of reading. _______, an exact translation is an art in itself and not a practical procedure for everyday reading. The student should try to develop a feeling for the foreign language so that he is really reading, not deciphering word for word.

① As a result
② In contrast
③ Furthermore
④ However

4. Which of the following best fills in the blank?

To protect our own income, we will fight to stop economic change from occurring or to prevent society from imposing the public policies that hurt us. From our perspective they are not good public policies even if they do result in a larger GNP. We want a solution to the problem, say the problem of energy that does not reduce our income. But it is inevitable that all solutions reduce someone's income. If the government chooses some policy option that does not lower our income, it will have made a supporter out of us. But it will have made an opponent out of someone else, since someone else will now have to shoulder the burden of _______.

① economic growth　　　　② energy problems
③ welfare systems　　　　④ income reductions

5. Which of the following best fills in the blank?

Although cultures do change, most change only affect the surface structure of the culture. The deep structure resists major alterations. Changes in dress, food, transportation, housing and the like, while visible, are simply attached to the existing cultural value system. Elements associated with the deep structure of a culture such as values, ethics and morals, definitions of freedom, religious practices, and so on are so very deep in the structure of a culture that they tend to ________ .

① persist generation after generation
② fade away sooner or later
③ crumble away in the future
④ become greatly modified

6. What is the author most concerned with?

At first, it was simply "the Americans". Then, it became "the big-nosed people". Now, it is "the American bastards". The changing colloquial expressions reflect growing anti-American sentiment among ordinary South Koreans, who just a few years ago used to regard such views, held by student and dissident activists, as an aberration. To be sure, anti-American sentiment among ordinary people remains a negative reaction to the big stick US trade representatives are seen as wielding - though it has a long way to go to match the rhetoric of anti-American activists. Further, it has by no means spread uniformly. The feeling is strongest among those born after the 1950-53 Korean War, yet the fact that it has now seeped into the ranks of those seen as traditionally pro-American may in itself signal a significant shift in the South Korean attitude towards the US.

① Dissident activists call Americans "the bastards."
② Those born after the Korean War have the strongest anti-Americanism.
③ Traditionally pro-American Koreans begin to have anti-American feelings.
④ Anti-Americanism is certain to jeopardize the-relationship between the two countries.

7. The main idea of this passage would be __________ .

In 1347 rats and fleas stirred up by Tartar traders cutting caravan routes through Central Asia brought bubonic plague to Sicily. In the space of four years, the Black Death killed up to 30 million people. In 1520, Cortes army carried smallpox to Mexico, wiping out half the native population. In 1918 a particularly virulent strain of flu swept through troops in the trenches of France. By the time it had worked its way through the civilian population, 21 million men, women and children around the world had perished - more than were killed in World War I. Today we live in the shadow of AIDS - the terrifyingly modern epidemic that travels by jet and zeros in on the body s own disease-fighting immune system.

bubonic plague 림프선 페스트

① Some ages are defined by their epidemics.
② We are living in the age of AIDS.
③ Each age suffers from its own epidemics.
④ Every age is known for its epidemics.

8. The best title for the passage would be ______.

The Grand Canyon is usually seen as a geological treasure. But few people realize that this seemingly bleak environment of jagged land is also the home of a diversity of life. In the canyon, an estimated 100 different mammals, 250 different birds, and 50 different reptiles and amphibians prosper. These animals range from the tiny deer mouse to the fierce mountain lion. In addition to animal life, a variety of vegetation also thrives in the canyon. Around the rim and the upper slopes of the canyon, ponderosa pines, pinon pines and junipers dominate. Below this area, low shrubs such as black brush, Mormon tea, and several cacti are prevalent. Lastly, in isolated areas of shade or around springs, small communities of vegetation exist. Therefore, the Grand Canyon is not just a geological wonder, but should also be enjoyed for its biological diversity.

① economic growth   ② energy problems
③ welfare systems   ④ income reductions

9. The best title for the passage would be _______.

I feel sad for children who are so controlled that they seldom make mistakes. They are the disadvantaged ones. The children who make poor choices from time to time are the ones who get to learn more about the real world and how it works. Most of us can look back and see that many of the important lessons we learned were a result of the mistakes we made. The lessons learned best were those in which our parents allowed us to suffer the consequences of our mistakes. These were the times when our parents used more actions than words. Our children frequently make mistakes that hurt them. As parents, we have two possible ways of reacting when this happens. One is to use anger and lectures. The other is to use understanding or empathy. Each of these reactions does its own special job of teaching. Anger teaches children to look at the adult's anger. Empathy teaches children to look at their lives and their decisions. It is easy for us to see which is the best. However, it is important to remember that our grandparents, parents, and teachers taught us through their actions to use anger.

① Parenting Solutions
② Children's Behavior
③ Parent's Responsibility
④ Children's Responsibility

10. What is the author's main purpose?

The brain of the average human weighs approximately 14 kilograms and consist of three main parts - the cerebrum, the cerebellum, and the brain stem. The cerebrum is by far the largest of the three parts, taking up 85% of the brain by weight. The outside layer of the cerebrum, the cerebral cortex, is grooved and bumpy surface covering the nerve cells beneath. The various sections of the cerebrum are the sensory cortex, which is responsible for receiving and decoding sensory messages from throughout the body ; the motor cortex, which sends action instructions to the skeletal muscles ; and the association cortex, which receives, monitors, and processes information. It is in the association cortex that the processes that allow humans to think take place. The cerebellum, located below the cerebrum in the back part of the skull, is the section of the brain that controls balance

① DTo describe the functions of the parts of the brain
② To explain how the brain processes information
③ To demonstrate the physical composition of the brain
④ To give the examples of human body function

유형 모의고사 해설편

1. ② ★

Rudy's 해설

B의 'also'를 통해서 B가 첫 문항임을 알 수 있다. B의 마지막에서 Animals ~ cannot play ~'라는 표현을 통해서 A가 이어짐을 알 수 있다.

voca engage v. 참여하다　　reproducing n. 번식, 생식　　much less N av. N는 말할 것도 없이

해석

매일 우리들 각자는 많은 형태의 복잡한 활동에 참가한다. 우리는 학교에도 가고, 운동에도 참가하고, 자동차도 몰고, 종종 갈등에 연루되기도 한다. (B)우리는 또한 먹거나 잠을 자는 것과 같은 덜 복잡한 활동도 수행한다. 우리의 신경계가 우리가 수행할 수 있는 활동들의 복잡성을 결정한다. 벌레와 유사한 신경계를 가진 동물들은 축구를 할 수 없고 하물며 체스는 더더욱 할 수 없다. (A)왜 먹거나 번식하는 것과 같은 일부 활동들은 모든 유기체에 공통이지만, 둥지를 짓는 것과 같은 다른 활동들은 특정한 종들에만 제한될까? 왜 일부 동물들은 무리를 지어서 살고 다른 동물들은 혼자 살까? (C)이러한 질문들이 행동 연구의 초점이다. 가장 간단한 형태로 보면, 행동은 한 유기체의 행위, 즉 그것이 활동하는 방식이다.

2. (1) ③ (2) ② (3) ④ ★

voca tissue transplant n. 조직 이식　　organ transplant n. 장기 이식　　kidney n. 콩팥 l　　ung n. 폐
liver n. 간　　　　　　　　　　　　suitable a. 적절한　　　　　　donor n. 기증자

해석

조직 이식과 장기 이식은 질병을 치료하는 데 사용된다. 조직 이식에는 피부, 뼈, 각막이식과 같은 것들이 있다. 반면에 장기 이식에는 신장, 심장, 허파, 간 이식이 포함된다. 피부와 각막 이식은 아주 흔하게 성공적으로 행해지며 수백 년 간 시행되어 왔다. 실제 기원전 600년에 인도에서 피부 이식이 행해졌다는 증거가 있다. 반면에 장기 이식은 아주 최근에야 가능해 졌다. 장기 이식은 또한 시행하기 매우 어렵다. 더욱이 적당한 기증자를 찾는 게 항상 쉽지만은 않다. 건강한 장기를 찾은 경우에도 수혜자의 신체가 거부하는 경우도 있다. 이것이 장기 이식이 어려운 가장 주된 이유가 된다.

3.(1) ④ (2) ① ★

voca artist-turned a. 화가의 성향을 지닌　　point of view n. 관점　　composition n. 구도, 구성, 작곡
have only to ~ v. ~하기만 하면 된다

해석

루디와 함께 한 경험은 매우 흥미로운 것이었다. 그 시절에 그는 오직 작은 코닥 카메라만 사용했다. 그러나 그가 사진가로서 엄청난 성공을 거둔 비결은 그가 한때 화가였다가 사진가가 되어서 항상 화가의 관점에서 카메라에 접근했기 때문이라고 생각한다. 그의 사진들을 특이하고 진기한 것으로 만들었던 것은 바로 그것의 구성이었으며, 사람들은 그의 작품을 보기만 해도 색채와 디자인에 대한 그의 천재성을 알아볼 수 있다.

4. ④ ★

Rudy's 해설

본문의 'a public figure had to prove that an allegation was not merely inaccurate; it had to be deliberately malicious.'을 통해서 정답을 유추할 수 있다.

voca
Supreme Court n. 대법원   Amendment n. 개정, 수정   lay down v. 정하다   libel n. 중상모략, 명예훼손
allegation n. 의혹, 주장   inaccurate a. 부정확한   malicious a. 사악한   uncivil a. 무례한

해석

1964년 제1차 헌법 수정에 근거한 연방 대법원 결정으로 미국은 세계에서 가장 자유로운 언론의 나라가 되었다. 그러나 점차 미국인들은 이것이 타당한 것이었나에 대해 의심 하고 있다. 명예훼손 소송에 승소하기 위해서는 공직 인사는 어떤 보도가 공정하지 않을 뿐 아니라, 고의적으로 악의가 있다는 것을 증명해야 한다고 법원은 명시했다. 그 결과, 미국 언론인들은 어떤 보도가 사실임을 입증하지 않고서도 정치인에 관한 보도를 신문에 실을 수 있었다. 이로 인해 상대를 신경 쓰지 않는 무례한 논쟁이 일어나게 됐다.

5. (1) ④ (2) ② ★★

Rudy's 해설

(1) 미국심리학자들은 IQ는 유전적 소산이라고 믿기에 환경의 소산이라는 내용은 어색하다.
(2) 미국에서 그릇되게 사용되고 있다는 내용이 적절하다.

voca
momentous a. 중요한   appreciate v. 이해다   misuse n. 오용
heed v. 주의를 기울이다   pervert v. 왜곡하다   hereditarian n. 유전만능론자
reify v. 구체화하다   entity n. 실체   specious a. 그럴듯한
argument n. 주장, 논쟁   innate a. 내재적인   heredity n. 유전
manifest a. 명확한   profound a. 심오한

해석

지능검사는 금세기에 중요한 영향을 미치고 있다. 이러한 견지에서 볼 때, 만일 그 검사의 창시자가 살아 있고, 그가 관심을 가졌던 부분이 잘 지켜졌더라면 이러한 오용의 비극을 피할 수 있었을 것인가를 알기 위해서 우리는 Binet 검사의 동기들을 조사해 보아야 한다. 왜냐하면, 미국의 심리학자들은 Binet의 의도를 왜곡하고 IQ의 유전이론을 꾸며냈기 때문이다. 그들은 Binet의 점수를 구체화시켜 이 점수를 지능이라 불리는 실체의 척도로 받아들였다. 그들은 지능은 대체로 물려받는 것이라 가정하고, 문화적 차이를 타고난 능력의 차이와 혼동하여 일련의 그럴듯한 논거를 개발해 놓았다. 그들은 유전된 IQ 지수가 개인의 위치를 결정해 준다고 믿었다. 그리고 그들은 명백하고도 심오한 삶의 변화에도 불구하고, 통상적인 지능의 차이를 대체로 유전에 의한 것으로 가정했다.

6. ② ★

Rudy's 해설

전형적인 두괄식 구성의 영문이다. 화학이 중요한 역할을 한다는 첫 문장이 주제문이고, 이어서 다양한 예시들이 등장하고 있다.

voca
play an important role v. 중요한 역할을 하다   alleviate v. 완화시키다   fertilizer n. 화학비료
pesticide n. 살충제   refrigerant n. 냉각제   preserve v. 보존하다
synthetic a. 합성의 인조의

화학은 심각해져 가는 세계의 식량 부족을 줄이는 데 중요한 역할을 하고 있다. 농산물의 생산량은 화학 비료와 살충제, 다양한 개량종자의 사용으로 증가하고 있다. 화학 냉각제의 사용으로 냉동식품 산업이 가능해져서 이것이 없었더라면 썩게 될 많은 식품을 보존하게 되었다. 화학은 또한 합성 영양제를 생산하고 있지만 경작 가능한 토지만큼 인구도 늘고 있기 때문에 해야 할 일이 많다. 화학자와 다른 분야의 과학자들은 또한, 공기와 물의 오염 문제를 해결하기 위해 부지런히 연구하고 있다.

7. (1) ③ (2) ① ★

Rudy's 해설

(1) 2번째 문장에서 다음 세기에는 진화론이 수용될 것이라는 내용을 통해 정답을 선별할 수 있다.
(2) 진화론을 강하게 반대한 곳은 교회이다.

voca

evolution n. 진화론	advanced academies n. 상급교육기관	uncontradictable a. 반박할 수 없는
astronomy n. 천문학	pass through v. 거치다, 통과하다	contradiction n. 반박
charge v. 비난하다	foster v. 낳다, 양육하다	atheism n. 무신론

모든 고등 교육 기관에서 진화론을 가르친다. 다음 세대에는 진화론이 코페르니쿠스의 천문학 이론이나 뉴턴의 중력 이론만큼이나 반박할 수 없는 사실로 받아들여 질 것이라는 것은 의심의 여지가 없다. 각각 이러한 이론들은 신학자들에 의해 같은 비판을 겪었다. 지금의 진화론이 유물론과 무신론을 양산해 내면서 비난을 받는 것처럼 예전 이론들도 교회의 비난을 받았다.

8. ① ★★

Rudy's 해설

문장의 난이도는 상당히 높은 영문이다. 하지만 첫 줄을 topic으로 선정해서 이해하면, 나머지 내용들은 주제에 대한 재진술, 예시에 해당하는 것을 알 수 있다. 특히나 이런 난이도 있는 영문에서 일반&구체, keyword 찾기 등을 적극 활용해 보자.

voca

associate v. 협력하다, 어울리다	transitorily av. 일시적인	mutual offense n. 서로 간에 상처를 주는 것
prejudice n. 편견	divergence n. 다양성	casual contact n. 우연한 만남
implicit a. 은연중에	intercourse n. 관계	by nature av. 본성적으로
self-assertive a. 자기주장이 강한		

인간이 함께 사는 것은 매우 어렵다. 아무리 일시적이라 하더라도 가장 좋은 여건 하에 서조차 어느 정도 서로의 감정을 상하게 하지 않는 것은 어렵다. 친숙하게 된 두 사람 사이에서도 하는 일과 습관의 차이, 편견으로 인한 갈등, 다른 견해들을 생각해 보라. 그러면 서로 사이가 좋아 보이는 한 두 시간 이상 동안에도 얼마나 큰 자제심을 발휘해야 하는지 알 것이다. 인간은 동료와 평화롭게 지내도록 만들어진 존재가 아니다. 인간은 자신에게 낯선 대상에게는, 천성적으로 독단적이고, 공격적이며, 비판적이다.

9. ② ★★

Rudy's 해설

이 영문 또한 전형적인 두괄식 구조의 영문이다. 첫 줄에서 희망이 큰 역할을 한다고 주장하고, 이후에 이것에 대한 다양한 예시, 재진술 문장들을 서술하고 있다.

voca potent a. 강력한 predictor n. 지표, 암시 attribute n. 특성 fade v. 사라지다
chunk n. 덩어리 break down v. 잘게 나누다 formidable a. 엄청난, 무시무시한

해석

심리학자들은 사람들에게 학업 성취에서 중요한 이점을 부여해 주는 데 있어 희망이 놀라우리만치 큰 역할을 한다는 것을 알게 되었다. 그들은 첫 학기를 시작하는 학생들에게 있어, 희망의 수준이 입학시험 성적이나 전 단계 학교의 평균 성적보다도 더 정확하게 그들의 학업 성적을 예견해 주는 것이라는 것을 발견했다.

희망수준이 높은 학생들은 몇 가지 특성을 공통적으로 갖고 있다. 희망치가 낮은 사람들과는 달리, 그들은 목표를 달성하는 방법에 대해 친구들에게 조언을 구한다. 그들은 자신이 해야 할 필요가 있는 일은 성공적으로 할 수 있다고 스스로에게 말한다. 곤란한 처지에서도 그들은 시간이 지남에 따라 사정이 좋아질 거라고 스스로에게 말한다. 그들은 융통성이 있어서 목표를 달성하는 여러 가지 다른 방법을 찾아낸다. 목표를 달성할 희망이 희박해지면 그들은 또 다른 목표를 설정한다. 이와는 달리 희망치가 낮은 사람들은 동일한 목표를 그냥 계속 유지하고는 점점 더 큰 좌절에 빠지게 된다. 희망치가 높은 사람들은 엄청난 일을 하나하나의 성취 기능한 작은 일로 나눌 수 있는 능력이 있다. 그러나 희망치가 낮은 사람들은 큰 목표만을 보고 과정중의 작은 단계들은 보지 못한다.

10. ④ ★

Rudy's 해설

a보다는 c가 일반 진술이기에 첫 문항으로 등장할 가능성이 매우 높다. c에서 자연에 속박되어 있었다고 했기에, 이것에 대한 예시로 a가 이어지는 것이 논리적이다.

voca forage v. 채집하다 edible a. 먹을 수 있는 bondage n. 속박

해석

(c) 원시인은 자연에 속박되어 살았다.
(e) 그는 자연의 섭리를 방해하는 그 무엇도 하지 않았다.
(a) 이 초기 사냥꾼은 딸기, 과일, 식용 동물을 찾아다니는 것 이상으로 할 수 있는 일이 거의 없었다.
(b) 나중에 농업이 인간의 주된 활동으로 등장했고, 인간은 자신 주변의 생물을 통제하고 지배하는 법을 배웠다.
(d) 이러한 인간과 자연간의 복잡하고 폭넓은 상호작용은 오늘날에도 여전히 지속되고 있다.

1. ① ★

Rudy's 해설

대명사로 시작하는 것은 첫 문항이 될 수 없기에 소거하자. 그럼 첫 문항으로 올 수 있는 것은 a와 d가 되기에, 1번과 3번을 비교해서 논리적으로 자연스러운 것을 선택하는 것이 요점이다.

voca budget n. 예산   given time n. 특정 시기   enterprise n. 기업   expenditure n. 지출

해석

(a) 예산이란 일정 기간 동안의 재정상의 요구사항에 대한 계획이다.
(b) 그것은 반드시 기업이 처해있는 상황의 분석에 근거해야 한다.
(c) 그것은 뒤따르게 될 행동 방향을 전개시킨다.
(d) 모든 예산의 일반적 용도는 재정상의 요구사항을 사전 계획하고 현 지출을 통제하기 위한 근거를 제공하기 위함이다.

2. ③ ★★★

Rudy's 해설

c의 'also'을 통해 도입문 뒤에 c가 논리적으로 연결되는 것을 알 수 있다. a, b 둘 다 selections의 공통어구가 있기에 때문에, 이 표현을 통해서 전후 관계를 파악할 수 있다.

voca diagram n. 도표   chart n. 차트   selection n. 발췌문   elicited a. 추출된
controversial a. 논란의 여지가 있는

해석

글쓰기 이전 단계란 작문을 쓰기 시작하기 위해서 여러분이 행하는 모든 활동을 포함한다. 그것에는 주제를 여러 사람이 자유 토론한다든지, 목록을 작성한다든지, 도표나 차트를 그린다든지 등이 포함될 수 있을 것이다.

(c) 그것에는 또한 주제에 관련된 글을 읽는 것이 포함될 수도 있을 것이다. 본 책의 각 장은 주요 신문이나 잡지로부터 토론의 여지가 있는 주제에 대한 발췌문을 싣고 있다.
(a) 그러한 발췌문들은 독자에게 동의 또는 반대하게 하는 것은 물론이거니와 효과적인 주장의 글을 모델로 삼도록 의도된 것이다.
(b) 그러한 발췌문에 의해서 유도된 여러분의 의견은 여러분 자신의 주장의 글을 쓰기 위한 토대가 되어야 할 것이다.

3. (1) ① (2) ③ (3) ① ★★

Rudy's 해설

(1) 손이 닿지 않는 고리를 가진 옷을 입는 사람은 여성이다.
(2) 저자는 여성의 옷에 대해서 매우 비판적인 시각을 지니고 있다.
(3) 'a good deal of sympathy with' (공감하다)를 통해서 친구의 의견에 동의함을 알 수 있다.

voca button v. 단추를 채우다   waistcoat n. 양복 조끼   down the back av. 등 아래에 있는
unfasten v. 풀다   abomination n. 혐오   hook n. 고리
unattainable a. 도달할 수 없는   garment n. 의상   tyranny n. 폭정
murmur n. 투덜거림   enfranchisement n. 해방, 석방

해석

코트와 조끼의 단추를 등에까지 채워야 해서 아침에 옷을 입을 때나 저녁에 옷을 벗을 때 다른 사람의 도움을 받아야만 하는 남성, 혹은 옷을 제대로 입기 위해서는 손도 닿지 않는 곳에 서로 떨어져 있는 호크 단추 같은 혐오스러운 것에 매달릴 수밖에 없는 남성을 상상해 보라. 우린 그런 남성을 상상할 수도 없다. 그러나 여성들은 이러한 엄청난 유행의 억압에 군소리 없이 복종하며 그것이 마치 자신에게 주어진 운명인 것처럼 이야기한다. 자신의 단추에서 벗어나는 여성에게만 선거권을 주어야 한다는 내 친구의 견해에 상당히 공감한다.

4. ④ ★

Rudy's 해설

'His anxiety makes him throw every muscle in his body into the effort.' 통해 정답을 쉽게 선별할 수 있다.

voca

anxiety n. 불안, 초조   block off v. 차단하다   forebrain n. 전뇌   take over v. 지배하다

rigid a. 경직되는   hunch v. 웅크리다   yank v. 잡아당기다   worn-out a. 탈진한

limp a. 축 늘어진   lunge v. 돌진하다, 갑자기 ~하다

해석

불안도 어느 정도 같은 결과를 낳는다. 불안은 전뇌의 필수적인 조절 작용을 부분적으로 막아 버린다. 그래서 전뇌보다 좀 더 수준이 낮고 원시적인 신경 중추가 전뇌의 기능을 하게 된다. 그러면 몸 전체가 긴장되고 굳어버릴 수가 있다. 예를 들어 자동차 운전을 배우는 사람에게서 이러한 일을 볼 수 있다. 그는 긴장되어 몸을 있는 대로 앞으로 숙이고, 브레이크를 갑자기 밟거나, 격렬하게 운전대를 잡아당기기도 한다. 그의 몸 안에 있는 모든 근육으로 하여금 힘을 쓰게 만든다. 몇 블록만 가도 그는 지쳐서 늘어져 버릴 것이다. 그러나 이러한 불안을 느끼지 않는 숙련된 운전자는 필요한 근육만 사용하므로 몇 백 마일도 힘을 덜 들여서 운전할 수 있다.

5. ① ★

Rudy's 해설

미괄식 구성으로 마지막 'We must fight against the pollution of our environment.'가 주제문에 해당한다. 첫 문장부터 환경오염에 대한 해로움과 이에 대한 다양한 예시를 제시하고, 마지막에 종합해서 강조하는 미괄식 구성의 글이다.

voca

degrade v. 악화시키다   cripple v. 손상하다   avert v. 회피하다

catastrophe n. 대재앙   utilitarian a. 공리주의적인

해석

지구의 환경오염은 삶의 질을 떨어뜨리는 것 이상의 결과를 초래한다. 즉 인간의 수명을 해치고 단축시킨다. 공중위생 생물학자는 환경오염 물질 때문에 사람들이 질병에 걸린다고 생각한다. 이제는 인간들이 환경으로 유발된 원인 때문에 죽게 된다. 지구를 위협하는 이 파국을 막기 위해서는 즉각 조치를 취해야 한다. 환경 문제가 몇몇 사람만의 일이 아님을 깨달아야 한다. 우리 모두의 문제인 것이다. 우리가 환경 문제에 접근하는 방식은 식량과 연료 그리고 식수의 보존이라는 지극히 실용적인 것이 대부분이다. 우리는 인간과 자연이 조화를 이룬 공존을 원한다. 우리는 환경오염과 대항해서 싸워야 한다. 오염과의 전쟁을 지금 당장 시작하지 않으면 너무 늦을 것이다.

6. ④ ★★

특정한 주제문 없이 본문의 내용을 토대로 추론해야 하는 문제이다. 평범한 대중들이 자신들과 다른 모든 것을 배척하고, 억압한다는 내용이기에, 평범한 대중들이 주도권을 갖고 무엇인가를 한다는 내용이 제목으로 적절하다.

voca　commonplace a. 평범한　　indecent a. 품위 없는　　crush v. 억압하다
　　　　run the risk v. 위험에 처하다　　eliminate v. 제거하다

해석

현시대의 특징은 평범하다는 것을 알고 있는 사람들이 자신 있게 평범한 사람들의 권리를 주장하고 가능한 모든 곳에 그것을 강요한다는 것이다. 미국에서 대중들은 남들과 다르다는 것은 흉한 것이라고 말한다. 일반 대중은 평범함에 어울리지 않는 상이한 모든 것, 즉 뛰어나거나, 개성이 있거나, 자격 있고 선발된 모든 것을 뭉개버린다. 평균적인 사람들과 다르거나 평균적인 사람처럼 생각하지 않는 사람은 제거될 위험에 처하게 된다.

7. ② ★

주제문 없이 다양한 예시들로 원시인류의 폐쇄성을 설명하는 글이다.

voca　provincial a. 지방의, 지역의　　barrier n. 장벽　　take a head v. 대표를 선발하다
　　　　pale n. 울타리　　bigotry n. 편협함　　beyond the pale av. 울타리를 벗어난, 외부의

해석

원시인류는 바깥세상을 보면서 인류를 하나의 집단으로 생각한 적이 없었다. 처음부터 원시인류는 담벼락을 높게 쌓아 올린 시골뜨기였다. 아내를 선택하거나 우두머리를 뽑거나 간에 가장 중요한 것은 그 사람이 자기 집단 사람이냐, 아니면 경계를 넘어선 사람이냐 하는 것이었다. 자신이 속한 집단은 모든 행동 양식에서 유일한 것이었다.

8. ② ★

b는 on the other hand로 시작하기에, c와 d는 this, the로 시작하기에 첫 문항으로 적절하지 않다. 2와3을 기준으로 선택할 때, a 뒤에 c가 등장하면 this person의 선행사가 존재하지 않기에 어색하다.

voca　liberal n. 진보주의자　　conservative n. 보수주의자　　things used to be n. 과거의 방식

해석

(a) 자유주의자와 보수주의자 사이에는 커다란 차이가 존재한다.
(d) 새로운 견해를 좋아하고, 변화하려고 하며, 새로운 방식을 추구하는 사람은 보다 자유로운 사람이다.
(b) 반면, 어떤 사람은 뒤를 돌아보거나 지난날의 방식으로 되돌아가길 원할 수도 있다.
(c) 이러한 사람은 진보를 좋아하지 않으며 변화를 싫어한다.

9. ① ★

c에는 they, d에는 his가 등장했기에 첫 문항으로 올 수 없다. a 또한 And로 시작하기에 첫 문항으로 어색하다.

해석

(b) 전쟁 중에 피카소는 파리에 있었으며, 당시 파리는 독일 통치하에 있었다.

(d) 나치들은 그의 그림을 매우 싫어했지만, 그가 이미 너무도 유명했기 때문에 그에게 해를 끼치지는 않았다.

(c) 그러나 나치들은 종종 그의 작업실로 찾아와 그를 위협하려 했다

(a) 따라서 피카소는 그들이 자신의 청동 조각상들을 가져가 군수용 금속을 얻기 위해 녹여버리지나 않을까 두려웠다.

10. ④ ★★

단어를 축약해서 사용하는 것은 과거에도 존재했고, 현재에도 과학과 기술의 증가로 급증하고 있기 때문에 향후에도 지속될 것이라는 내용을 유추할 수 있다.

voca   abbreviation n. 약어   acronym n. 두문자   facilitate v. 촉진하다   proliferation n. 확산, 활성화
  burgeoning a. 급증하는

해석

약어(略語)란 글을 쓸 때 공간을 줄이기 위해 낱말이나 구를 단축시킨 형태이다. 약어의 유형들 중 몇몇 두문자어(頭文字語)의 경우에는 기억하기 쉽게 만들어 주기도 하는데, 쉽게 발음할 수 있다면 그대로 쓰여 지거나 말해지기도 한다. 약어의 사용은 고대까지 거슬러 올라간다. 그러나 약어는 20세기 들어서 가장 널리 사용되고 있다. 이는 정보, 그 중에서도 특히 과학과 기술에서의 정보의 증가, 그리고 사설, 정부 기관과 조직이 계속 늘어나고 있는 것과 직접적인 관련이 있다.

1. ① ★★★

Rudy's 해설

상당히 난이도 있는 문제이다.
b, c, d 모두 pollen이 공통적으로 등장한다. 따라서 a에 이어서 pollen으로 전환할 수 있는 구조가 필요한데, 이것은 e의 however을 통해서 가능하다. 이처럼 모든 보기 문항이 동일해서 소거법을 활용할 수 없는 경우에는 접속사와 동일어구를 중심으로 순서를 유추해야 한다.

voca hay fever n. 건초열   air-borne a. 공중에 떠다니는   pollen n. 꽃가루
ragweed n. 돼지풀   incur v. 초래하다

해석

(a) 건초열은 일종의 알레르기이다.

(e) 그러나 건초열 이라는 용어는 적절하지 못한 표현이다. 그 이유는 이 알레르기 병은 열을 일으키지 않으며, 또한 그러한 병은 건초를 만들어내는 풀 말고도 다른 원인에 의해서도 발발할 수 있기 때문이다.

(b) 건초열은 일반적으로 공중에 떠다니는 꽃가루, 특히 두드러기 쑥 꽃가루 때문에 생기게 된다.

(c) 공중에 떠다니는 꽃가루의 양은 주로 지리적인 위치, 날씨, 계절에 따라 결정된다.

(d) 예를 들어. 미국 동부에서는 다양한 원인으로부터 비롯된 꽃가루가 심한 건초열을 수반할 수 있는 기간이 일반적으로 세 차례 있다.

2. ③ ★★★

Rudy's 해설

이 문제 또한 a가 공통적으로 첫 문항으로 등장하기에 소거법을 활용할 수 없다. 우선 접속사가 있는 d의 내용을 보면 TV시청에 대해서 부정적인 내용을 제시하고 있는데, 이는 나머지 문항들과 상반되는 내용이다. 따라서 d는 중간에 등장할 수 없기에 제일 뒤에 위치하는 것이 논리적이다. 그러면 2와 3으로 정답을 좁힐 수 있다. b와 d에 공통적으로 'I'가 등장하기에 b와 d는 연속적으로 위치하는 것이 논리적이기에, 이것을 토대로 정답을 선별할 수 있다.

voca pastime n. 여가시간   addict n. 중독자

해석

(a) 우리는 지금 TV 가 전 국민적인 오락인 시대에 살고 있다.

(e) TV 중독자의 상당수가 이 특별한 오락이 나쁜 것이 아니라고 느낀다.

(c) 그들은 심지어 사람들이 TV를 보면서 매우 많은 것을 배울 수 있다고까지 주장한다.

(b) 물론 아주 한참을 그리고 눈이 뚫어지게 들여다본다면 어쩌면 교육적으로 동기를 유발시키는 몇몇 프로그램을 찾을 수도 있으리라 나는 확신한다.

(d) 하지만 대개의 경우 나는 TV 시청을 시간 낭비라고 이야기한다.

3. ③ ★

Rudy's 해설

빈칸 뒤의 내용은 앞 문장에 대한 부연, 첨가의 내용이다. 앞의 laborious, 빈칸 뒤의 not a practical 등을 통해 직진의 구조에 있는 것을 알 수 있다.

voca　grasp v. 획득하다　　inclination n. 성향　　thread n. 줄거리, 맥락　procedure n. 절차, 과정
decipher v. 번역하다

해석

외국어를 공부하는 학생의 궁극적인 목적은 외국어로 된 글을, 모국어를 읽을 때만큼이나 빠르고 쉽게 이해하는 것이다. 그러나 대부분의 학생들이 외국어 학습의 초기 단계에 번역을 하려 든다. 번역은 느리고 힘이 드는 일이다. 그래서 글을 읽는 재미나 글의 맥락을 놓치기가 쉽다. 더욱이 정확한 번역은 그 자체가 기술이어서 일상적인 독서를 하면서 번역을 할 수는 없다. 학생들은 외국어에 대한 감각을 키워서 단어를 하나하나 해독하는 것이 아니라 진정으로 읽고 이해할 수 있도록 해야 한다.

4. ④ ★

Rudy's 해설

'But it is inevitable that all solutions reduce someone's income.'을 통해 누군가의 소득감소는 불가피하다는 것을 알 수 있다. 빈칸 앞에 우리의 소득이 감소하지 않았다는 내용이 있기에, 빈칸에는 다른 누구의 소득이 감소했다는 내용이 적절하다.

voca　impose v. 부과하다　　perspective n. 관점, 견해　　　reduce v. 축소하다　　opponent n. 반대자
shoulder v. 부담하다

해석

우리 자신의 수입을 지키기 위해서라면 경제적인 변화가 일어나지 못하도록 싸울 것이며 사회에 대항해 우리에게 손해가 되는 정책은 행하지 못하도록 맞설 것이다. 우리의 관점에서 볼 때 그러한 정책은 설사 더 많은 GNP를 가져다준다 해도 좋은 공공정책이 아니다. 우리는 예컨대 에너지 문제에 대한 해결책을 원하되 우리의 소득을 줄이지 않는 것이어야 한다. 그러나 어떤 해결책이든지 불가피하게 누군가의 소득을 줄이게 될 것이다. 만일 정부에서 우리의 소득이 줄지 않는 정책을 택한다면 우리 중에서 지지자를 얻게 되겠지만. 우리 아닌 다른 사람이 소득 감소를 떠안아야 하기 때문에 다른 사람 중에서 반대자가 나오게 될 것이다.

5. ① ★★

Rudy's 해설

'The deep structure resists major alterations.'를 주제문으로 파악하면 빈칸을 추론할 수 있다. 심층 구조는 변하지 않는다고 했기에, 빈칸 또한 세대를 거쳐도 지속된다는 내용이 논리적이다.

voca　affect v. 영향을 끼치다　　resist v. 저항하다　　　alteration n. 변화

해석

문화가 변하는 것은 분명하지만 대부분의 변화는 문화의 표층 구조에만 영향을 미친다. 심층 구조는 큰 변화에 저항한다. 옷. 음심. 교통. 주택 등 겉으로 보이는 변화는 단지 현존하는 문화의 가치 체계와 연관된 것이다. 가치, 윤리, 도덕, 자유관, 종교 행위 등 문화의 심층 구조와 연관된 것들은 문화의 구조 속에 깊이 뿌리를 내리고 있어서 여러 세대에 걸쳐 지속된다.

6. ③ ★★

`Rudy's 해설`

'The changing colloquial expressions reflect growing anti-American sentiment' 주제문으로 파악하자.
이어지는 내용들 모두 직진구조로 주제문에 대한 설명, 보충, 확장의 역할을 하고 있다.

`voca`

bastard n. (욕) 녀석, 잡종	colloquial a. 구어체의	sentiment n. 감정, 정서	dissident n. 반체제 인사
aberration n. 탈선, 일탈	big stick n. 거대한 압력	wield v. 행사하다	have a long way v. 갈 길이 멀다
rhetoric n. 수사학, 웅변	shift n. 변화	jeopardize v. 위태롭게 하다	

`해석`

처음에는 단지 "미국인들"이었다. 그러다가 "코큰 사람들"이 되었다. 이제는 "미국 놈들" 이다. 이런 변해가는 일상 표현들은 한국의 일반인들 사이에서 생겨나고 있는 반미 감정을 반영하고 있는데, 그들은 불과 몇 년 전만해도 학생과 반체제 활동가들이 갖고 있던 그러한 견해들을 잘못된 것으로 여겼었다. 확실히 일반인들 사이의 반미 감정은 비록 반미 활동가들의 과장된 말과는 상당한 거리가 있지만, 미 무역 대표들이 행사하고 있다고 여겨지는 경제적 압력에 대한 부정적 반응이다. 게다가, 반미 감정은 결코 균일하게 확산되어 있지는 않다. 이런 감정은 1950년에서 53년까지의 전쟁 이후에 태어난 사람들 사이에 가장 강하지만 이제는 전통적으로 친미적이라 여겨져 온 계층의 사람들 속으로 스며들었다는 사실은 본질적으로 미국에 대한 한국의 태도에 있어서의 의미심장한 변화를 알려주고 있다.

7. ③ ★★★

`Rudy's 해설`

예시들로만 구성된 주제문 추론의 문제이다. 페스트, 흑사병, 감기 바이러스를 거쳐 최근에서 AIDS가 창궐한다는 내용들이다. 시대마다 그 시대의 전염병, 질병으로 고통을 겪는다는 것이 주제로 제일 적합하다. 보기문항들이 유사해서 함정문항에 빠질 수 있는데, 문항 keyword를 중심으로 정답을 선별하자.

`voca`

flea n. 벼룩	stirred up a. 창궐한	caravan n. 캐러밴, 대형포장마차	black death n. 흑사병
smallpox n. 소아마비	wipe out v. 멸종시키다	virulent a. 독이 있는	strain n. 질병
trench n. 참호	perish v. 죽다	terrifyingly av. 소름이 끼치는	
zero in v. 겨냥하다, 조준을 맞추다	by the time con. ~때까지, ~ 무렵		
work its way v. 퍼져나가다, 효과를 발휘하다			

`해석`

1347년. 중앙아시아를 통하는 카라반 길을 단축시킨(개척한) 타타르 무역상들에 의해 옮겨진 쥐와 벼룩은 림프선 페스트를 시실리로 가져 왔다. 이후 4년 동안 흑사병으로 3천만 명이 죽었다. 1520년에는 코르테스 군대가 천연두를 멕시코로 옮겨와 원주민의 절반이 죽었다. 1918년에 독성이 아주 강한 감기 바이러스가 프랑스의 참호에 주둔하고 있던 군대를 덮쳤다. 바이러스가 민간인에게로까지 전파되었을 때는 전 세계의 2천백만 명의 남녀와 어린이들이 죽었다. 이는 1차 세계대전의 희생자보다 많다. 오늘날 우리는 제트기를 타고 다니며 병을 옮기고 신체 내의 질병에 저항해 면역 체계를 망가뜨리는 공포의 현대 전염병인 AIDS의 그늘 아래 살고 있다.

8. ① ★★

`Rudy's 해설`

전형적인 중괄식 구성으로 'But few people realize that this seemingly bleak environment of jagged land is also the home of a diversity of life.'가 주제문이다.
첫 문장에서 지질학적 보고라고 이야기했지만, 바로 전환의 구조를 도입하면서 다양한 동식물에 대한 내용을 강조하고 있다. 이후에 다양한 예시들을 제시하고 있는 구조이다.

voca
geological a. 지질학의	bleak a. 황량한	jagged a. 들쭉날쭉한	diversity n. 다양성
reptile n. 파충류	amphibian n. 양서류	rim n. 가장자리	pinon n. 잣나무
juniper n. 향나무	shrub n. 관목	cacti n. 선인장	prevalent a. 유행하는, 널리 퍼진
deer mouse n. 사슴쥐	mountain lion n. 퓨마	ponderosa pine n. 폰데로사 소나무	

해석

그랜드캐니언은 흔히 지질학적 보고로만 여겨진다. 그러나 이 들쭉날쭉한 지역의 황량해 보이는 환경이 다양한 생물들의 서식지라는 것을 알고 있는 사람들은 많지 않다. 그랜드캐니언에는 대략 100 종의 각기 다른 포유동물과 250 종의 새, 50 종의 파충류와 양서류가 번성하고 있다. 이러한 동물에는 조그만 사슴쥐에서 사나운 퓨마에 이르기까지 다양하다. 동물뿐 아니라 다양한 식물도 협곡에서 번성하고 있다. 협곡의 가장자리와 비탈 위쪽 주변에는 폰데로사 소나무, 잣나무, 향나무 등이 무성하다. 이 아래 지역에는 검은 관목 숲, 몰몬 차나무, 몇몇 선인장들과 같은 키 작은 관목이 널리 퍼져 있다. 마지막으로 뚝 떨어져 있는 웅덩이나 샘 주변에는 작은 초목 군락이 있다. 따라서 그랜드캐니언은 지질학적인 불가사의일 뿐 아니라 생물의 다양성을 즐길 수 있는 곳이기도 하다.

9. ① ★★

Rudy's 해설

특정한 주제문 없이 전반적인 내용을 토대로 제목을 선별해야 하는 문제이다. 특히 본문의 'The lessons learned best were those in which our parents allowed us to suffer the consequences of our mistakes.' 통해서 아이들은 실수를 통해서 많이 배우기 때문에, 부모님들은 그것을 허용해야 한다는 것이 요지이다. 전반적으로 아이들의 양육에 대한 내용이다.

해석

워낙 통제가 잘 되어 거의 실수를 저지르지 않는 어린이들을 보면 슬프다. 이들은 불리한 조건에 있는 아이들인 것이다. 이따금 형편없는 선택을 하는 아이들이 세상의 실상과 세상이 어떻게 돌아가는지에 대해 더욱 많이 배우게 된다. 우리들 대부분은 회상해 보면 우리가 배운 많은 중요한 교훈들이 우리가 저지른 실수의 결과라는 것을 알 수 있다. 가장 잘 배운 교훈은 우리의 부모들이 실수로 파생된 결과를 감내하도록 우리를 내버려두었을 때 얻게 된 것들이다. 이러한 경우는 우리 부모들이 말보다는 행동을 사용한 경우이다. 우리 어린이들은 흔히 실수를 저지르고 부모에게 상처를 입힌다. 이러한 일이 일어날 때 부모로서 우리가 반응할 수 있는 두 가지 방식이 있다. 하나는 화를 내고 훈계하는 것이고, 다른 하나는 이해나 감정 이입을 사용하는 것이다. 각 반응들은 나름대로 교육이라는 특수한 임무를 수행한다. 분노는 아이들에게 어른의 분노를 살피도록 한다. 감정 이입은 아이들에게 그들의 삶과 결정을 잘 살펴보도록 가르쳐 준다. 어떤 것이 최선인지는 금방 알 수 있다. 그러나 우리의 조부모님과 부모님, 선생님들은 그들의 행동으로 우리가 분노를 사용하도록 가르쳤다는 것을 기억하는 것도 중요하다.

10. ① ★★

Rudy's 해설

'three main parts - the cerebrum, the cerebellum, and the brain stem.'를 통해서 두뇌의 구조를 제시하고, 이후에는 각 부분들의 역할을 설명하고 있다. 3번이 함정문항이 될 수 있는데, 1번에서는 functions, 3번에서는 composition을 keyword를 선정하면 어렵지 않게 정답을 선별할 수 있다. 본문은 뇌의 구조 보다는 각 구조의 역할에 초점을 맞추고 있기 때문이다.

voca
approximately av. 대략적으로	consist of v. 구성되다	cerebrum n. 대뇌	cerebellum n. 소뇌
brain stem n. 간뇌	take up v. 차지하다	groove v. 홈을 파다	bumpy a. 울퉁불퉁한
cortex n. 대뇌피질	decoding n. 해독	skeletal a. 골격의	spinal cord n. 척수

해석

보통 인간의 뇌는 14킬로그램 정도 무게가 나가며, 대뇌와 소뇌, 간뇌의 세 가지 주요 부분들로 구성되어 있다. 대뇌는 세 부분 중 가장 크며 뇌의 무게의 85%를 차지한다. 대뇌의 바깥층인 대뇌 피질은 하부의 신경 세포들을 감싸는 흠이 파인 울퉁불퉁한 표면을 이루고 있다. 대뇌의 여러 부분들은 신체를 통하여 들어오는 각각의 메시지들을 받아들이고 해독하는 기능을 하는 감각 피질과 동작 명령들을 골격 근육들에 전달하는 운동 근육 피질, 그리고 정보를 받아들이고 통제하고 처리하는 연상 피질 등이다. 인간이 생각을 할 수 있게 하는 과정들이 일어나는 곳은 바로 연상 피질 안에서이다. 두개골의 뒷부분에서 대뇌의 하부에 위치하고 있는 소뇌는 균형과 자세를 통제하는 뇌의 부분이다. 간뇌는 대뇌와 척수를 연결하고 호흡이나 심장 박동 같은 다양한 신체 작용을 조절한다.

MEMO

MEMO

MEMO

MEMO

MEMO

MEMO

MEMO